国家社科基金
后期资助项目
GUOJIA SHEKE JIJIN HOUQI ZIZHU XIANGMU

高质量发展阶段下对外直接投资与中国经济增长关系研究

Research on the Relationship between Outward Foreign Direct Investment and China's Economic Growth in the Stage of High-Quality Development

孔群喜　著

WUHAN UNIVERSITY PRESS
武汉大学出版社

图书在版编目（CIP）数据

高质量发展阶段下对外直接投资与中国经济增长关系研究/孔群喜
著.—武汉：武汉大学出版社,2022.4
国家社科基金后期资助项目
ISBN 978-7-307-22669-2

Ⅰ.高… Ⅱ.孔… Ⅲ.对外投资—直接投资—关系—中国经济
—经济增长—研究 Ⅳ.①F124.1 ②F832.6

中国版本图书馆 CIP 数据核字（2021）第 215594 号

责任编辑:宋丽娜　　　　责任校对:李孟潇　　　　版式设计:韩闻锦

出版发行:**武汉大学出版社**　　（430072　武昌　珞珈山）
　　　　　（电子邮箱：cbs22@ whu.edu.cn　网址：www.wdp.com.cn）
印刷:湖北恒泰印务有限公司
开本:720×1000　　1/16　　印张:16.5　　字数:296 千字　　插页:1
版次:2022 年 4 月第 1 版　　　2022 年 4 月第 1 次印刷
ISBN 978-7-307-22669-2　　　定价:76.00 元

国家社科基金后期资助项目（19FJYB039）

国家社科基金后期资助项目
出版说明

后期资助项目是国家社科基金设立的一类重要项目，旨在鼓励广大社科研究者潜心治学，支持基础研究多出优秀成果。它是经过严格评审，从接近完成的科研成果中遴选立项的。为扩大后期资助项目的影响，更好地推动学术发展，促进成果转化，全国哲学社会科学工作办公室按照"统一设计、统一标识、统一版式、形成系列"的总体要求，组织出版国家社科基金后期资助项目成果。

全国哲学社会科学工作办公室

前　言

　　21 世纪以来，随着全球化的深入发展和国际竞争的日趋激烈，资本、劳动力、技术和知识等生产要素对一国经济增长的重要推动作用越来越明显，这也加速了国际生产网络的发展。作为国际技术溢出的重要传播途径之一，对外直接投资（ODI，Outward Direct Investment）已成为世界各国，特别是发展中国家融入全球化经济、获取国际先进知识和技术等创新资产的重要途径。

　　经过 40 多年的改革开放和经济转型，中国的对外贸易迅速扩大，经济结构也从出口导向型向国内、国际"双循环"模式转变。在这个过程中，中国的开放型经济迈向了更高的层次，企业"走出去"的步伐加快，中国参与经济全球化的步伐越来越快。作为融入全球化的主要途径之一，对外直接投资在中国的经济发展中发挥着至关重要的作用。自 2015 年以来，我国对外直接投资流量已连续多年位居世界第二，促进了中国对外经济合作和整体经济发展的快速提升。然而，中国政府的对外开放和"走出去"战略不仅是为了促进短期经济增长，而且是为了实现长期可持续的经济增长，重点是提高增长的效率和稳定性，优化产业结构，发展创新能力。

　　本书主要研究经济高质量发展阶段下，对外直接投资及其逆向技术溢出与中国经济增长之间的关系。虽然中国已经成为世界第二大经济体，但中国经济增长的质量水平仍然不高。在高投入、高能耗、高增长的背后，资源匮乏、环境恶化、创新不足、效率低下、收入差距扩大等高质量增长问题接踵而至。经济增长势头逐渐显现疲态，"结构性减速"成为经济增长的主要特征。因此，中国的经济发展理念开始从单纯追求数量型的高速增长逐步转向注重效率型的高质量发展，经济增长越来越依赖科技进步和创新能力的提高。

　　本书完成于中国经济由高速增长向高质量发展的转型阶段。本书围绕中国在高质量发展阶段不断推进全面开放型经济建设的现状，从地区视角到企业视角，深入分析了对外直接投资对中国经济增长质量的影响。一方面，通过梳理国内外相关文献，加深了对中国经济需要提升增长质量、坚持可持续发展的认识，明确了对外直接投资对中国经济增长质量的影响路径和机制，并提出了现阶段对外开放的重点是"高质量"这一核心政策；另一方面，在理论分析基础上建立模型，进一步尝试全面、科学地衡量中国经济增长质量，详细探讨在逐步引入环境因素和吸收能力的情况下，中国对外直接投资的快速发展是否有助于促进"质量型"经济的发展。

本书由近10篇独立的研究论文组成，结构上分为7章。具体来说，第一章是本书的研究背景，分析了中国外向型开放经济的现实背景和促进经济高质量发展的现实要求，梳理了本书的研究意义和实践价值。第二、三章是本书的理论部分，总结了对外直接投资与经济增长质量的基本概念与相关理论，分析了对外直接投资对提高中国经济增长质量的影响机制，为下文的实证检验奠定了理论基础。第四、五、六章是本书的实证研究，首先观察中国对外直接投资的发展现状，其次从区域和企业两个层面探讨对外直接投资对中国经济增长质量的影响，最后从吸收能力和溢出效应的角度深入研究对外直接投资提高中国经济增长质量的具体路径。第七章是全书的结论，立足于当前全面开放的新格局和经济高质量发展时期，从政府、地区和企业三个角度提出了深入推进中国企业"走出去"，实现中国经济可持续发展的政策建议。希望通过阅读本书，帮助读者了解和思考中国坚持全方位对外开放与实现高质量经济增长之间的良性互动。

本书是笔者主持的国家社科基金后期资助项目"高质量发展阶段下对外直接投资与中国经济增长关系研究"（19FJYB039）系列成果的总结。感谢蔡梦、陈慧、倪晔惠、彭丹、孙爽、王晶、王晓颖和王紫绮在本书的写作和修改过程中提供的帮助，感谢申晨荣、佟欣、李荣荣和陈阿飞在本书润色、修订和校对过程中提供的帮助。除序言外，本书大部分章节的早期版本（经过缩写或改写）已在专业期刊上发表。感谢《北京工商大学学报（社会科学版）》《财贸经济》《财经问题研究》《贵州财经大学学报》《河南师范大学学报（哲学社会科学版）》《山西财经大学学报》《世界经济与政治论坛》《亚太经济》等期刊为我提供了发表平台，同时感谢编辑和匿审专家提供的诸多修订意见。最后，特别感谢武汉大学出版社宋丽娜编辑在本书出版过程中提供的诸多建议与帮助。

孔群喜
2021 年 5 月 28 日

目　　录

第一章 对外开放与经济高质量发展
现实背景

第一节 外向型开放经济

目前，我国正有序推进全面开放型经济建设，本土企业国际竞争力随之不断增强，外汇储备持续积累，对外投资规模逐年增长。而对外直接投资（ODI，Outward Direct Investment）作为跨国资本流动的重要形式，其对一国技术进步、产业调整和经济增长的影响效应不言而喻（Dunning，1993；Gustafsson & Segerstrom，2011）。企业 ODI 规模的扩张已成为中国对外开放领域的主要经济活动，推进了中国外向型经济的发展。但放眼全球，受东道国隐性制度及"逆全球化"思潮的影响，中国对外投资面临的障碍日趋多样（崔娜、柳春，2017）。基于此，党的十九大报告提出，在国际贸易中要"创新对外投资方式"，"坚持和平发展道路"，在相关政策引导下，中国亟待推进对外投资转向高质量发展阶段，重在提高创新能力、打造国际品牌，巩固"投资大国"地位（杨挺等，2018）。随着中国开放型经济迈向了更高层次，企业"走出去"的步伐不断加快，中国参与经济全球化的进程也越来越快。对外直接投资作为融入全球化的主要方式之一，在国家经济发展过程中起着至关重要的作用。

进入 21 世纪，生产的国际化日益成为连接各国经济的"桥梁"，逐步形成了不同要素禀赋的国家对应生产价值链不同位置的分工格局。在此过程中，随着全球化的深入发展及国际竞争日趋激烈，资本、劳动力、技术、知识等生产要素对促进一国经济增长的重要驱动作用愈发显现，加快了国际生产网络的发展。其中，投资作为拉动国民经济增长的三驾马车之一，除了可以促进国内消费和提高对外贸易，还有利于发达国家追求利润最大化以及着眼于全球市场网络，同时有利于发展中国家补充其发展所需的要素条件，尤其是对于一些急需弥补资金庞大缺口的发展中国家而言，国外投资的注入能在一定程度上补缺这些国家国内投资的不足，提高其生产技术水平，从而推进经济的发展。进一步来说，各类跨国企业可以通过ODI优化国与国之间的资源配置，实现母国产业结构的调整和升级，并在经济全球化浪潮中不断开拓国际市场。对外直接投资逐渐成为经济全球化进程中各国开放宏观经济、参与国际分工、提高国际竞争力的重要方式。

随着发展中国家发展外向型经济的力度不断加大，ODI在其中的地位愈发瞩目。近年来，发展中国家ODI在国际直接投资中的比重不断上升，并影响着全球对外投资格局的演变。中国本土企业正是在这样的背景下逐步发展壮大，通过开展积极的对外直接投资融入全球生产网络。21世纪伊始，伴随中国经济的崛起，政府提出并实施"走出去"对外开放战略，积极开拓拥有比较优势的各种所有制企业参与海外投资，ODI飞速发展。据商务部统计，2003年中国ODI存量、流量分别仅为332亿美元和285.5亿美元，到2016年，ODI存量数额高达13573.9亿美元，在全球的占比提升5.2%，ODI流量数额增长至1961.5亿美元，全球占比13.5%。更值得注意的是，2016年对外直接投资再次超过引进外资额度，中国成为资本净流出国并向全世界输出大量资本、劳动力甚至技术。然而，当前国内外经济形势复杂，发展中国家在跨国企业主导的全球价值链中难以与发达国家匹敌。在此背景下，中国仍需借助海外投资接近发达东道国的先进知识、技术等，并将其整合转化为本国资源，即通过技术寻求型ODI有效提升本土创新能力，为国内市场注入核心竞争力，保持经济持续增长。

近年来，世界经济呈现出的重要特征之一在于各国对外直接投资规模不断攀升，通过对外投资途径获取发达东道国的技术溢出已成为发展中国家ODI的重要动机。改革开放以后，我国积极拓宽空间，企业不断"走出去"，政府实施外商直接投资（FDI）与对外直接投资（ODI）的双轨驱动战略，推进外向型经济发展，我国对外投资呈现出快速增长的势头。2003—2016年，中国对外直接投资流量由28.5亿美元跃至1961.5亿美元，经济体系已深度融入国际市场。但是，在目前全球价值链发生结构性变化的背景下，中国经济发展步入新常态，面临着产能过剩以及产业升级困难等待解决的难题。因而一些问题被学者们多次提及：ODI的迅速扩张对中国经济增长产生了怎样的影响？由于经济增长不仅涵盖数量的要求，还包括质量的优劣，因而中国的经济增长质量又能否经由ODI逆向溢出效应得到相应的提升？事实上，虽然中国已成为全球第二大经济体，但是经济增长质量的提升程度与经济数量的扩张幅度并不同步。"十三五"规划纲要也相应提出，要"开创对外开放新局面，形成对外开放新体制"，扩大产能合作，消化过剩产能。

从海外投资的演变来看，即使一国已成为对外投资大国，ODI 对母国的经济发展仍将产生深远而持久的影响(Chou et al.，2011；Busse et al.，2016；姚战琪，2017)。依据国内外相关的经典文献，现有研究在探讨 ODI 对母国经济增长的影响效应时，产生较大影响力的理论是 Dunning (1981)提出的投资发展周期(IDP)理论，他从宏观层面建立了一个动态分析框架，实证分析多国外商直接投资和 ODI 的互动关系与经济发展阶段之间的关联。随后，小规模技术理论(Wells，1977)、技术创新产业升级理论(Cantwell & ParEstrella，1990)、国际资本长期流动模型(Koizumi & Kopecky，1992)、ODI 与经济增长的替代效应(Stevens & Lipsey，1992)和互补效应(Desai et al.，2006)等理论的相继提出也分别基于不同的层面研究 ODI 的母国经济增长效应。此外，为了证明相关理论研究结果的正确性，众多学者采用现实数据，通过构建模型进行实证检验，如 Herzer (2008)提出，ODI 的经济增长效应与国内资源及市场规模息息相关；Denzer(2011)经由内生增长模型，论证了 ODI 对母国经济增长的正向影响；冯彩和蔡则祥(2012)则认为，ODI 对于中国区域经济增长的长期促进效应显著地大于短期促进效应。可以发现，ODI 与经济增长之间的因果关系始终是一个问题，大多数研究者证实了 ODI 对促进母国经济增长的贡献。

第二节　经济高质量发展

改革开放 40 多年以来，中国经济的飞速发展主要得益于投资、出口和消费。在高投入、高能耗和高增长的背后，资源紧缺、环境退化、创新不足、效率低下、收入差距拉大、经济结构失衡等影响质量型增长的问题接踵而至，经济增长动力渐显疲态(Vennemo，Aunan & Lindhjem，2009)。伴随着中国经济进入增速放缓的"新常态"，传统红利逐渐消退，"结构性减速"成为经济增长的主要特征(魏敏和李书昊，2018)，中国经济发展理念也逐步从单纯追求数量型高速增长转换到关注效益型高质量发展，经济增长愈发依靠科学技术的进步和创新能力的提升。在此背景下，中国政府加强助推企业"走出去"的力度，通过不断推进自由贸易区的建设，以及"一带一路"倡议的落地实施，构建更加均衡协调的全面开放新格局，适应经济全球化的新形势。据统计，2016 年世界经济增长乏力，全球外国直接投资复苏之路依旧崎岖。2016 年全球直接投资流出流量 1.45 万亿美元，呈现小幅度下降，而中国对外直接投资流量创下 1961.5 亿美元的历史最高值，蝉联全球第二位。① 值得注意的是，中国企业 ODI 规模自 2014 年开始超越外商对华投资规模，这说明中国对外经济合作水平迈进了更高层次的发展阶段。毫无疑问，ODI 将对中国经济发展质量变革、效率变革、动力变革产生日益深远的影响。

"以提高发展质量和效益为中心"既是"十三五"规划时期我国经济社会发展的指导思想，也是我国发掘经济增长潜力的重要战略举措。这说明中国处于新常态下的经济发展新阶段，传统的一味追求数量和速度的粗放型增长模式已不再适应现实发展方向，亟待将大众目光从注重经济总量增长转向致力于推进经济增长质量的提升。同时，历经 40 多年的改革开放与经济转型，我国对外贸易规模迅速扩张，经济结构实现了由内需依存型向出口导向型的转变，对外直接投资流量从 2015 年开始连续两年位居世界第二，进一步推动了中国对外经济合作乃至总体经济发展水平的提高。但是，我国政府大力推行对外开放及"走出去"战略，目标不仅在于促进经济的短期增长，更要实现以提升增长效率及稳定性、优化产业结构、发展创新能力等方面为重点的经济长期可持续增长。因此，在新常态背景下的开放式经济氛围中，伴随中国对外投资规模的不断攀升，会对国内经济增长质量产生怎样的影响？尤其是 ODI 获取的逆向技术溢出效果如何，是否有利于中国质量型经济增长模式的构建？以上这些问题既是为同类研究找寻新的方向，也是理解对外投资政策及形势对国内经济增长质量影响所需解答的关键性问题。

现阶段，伴随中国经济迈向新常态，步入新旧动能转换、经济转型升级的关键时期，传统的数量型发展模式已难以支撑未来经济的长期高速增长，中国亟待寻求能够保持经济高速发展和提升经济增长质量的新型动力。十九大报告提出，要"创新对外投资方式，促进国际产能合作"。可见，在全球增长动力大转换及"我国经济已由高速增长阶段转向高质量发展阶段"的重要时刻，为顺应世界范围内的竞争趋势，中国正在国内开展新一轮更高水平的开放式经济。同时，越来越多的研究表明，技术寻求是决定对外直接投资的重要因素，企业应继续扩大 ODI 规模，积极融入全球创新链，利用 ODI 获取的技术溢出拓展我国竞争新优势。

---

① 数据来源于联合国贸发组织（UNCTAD）公布的《2017 年世界投资报告》。

从现有文献研究来看，首先，国内外学者经常探究直接投资对本国经济增长的作用，而对 ODI 引发的经济增长质量的变化关注度较小。一般来说，经济增长主要涵盖数量与质量两方面，经济数量方面的增长仅为人类谋取福利的手段之一，经济发展的根源仍在于质量的提升(钞小静和任保平，2008)。其次，在探讨 ODI 对经济增长的影响时，学者之间常持有不同的看法，但均论证了 ODI 对经济增长产生了不容小觑的作用。如 Stevens(1992)提出，ODI 会对国内投资产生替代效应，资本流向国外会导致国内经济增长减少；Desai 等(2006)、刘洪铎等(2016)则持反对意见，分别认为 ODI 与国内生产、出口贸易为互补关系，即对外投资增加会促进国内经济增长；Herzer(2010)辩证分析了上述两种相反的理论观点，发现对外直接投资与国家经济增长之间存在双向促进的影响。此外，从根本上来说，正是由于生产率的不断提升，才使经济得以增长(李骏等，2017)，而直接投资又会通过不同路径影响本国全要素生产率(TFP)，因此在测度经济增长时，学者们的思路常集中于在经济增长分析框架基础上，通过引入影响质量的关键因素，尤其是全要素生产率(Bosworth & Collins，2007)，进而构造经济增长质量指数(何强，2014)。最后，从整体上来看，尽管近年来探讨 ODI 对经济增长影响的研究逐年增多，但大多数文献主要是分析其通过不同渠道对 GDP、技术水平等单方面经济增长的影响(Denzer，2011；林劼，2014；边梦梦和黄汉江，2017)，而进一步研究 ODI 如何影响经济增长质量的文献依旧寥寥无几。

一些文献从不同角度研究了 ODI 的母国经济增长效应。首先，国内外多数学者认为，ODI 能够带动国内投资的增长，推动母国经济的发展，对国家经济增长具有显著的正向效应(Desai et al.，2006；Frank et al.，2006；Herzer，2010)。如张伟如等(2012)、潘雄锋等(2016)认为，ODI 有效促进了中国经济的增长，且其利用省级面板数据发现，对外直接投资对东部地区经济的影响大于中西部地区。其次，随着发展中国家全球经济互通行为逐渐增多，学者们开始从技术溢出角度关注发展中国家 ODI 对该国技术进步和经济增长(Kogut & Chang，1991；Lichtenberg，2000；David，2008；朱陈松等，2015)的影响。此外，ODI 逆向技术外溢很可能因受到不同因素的影响而呈现出明显的差异。Holstwarhaft(1999)提出，投资母国吸收能力、市场竞争等因素会影响技术外溢效应的显现；Orr B(1998)的研究证明，影响技术吸收能力的因素包括研发能力、人力资本存量、政府政策等；李梅和柳士昌(2012)发现，区域吸收能力的不同会使逆向技术外溢出现差异。最后，尽管有不少文献探讨我国 ODI 规模的长期高速增长，然而学术界并未能统一看法（Sachs et al.，1995；Megginson & Netter，2001；蔡昉，2013），而且近年来的文献多研究 ODI 对双边贸易成本、出口技术复杂度和国内技术创新的影响（刘洪铎等，2016；蒋瑛和贺彩银，2016；杨成玉，2017；王清平和何超超，2018），关于 ODI 对经济增长影响的文献屈指可数。

第三节　"引进来"和"走出去"

目前，在经济高质量发展的时代背景下，学者们对于中国企业对外直接投资逆向技术溢出的研究越来越多（Driffield & Chiang，2009；蔡冬青和周经，2012；吴哲等，2015）。2016 年，中国对外直接投资流量创下1961.5 亿美元的历史新高，在全球占比达到 13.5%，蝉联全球第二；存量规模达 13573.9 亿美元，跃居全球第六位。中国在对外投资方面取得这些丰硕成果的同时，也引发了一些担忧：在本国企业对外投资的过程中，中国是否能够获得东道国的溢出技术？来自东道国的技术溢出是否有助于提高本国企业的技术水平和生产效率？若中国企业通过对外投资活动获得了东道国的逆向技术溢出，则意味着在供给侧结构性改革阶段，我国企业通过实施"走出去"战略而提升了生产效率，从而产生"要素供给创新"的驱动力量。但若中国企业依旧投资低端加工制造行业，不仅难以从真正意义上获得东道国的逆向技术溢出，甚至将导致我国的"引进来"和"走出去"战略面临挑战。应十九大报告提出的"发展更高层次的开放型经济"的需求，我们有必要探讨中国企业对外直接投资逆向技术溢出的经济逻辑，特别要探明在构建新型开放经济条件下中国对外直接投资逆向技术效应的存在性及由此带来的区域生产率空间差异性，这些已成为摆在中国学者及政策制定者面前亟待解决的重大研究命题。

一直以来，诸多研究认为，对外直接投资主要从逆向技术溢出渠道、产业结构调整和国际贸易等方面影响母国的经济发展。首先，关于 ODI 如何影响经济增长的观点主要分为三类：替代效应（Stevens & Lipsey，1992）、互补效应（Keynes，1936）以及该两种效应同时存在。如 Herzer（2008）认为，母国资源稀缺时，ODI 可能引致产出减少，但若母国投资企业能够通过低成本占据新市场，则可能促进国内经济增长。其次，单从 ODI 的逆向技术溢出效果来看，日本对美国投资影响的研究中最早对 ODI 逆向技术溢出与国家经济增长展开了实证分析（Kogut & Chang，1991），之后，多位学者论证了 ODI 会导致母国经济逆向溢出（Branstetter，2006；Denzer et al.，2011；李梅，2012；潘雄锋等，2016）。再次，由于判断一国经济增长状况时，更需注重增长的质量（Duarte & Restuccia，2010）。所以我们仍需思考 ODI 规模的扩张对我国发展质量型经济的影响，但目前学术界对经济增长质量的测度标准并不一致（Barro，2002；钞小静和惠康，2009；詹新宇和崔培培，2016）。

对既有文献梳理后发现，关于对外直接投资逆向技术溢出效应的研究思路主要从两个角度展开。第一，基于"顺梯度"角度。一般认为，母国企业对外直接投资通常源于两种考虑：一是利用当地市场；二是利用当地要素，如自然资源、劳动力和战略资产等（崔岩和于津平，2017）。为降低生产成本以及绕开发展中国家的贸易壁垒，发达国家把非熟练劳动密集型活动转向低成本的发展中国家，在国内则主要留存熟练劳动密集型活动，此方式不仅可以改变其就业结构中劳动力的比例，而且有助于本国的技术进步（Passakonjaras，2012；Stoian，2013）。第二，基于"逆梯度"角度。众多学者认为，不具有技术优势和竞争优势的发展中国家进行对外直接投资的主要目的是获取国外 R&D 密集地区的专业化要素以及技术溢出效应，进而通过"子—母公司"的内部化机制，逆向促进国内母公司的技术进步（Herzer，2011；Dhyne & Guerin，2014），最终形成全国技术水平提升的局面。从现实应用上考虑对外直接投资在"二元路径"下的动机差异，直观表现为投资目的国的不同，但本质动机不外乎寻求自然资源、市场和技术。刘海云和聂飞（2015）认为，中国更倾向选择资源丰富且技术水平较高的发展中国家作为投资对象；而出于获取技术和市场的动机，我国企业的投资目光多放在发达东道国身上（王勋，2013）。由于我国长三角地区已处于工业化中后期阶段，随着产业升级路径的跃升、技术获取方式的变迁以及知识吸收能力的增强，技术寻求型对外直接投资已成为利用外部技术的重要路径（申俊喜，2008）。

近年来，已有不少学者开始关注中国企业对外直接投资逆向技术溢出效应，但他们尚未注意到中国经济转轨过程中的一个特殊现象，那就是市场分割遏制技术进步。虽然有学者研究发现，产业政策可以在一定程度上缓解市场分割问题（步丹璐等，2017），但这个问题仍然很严重。改革开放后，中国各地区之间普遍存在"以邻为壑"式的市场分割现象，市场分割不仅增加了本地要素流转的交易成本，导致无法发挥本地规模经济优势，进而导致扭曲性的本地生产效率，而且中间品的市场分割还会导致制造业的比较优势显著降低（吕越等，2017）。陆铭和陈钊（2009）、陈敏等

（2008）、申广军和王雅琦（2015）等众多学者已经意识到，地区间的市场分割是阻碍中国经济发展的严重问题之一。

长期以来，中国都是作为资本的需求方，随着中国自 2014 年开始成为投资净输出国，中国企业正从被动地融入全球价值链转变为主动利用并整合全球资源，进而建立起由本土企业掌控的全球价值链（刘斌和王杰，2015）。数据显示，在中国企业"走出去"规模不断扩大的同时，近年来中国对外投资区域趋向发达经济体，2016 年，从中国流向发达国家的投资较 2015 年增长了 94%。这也正是中国身为发展中大国获取海外先进技术及标准，实现逆向溢出与提升创新效率的有效路径（余官胜，2013）。由于技术寻求是决定对外直接投资的重要因素，ODI 逆向技术溢出效应可利于母国企业接近东道国丰富的研发资源，进而逆向获得东道国先进技术溢出（Pottelsberghe & Lichtenberg，2001；Yao et al.，2016；王欣、姚洪兴，2016），更好地推动母国产业优化及经济发展。特别是从综合新兴经济体的现实成长轨迹来看，其崛起在很大程度上受益于 ODI 逆向技术溢出（Goh et al.，2013）。在当前全球经济复苏的背景下，新兴经济体和发展中国家成为拉动全球经济强劲复苏的主要力量。作为发展中国家里参与海外投资最多的国家，通过投资发达经济体反向促进本国技术进步和经济增长是中国不断推行对外开放的重要目标之一。

值得注意的是，目前鲜有文献探讨 ODI 逆向技术溢出效应对母国经济增长质量的影响，更多的研究落脚到 ODI 的数量型经济增长效应，且主要经由知识增长、产业结构调整、逆向技术溢出等方面体现。如有效要素比例理论（Chenery & Strout，1966）、外部性理论（Caves，1971）等观点认为，母国可以利用对外投资来学习、吸收投资目的国的先进技术或向外转移低端产业来弥补资金和资源的不足，并在研发强度、知识增长、技术差距等多种吸收能力因素的共同影响下（Smith & Lyles，2003），促进经济实现一定程度的增长。也有研究认为，仅当母国人力资本跨过某一门槛值时，ODI 才会发挥其作为技术转移载体的关键作用，对经济增长产生较大贡献（Borensztein et al.，1998）。在此基础上，更有研究论证了 ODI 与母国经济增长之间存在双向促进关系（Herzer，2010）。综合大多数研究来看，ODI 对中国经济增长的影响程度凸显，在新时期应进一步加大对外投资，推动产业升级和经济发展。而经济规模及增长效率同样与 ODI 扩增趋势密切相关，体现出维持经济平稳、健康发展的必要性（张铜钢、肖君，2017）。进一步考虑到高质量的经济增长涵盖了"高效率增长模式下稳定且持续的增长"（随洪光、刘廷华，2014），本书尝试从增长效率、稳定性和可持续性三方面入手，利用相关基础指标建构经济增长质量评价体系。此外，由于投资目的国不同、投资动机不同等现实影响，可能会对ODI促进母国质量型经济发展方面产生差异化的实际效果，需要用实证去检验。

第四节 研 究 意 义

基于上述背景，本书将探讨"高质量"发展阶段下中国企业的对外直接投资，尤其是技术寻求型ODI为中国带来的各种效应。这有助于本土企业增强技术水平和创新能力，更好地借助国家自身优势提高ODI的可持续发展水平，强化跨国企业的国际竞争优势，促进产业结构优化升级，进而对于推动中国经济健康可持续发展、提升中国的综合国力，乃至实现建设经济强国梦想的国家战略具有重大意义和研究价值。

其一，有利于丰富技术寻求型ODI理论的研究内涵。参考相关研究发现，国内外学者对于对外直接投资和质量型经济发展的研究仍然是相对独立的，对二者之间关系的研究还很不充分。即现有研究对于ODI主要通过哪些路径影响中国经济增长质量，及不同路径分别能够在多大程度上影响全国及各区域构建高质量发展经济的效果鲜少涉及。因此，本书希望在梳理前人研究成果的基础上，厘清技术寻求型ODI影响经济增长质量的理论框架和发生机制，并运用现代经济学理论，建立严谨的经济学模型，探究投资发达国家的过程中技术寻求型ODI发挥的影响效应，阐述对外直接投资影响经济增长质量的具体作用机制，这对于进一步丰富和完善该领域的研究成果具有重要的理论价值。

其二，有助于培育中国经济健康可持续增长的新引擎。目前，中国整体上仍主要依赖传统比较优势、大量消耗资源的经济发展方式，经济发展与要素约束的矛盾愈加凸显。为突破经济发展的困境，建立经济发展新优势，我国政府大力推行对外开放及"走出去"战略，目标不仅在于促进经济的短期增长，更要实现以提升增长效率及稳定性、优化产业结构、发展创新能力等方面为重点的经济长期可持续增长。也就是说，中国要实现由经济大国向经济强国的转变，必须充分利用国际投资和国际贸易带来的各种效应，不断学习和掌握国外先进技术，促进产业结构升级，提升国内技术水平和创新能力，促进经济长期可持续增长，培育经济"高质量"发展的新型动力源泉。

其三，基于企业、产业和国家三层面揭示了 ODI 逆向技术溢出对母国经济增长质量的影响机制，验证了人力资本、研发强度和技术差距三项吸收能力对母国经济增长质量的作用效果。所以，探究在吸收能力因素的作用下 ODI 逆向外溢对经济增长质量的影响，能够为充分释放我国对外直接投资的技术进步效应提供理论上的支撑。对于中国这样处于高质量发展阶段的发展中国家而言，逆向技术溢出是对国内技术落后、创新不足的一种弥补途径。同时，本书进一步基于中国企业对外直接投资存在于中国大范围区域以及市场分割普遍存在于各地区这一特征事实，尝试从市场分割视角去探究现阶段在技术升级方面中国企业对外直接投资逆向技术溢出的贡献，从而理解类似中国这样的发展中国家在经济增长中的合理性和局限性，并提供了与既有文献不尽相同的研究结论。

其四，为寻求"高质量"阶段对外直接投资新方式提供决策参考。从国内外投资环境来看，当前全球经济增长新动能显现，中国 ODI 仍处于重要战略机遇期，仍需持续创新对外投资方式，而以技术寻求为主要目的的 ODI 对促进中国"高质量"经济发展的重要性日益凸显，众多有实力的本土企业相继融入全球 ODI 浪潮。在中国开放型经济格局逐渐形成的背景下，我国 ODI 规模已超过外商直接投资规模，成为中国开放型经济发展格局中的重要部分。因此，在新常态背景下的开放式经济氛围中，探究中国对外投资规模的不断攀升对经济增长质量的影响效果，利于全面、正确地认识 ODI 对推动经济发展的实际作用，能更好地为国家利用对外开放战略进行国际合作以及为战略实施时选择 ODI 方式提供一些理论支撑和决策依据，这对于未来政策的制定具有重要的借鉴价值。

第二章　概念界定与文献综述

第一节　对外直接投资理论回顾

20世纪末期，伴随着国际贸易、国际金融的活跃发展，以优化资产全球化配置为目的的对外直接投资逐渐走上国际经济的舞台，巨型跨国公司也在进一步突显其作用。得益于政府在20世纪70年代末主动推行的市场化和开放经济政策，以及21世纪初提出的"走出去"海外投资战略，我国经济迅速发展，并逐步与世界经济紧密相连。金融危机之后，跨国对外直接投资进入历史转折期，全球外商直接投资和ODI的发展由速度增长转向结构调整，由发达国家主导转向由新兴经济体和发展中国家拉动，同时，中国资本掀起了海外并购的热潮。对于发展中国家的一员——中国而言，在技术弱势驱使下，ODI往往也带有技术寻求的特征。

对于跨国投资由原先的"合理性"逐渐转向"战略性"这一国际经济现象，学者们对带有技术寻求目的的ODI展开了丰富的研究，以进一步分析其带来的经济活力。因而，本书将技术寻求型ODI作为主要考察对象：首先，梳理文献，进一步对技术寻求型ODI的内涵进行界定；其次，从文献角度厘清企业进行技术寻求型ODI的动因；再次，基于文献梳理技术寻求型ODI实现其战略性利益目标的条件；最后，通过系统性的文献研究，对现有理论做简要点评，力图对后续研究提供理论基础与实证支撑。

一、对外直接投资的内涵界定

伴随跨国投资的流动，围绕技术寻求型ODI展开的理论研究也在不断丰富。学者们观察到，在跨国投资领域，原先建立于现有优势获得更高经济效益的ODI，逐渐变成寻求更高技术、更先进管理方法以进一步增强竞争优势的手段。

1960年，Stephen Hymer（1960）提出垄断优势理论，创新性地对传统国际直接投资理论中市场完全竞争的假设进行调整，以结构性市场不完全作为切入点来思考跨国公司的国际投资行为。在跨国投资过程中，企业会面临汇率、法律制度、文化等方面差异带来的风险。这就要求跨国投资的主体企业所具有的竞争优势应当能够帮助其弥补因抵抗这些风险而增加的经营成本，才能够使企业的跨国投资初衷（也就是获得更高的经济效益）得以实现。总而言之，垄断优势理论所强调的是，企业开展跨国投资的决策将取决于其所具有的垄断优势，尤其是技术优势是否充分。接着，其导师Kindleberger（1969）基于产业组织理论进一步扩展了垄断优势理论，指出正是由于要素、产品市场的不完全及规模经济、政策措施导致的不完全，才产生了跨国公司的海外投资行为。此外，Caves（1971、1974）以企业无形资产作为切入点，指出实现垄断优势需要增强其产品差异化的能力，对垄断优势理论进行进一步扩展。基于以上几种观点，垄断优势理论体系逐渐成型，也称为"H-K-C（Hymer-Kindleberger-Caves）体系"。其后，关于对外直接投资的理论层出不穷：以发达国家作为关注点的理论多从既有优势进一步扩展来考虑，包括Vernon（1966）的产品周期理论、Kojima（1978）的边际产业转移理论、Dunning（1993、1998）的投资发展阶段理论等；以发展中国家作为关注点的研究包括Wells（1984）的小规模技术理论、Lall（1983）的技术地方化理论、Mathews（2006）的LLL分析框架等。然而，对于发展中国家通过技术寻求型ODI来实现"战略性"投资，最终获得母国技术进步、经济增长的研究却并不充分。

最早关注带有技术寻求目的的ODI的学者是Kogut & Chang（1991），在分析日本企业对美国ODI过程时，他们发现，美国企业的创新水平在一定程度上影响了日本企业的R&D决策水平，进而提出将这种现象称为技术寻求型ODI。Cantwell & Janne（1999）、Teece（1992）也分别研究指出，企业利用对跨国投资流入地的技术学习与吸收来塑造自身竞争力这一动机，验证了技术寻求型ODI的存在。此外，还有学者同样对跨国企业的这一行为进行了研究，只是在术语表达上有一些差异。Dunning（1993）指出，一些跨国公司的国际投资往往出于寻求战略性资产的目的，也就是进行"战略资产获取型"国际投资，即在战略资产获取的过程中，获得知识、技术及管理经验等核心资产，进一步增强竞争力。Luo & Tung（2007）则提出了"跳板型"跨国投资的概念，认为新兴市场可通过跨国投资来跳跃性地获取先进管理经验、技术知识，这些战略性资产的占有能够与其现有竞争优势互补，最终进一步实现国际扩张。总体来看，学者们的研究都指出了具有知识密集型特征的核心资产在企业跨国投资决策中的重要作用。综合以上观点，本书认为，技术寻求型 ODI 是指，企业通过 ODI 来谋求知识技术密集的战略性资产，在获得国际扩张的同时，也由技术溢出效应增强了自身竞争优势的过程。

二、对外直接投资的动因分析

在国际竞争日益激烈的环境下，对外直接投资由原先具有垄断优势的发达国家为主体，逐渐转变为以新兴市场和发展中国家为中坚力量。而传统国际投资理论所描述的 ODI 是跨国公司对现有优势的扩大过程，这在新兴市场和发展中国家的 ODI 行为中无法得到印证（由于缺乏相对稳固的静态优势）。对此，学者们的解释是，在相对动态的环境中，探索型的新兴市场和发展中国家企业正是通过技术寻求型 ODI 来获取战略性资源，以形成超越本国市场限制的动态优势，进而实现国际扩张（Mathews，2002，2006；Luo & Tung，2007）。

关于技术寻求型 ODI 动因的进一步解释，学者们也进行了大量的讨论。从发展中国家跨国企业本身的特征出发进行考虑，Wells（1983）分析了第三世界企业的竞争优势，即劳动密集型小规模制造、民族特色、低价销售的市场策略。正是这样一种与发达国家本土企业错位的竞争优势，使得发展中国家的弱势企业得以获得小规模技术效率。而 Lall（1983）的技术地方化理论则从发展中国家动态优势积累的角度出发，从三方面概括了发展中国家企业的特定优势，也就是技术、管理与市场技能。发达国家的技术溢出在发展中国家可获得"二次创新"，技术的地方化程度对于发展中国家企业的技术寻求型 ODI 战略目标能否实现，将发挥重要作用。而在当时的国际并购案例中，往往会因收购方力图增强对被收购公司的掌控力，而压制被收购方的技术研发，甚至对其核心技术进行恶意出售。这一行为在短期内对收购整合的稳定性或许有所帮助，但长期来看，将使技术升级丧失上升渠道，并且难以成为 ODI 的行为主体。

Pavitt（1987）、Cantwell & Tolentino（1990）进一步将视角投向发展中国家对技术的积累内化，认为发展中国家通过对技术的成熟内化来实现一个"逆产品生命周期"的攀升过程：由劳动密集的低端制造业、服务业，到逐渐参与到高端市场的竞争，甚至进而成为产业链主导者。在这一过程中，发展中国家的比较优势在阶段性地动态变化，这便是"技术创新产业升级理论"。其后，Mathews（2002）则提出对于后发企业利用比较优势实现赶超的方法——联系—杠杆—学习（Linkage-Leverage-Learning）。
Mathews 从资源基础理论的角度考察后发企业时，认为根据企业的异质性
资源的稀缺性、不可模仿性、可移植性挖掘潜在资源，打破市场中现有企
业的控制，再利用资源的关联、杠杆效应融入国际分工体系，通过学习效
应可以最终实现赶超。

总体来看，关于对外直接投资的理论研究经学者们不断地从各个视角
提出新见解，已获得了体量可观的发展。经以上回顾，本书认为，技术寻
求型 ODI 是主要以发展中国家为主体，力图寻求动态优势而进行的战略
性投资活动，其动因正是发展中国家企业作为后发企业的身份，以技术学
习的方式打开上升通道、谋求赶超的初衷。

三、对外直接投资的实现条件

要实现技术寻求型 ODI 在技术寻求方面的战略目标，我们必须思考
其实现需要具备哪些必要条件。在经过一系列研究后，部分学者持有的观
点是制度因素对于实现技术寻求型 ODI 的战略目标存在显著影响。
Demirbag 等（2008）认为，制度是否健全将对 ODI 企业的投资模式起关键
作用：对于市场体制不健全的东道国，企业更倾向于绿地投资模式；对于
市场体制健全的东道国，ODI 则往往以并购的形式出现。对于中国这样的
发展中国家，研究中发现的现象是中国的国有企业在进行 ODI 的时候往
往偏好存在制度风险的国家，而民营企业则未显现显著倾向（Ramasamy et
al.，2012）。对于这一现象，一些学者给出的解释是，因为中国情境下存
在着"所有权优势"，在这一优势下寻求战略资产的 ODI 偏好流向具有国
际化经验的制度完善的东道国（肖文、周君芝，2014）。

另一些学者则认为，母国与东道国间的技术差距将对技术寻求型 ODI
的实现效果产生影响。Fosfuri & Motta（1999）着重从跨国投资的逆向溢出
去思考无优势跨国公司如何进行国际扩张：只要两国企业间存在技术差
距，通过地理区位接近先进国企业，就有获得技术溢出的空间，而通过技
术溢出在母国创造的收益或将远远大于在东道国设立企业所得盈利。
Fosfuri（2001）进一步更具体地从劳动力流动性的角度去分析跨国投资过程
中被培训的公司人员被母国公司再次雇佣后带来的技术溢出，并认为对于
技术弱势的企业而言，ODI 是帮助其赶超的有效途径。Bjorvan & Eckel
（2006）则具体构建了博弈分析模型，探讨了不同假设情境下的技术溢出
水平。他们的结论认为，当技术弱势企业的技术寻求型 ODI 涌入技术领
先国市场，在达到一定程度后会加剧东道国市场竞争，将会迫使东道国优

势企业开启同样的技术寻求型投资行为来阻碍他们的竞争对手。Luo & Tung(2007)的"跳板型"跨国投资理论也同样强调了在存在技术差距的状况下，新兴市场的技术弱势 ODI 企业通过向先进国投资来获得技术溢出，以实现跳跃性赶超的方式。

总而言之，由于技术寻求型 ODI 的鲜明的战略性特征，能否实现技术寻求的目标，就与技术溢出的可获得性密切相关。本书认为，技术寻求型 ODI 的实现条件应当建立在逆向技术溢出能够获得的基础上。因而，在对其战略目标的实现效果进行实证分析时，往往需要关注该渠道的逆向技术溢出水平。

第二节　经济增长质量理论回顾

一、经济增长质量的内涵界定

我国经济已由高速增长阶段转向高质量发展阶段，对于如何全面准确地衡量一国的经济增长质量，学术界众说纷纭，至今仍在动态变化，没有得到一致确定。由于经济增长既包括数量型增长又包括质量型增长(任保平，2013)，学者们常采用不同方法量化经济增长质量(刘海英和张纯洪，2006；魏婕和任保平，2012)，进一步探寻投资和贸易对经济质量提升带来的作用效果。根据经济增长质量的内涵，可分别从狭义与广义两个层次对其进行界定。就狭义观点而言，一些学者认为，经济增长质量是经济增长效率的外显。如一些学者主张将全要素生产率(TFP)或配置效率等作为测度指标，研究其对经济增长的贡献(Chow & Li，2002；肖欢明，2014)。就广义观点而言，学者们则认为，经济增长质量涵盖丰富的层面，是经济数量型增长的一种补充。比如一些学者基于多维度视角，从经济增长的不同方面测度经济增长质量(Barro，2002；詹新宇和崔培培，2016)。钞小静和任保平(2008)认为，虽然经济增长涵盖了数量型增长以及质量型增长，但数量型增长仅为人类谋取福利的手段之一，经济发展的根源仍在于质量的提升。

具体而言，狭义的经济增长质量的内涵为对投入产出率、经济增长效率的概括。如卡马耶夫(1983)指出，在探讨经济增长时，不仅应当关注生产资源、生产量的增加，还应当考虑在产出过程中获得的关于产品质量、生产效率、消费效果的提高。郑京海和胡鞍钢(2004)分别从技术进步与技术效率两个层面对 1978—1995 年的全要素生产率进行了测算，进一步分析中国的经济增长，以及其增长模式是否需要做出改变，并对中国生产率增长在 20 世纪 90 年代中期以后的下降趋势给出了定性解释。郑玉歆（2007）则在其他学者的研究结果之上，指出了用全要素生产率去解释经济增长质量存在局限性，主要包括两方面：全要素生产率体现的是即期的经济效益；全要素生产率的测算难以避免投入与产出不匹配的问题。这在一定程度上指出了狭义经济增长质量的不全面性。

关于广义的经济增长质量的研究也观点丰富。钟学义（2001）认为，经济增长质量的发展趋势，应当是从粗放走向集约。而这种集约化不仅要求经济效益的提高，还包括产业结构的优化、升级，经济增长的可持续性与稳定性，人民福利的可获得性，以及生态环境的改善等。樊元、杨立勋等（2002）认为，经济增长质量分内在与外在两个层面，其中，内在指生产过程中投入产出率的提高，经济效益的提高；而外在则有相匹配的经济制度、经济增长的稳定性与可持续性。吴延兵（2006）构造了知识生产函数模型，分析了企业规模、产权结构和绩效水平对知识生产效率的影响作用，进而提出观点认为经济增长质量的提高依靠知识生产和人力资本的积累，而缺乏明晰的产权制度将抑制创新增长。

因而，在梳理狭义、广义的经济增长质量理论研究的基础上，本书将经济高质量增长定义为拥有持续创新的、增长结构协调的、高能源利用率的、开放发展并惠及全民的经济增长。在下文的讨论中都将基于这一基础去进一步探讨 ODI 对于经济增长质量的作用及影响。

二、经济增长质量的影响因素

早在古典经济增长理论时期，亚当·斯密就指出对经济增长起关键作用的三个因素，分别为劳动分工、资本积累与市场规模扩大。并且，在这一观点的基础上，他还考虑了对外贸易、技术进步在其中的作用。20 世纪 60 年代，索洛开创性地提出新古典经济增长理论，综合劳动、投资与技术进步去考察经济的增长，尤其给予了技术进步以独立的重要意义。此外，人力资本概念之父——西奥多·舒尔茨提出了人力资本所携带的"知识效应"与"非知识效应"对经济增长的重要作用。这些观点所指出的重要影响因素在对经济增长质量的分析中发挥着不可忽视的作用。

众多学者还从各异的角度考察了对经济增长质量存在影响的经济因素。自克拉克和库兹涅兹以来，学者们在研究经济增长时，对产业结构予以高度关注。一部分学者持有的观点是，产业结构的变迁对经济增长质量存在影响。Peneder(2003)认为，基于要素的流动性而发生产业结构变动时，要素由低生产率部门向高生产率部门流动将带来总生产率的增长。也就是说，要素向高效率的部门流入，将使得狭义的经济增长质量获得提高。干春晖、郑若谷(2009)针对我国1978—1992年、1992—2001年及2001—2007年三个阶段的演变，利用偏离—份额法分析了产业结构的生产率增长效应，得到结论认为，我国劳动力的产业结构能够产生"结构红利"，而资本的产业结构却是"结构负利"。傅元海等人(2016)采用经济增长集约化和投入产出率衡量经济增长效率，并进一步选取系统广义矩估计(GMM)法，考察了制造业结构的高度化、合理化是否提升经济增长效率。其结论认为，制造业结构的高度化负向作用于经济增长效率，其原因是未同时进行高附加值化，这与中国制造业不断升级却一直处于全球价值链低端的事实一致。与以上观点不同的是，新制度经济学认为，制度创新降低了交易费用，使创新者获得追加利益成为可能，这使技术创新拥有了不可缺少的推动力(North，1990)。

总体来看，对经济增长质量的影响因素进行分析，与考虑经济增长的作用因素具有紧密联系，但也包涵更多丰富含义。因此，在高速度向高质量转变的趋势下，经济增长不仅应当考虑与经济增长相关的技术水平、人力资本、制度等因素，还应纳入对产业结构、生态影响、资源利用率、公民惠及程度等方面的考量。

三、经济增长质量的评价体系

现有研究中对经济增长质量的评价大体有两种思路：一种是基于狭义经济增长质量的考虑——测算全要素生产率；另一种是基于广义经济增长质量的考虑——建立综合评价体系。就狭义视角来看，对于全要素生产率的测算往往涉及技术进步。沈坤荣(1998)利用全要素生产率分析中国的经济增长质量时认为，全要素生产率呈现出投入产出关系，较高的投入产出比也就意味着高经济增长质量。俞安军等人(2007)则持不同观点，其认为生产过程中投入的生产要素的生产率就表征着经济增长质量。在选取中国1981—2004年的数据基于C-D生产函数进行测算后，得出结论为我国的经济增长方式是粗放型的。康梅(2006)对于利用全要素生产率测算经济增长质量提出了质疑，认为作为发展中国家，以引进的方式隐含在生产资料中的技术，在全要素生产率的测算中被忽略了，从而用来评价经济增长质量是存在缺陷的。在此基础上，他从三方面(规模增长、硬技术进步和软技术进步)对经济增长质量进行了评价。

　　就广义视角来看，经济增长质量的评价体系需要考虑的维度则更加丰富。魏婕和任保平（2012）在把握经济增长质量内涵的基础上，从六个角度出发建立了评价体系，包括经济增长的效率反映生产效率、经济效益；经济增长的结构则体现产业结构、金融结构、投资消费结构等是否合理；经济增长的稳定性衡量经济状况的波动性；以福利变化与成果分配来衡量经济增长是否惠及居民；以生态环境为代价来突出高质量发展中的绿色环保的要求；以国民经济素质衡量经济增长是否高质量。詹新宇和崔培培（2016）基于"五大发展理念"，从创新、协调、绿色、开放、共享这五个角度建立了经济增长质量的指标，利用省际数据的 GMM 估计实证检验了中央对地方转移支付的经济增长质量效应。

第三章　理论模型与影响机制

第一节　对外直接投资对经济增长质量的作用机制

谋求高质量发展是当前中国顺应发展趋势、实现追赶超越的发展思路。企业作为生产经营活动的主体，其行为将对高质量发展的转型产生至关重要的作用。就当前而言，随着重大基础设施建设不断取得阶段性成果，高精尖制造业逐步取得生产能力突破，中国已总体上进入工业化的后期。然而，工业化发展在区域间与产业结构上的不平衡，对环境承载力的忽视，都是新型工业化道路上亟待解决的阻碍问题。因此，如何提高供给质量开始越来越受重视。考虑到对外直接投资对于构建跨境产业链，乃至实现价值链升级的作用，本书认为，以对外直接投资促进技术差距的跨越、产业结构的升级，或许对于实现高质量转型有重要意义。

在"走出去"战略的推进下，中国企业境外投资规模不断扩大，国内企业通过在海外投资设厂、合并收购、设立研发机构等行为，在世界范围内张开了生产网络。随着引进外资的作用逐渐呈现出使中国企业被低端"锁定"的现象，外商直接投资显现出它的局限性。因此，对于谋求高质量发展的中国而言，自发主动地进行对外直接投资，将更有利于构建以中国企业为主导的跨境产业链。为了进一步探索对外直接投资对经济增长质量的作用机制，本书基于对外直接投资企业的目标国，将他们分为发达国家与发展中国家两类来进行探讨。

一、基于不同目标国的作用机制

(一)面向发达国家对外直接投资提升母国经济增长质量的机理

就发达国家而言，掌握研发核心技术能力，坐拥世界品牌，并且具备资本强大的营销商、零售商。无论在生产者驱动型全球价值链还是购买者驱动型全球价值链，发达国家都具有相对优势。中国企业向发达国家进行ODI，主要分为两种方式：绿地投资（设立分支、研发机构）、褐地投资（合并收购）。这两种方式下，ODI将为母国经济增长质量带来不同的作用影响，如图3.1所示。

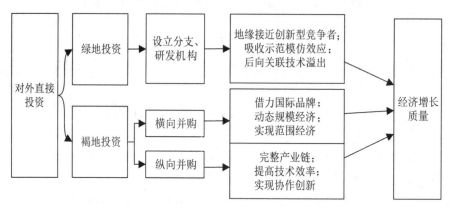

图 3.1　面向发达国家 ODI 对母国经济增长质量的作用机理

对于绿地投资的企业来说，对外直接投资对其存在三方面益处。一是，通过地缘空间性接近海外的创新型竞争者，大大增加了ODI企业获得技术溢出的概率。并且，投资于东道国的高技术集聚区将使得技术分享、传播与人员流动促进技术的扩散。此外，还能够利用并学习发达国家的配套研发服务措施，促进跨境分支机构形成竞争优势。二是，投资发达国家将使其示范作用带来良性的模仿效应。示范效应确实存在于投资发达国家的发展中国家企业。海外分支机构通过吸收发达国家高技术企业的示范作用，进而进行模仿创新，由母—子公司渠道反馈于母国母公司，有望以此提高母国企业的研发能力，不仅有利于母公司在前沿技术上的突破，也将对其投入产出的环境影响提出更高标准，有一定概率可促进其资源利用率的提高。三是，由后向关联对母公司产生技术溢出。在企业通过绿地投资融入东道国的生产网络之后，借助与母国该产业链上游企业的后向关联（Lall & Chen，1983），能够有效增大母国中间品出口规模，进而使趋利的企业加大对上游产业的投资，有助于上游研发创新。总体来看，向发达国家进行绿地投资大大有利于母国经济增长质量的提高。

对于褐地投资的企业而言，将褐地投资分为横向并购与纵向并购，对外直接投资将在两个角度对母国经济增长质量存在影响。首先，在横向并购下，ODI 企业可借此吸收位于产业链类似位置的具有国际品牌的企业，以此帮助自身品牌的建立，借力国际品牌进军海外市场。此外，横向并购可使 ODI 企业获得规模经济的优势。动态规模经济的实现使生产更有效率，技术效率得到提高，提升了企业产品的市场占有率与竞争力。同时，产品维度的扩大有利于实现范围经济，加速新技术的扩散，并激发新产品的研发。其次，在纵向并购下，企业可借助对外直接投资形成完整的产业链，有利于企业通过内部生产各环节的调节来增大生产效率。当然，在纵向并购下，企业的内部管理成本将会大大增加，因此相对于其通过内部调节减少的外部经营成本，最终的实际效果并不可知。但是，在完整产业链下，通过触及上游环节核心技术，与扩展下游营销渠道，将对企业在全球价值链中攀升大有裨益。进一步讲，通过纵向并购实现资源汇聚，对产业链各环节的深度合作、协作创新带来了无限可能性。因此，从理论上来说，褐地投资中横向并购将对提高经济增长质量具有更突出的积极作用，纵向并购的正向作用也较为可观，但仍取决于最终经营成本变化的情况。

(二) 面向发展中国家对外直接投资提升母国经济增长质量的机理

就发展中国家而言，吸引中国企业向该地区投资的往往是其丰裕的要素禀赋及具有较大挖掘空间的消费市场。由于投资动机的差异，最终对母国经济增长质量的影响也将在不同方面呈现，下文对此进行了深入讨论。

对于中国 ODI 企业而言，投资发展中国家往往出于自身功能升级的需要。首先，源于中国市场劳动力成本的快速上涨，本土生产成本日益上涨。在此情况下，通过在其他发展中国家或新兴经济体投资设厂、设立分支机构，有效利用当地丰裕、低价的劳动力资源，可以降低企业生产成本，同时也有利于维持产品竞争力，增强盈利能力 (杨成玉，2017)。利润空间的上涨为母公司进一步维持并投入研发的资金链注入了有力能量。其次，将产能过剩的边际产业向其他发展中国家转移，可使得母公司集中力量于核心环节，有利于核心竞争优势的塑造，并且也有利于国内产业结构的优化。此外，向发展中国家对外直接投资可强化当地人民对中国品牌的认知，从而有利于中国品牌的建设，逐步打造区域内品牌，直至成为国际知名品牌。最后，由于发展中国家之间经济发展水平的梯度性，中国可借由区域合作的形式促进本土企业向发展中国家跨境投资，凭借区域性优势来突破"低端锁定"的嵌入式全球价值链困局。并且，中国企业有望以此方式，将上游研发、设计等核心环节留在国内，而将外围业务转移，从而实现功能升级，并构建由中国自主构建的价值链。

二、基于不同经济增长质量的作用机制

为了完成经济增长方式的转变，中国务必以高质量发展为目标，深度推进供给侧结构性改革。回望 2017 年，投资领域呈现体制与政策性问题凸显的现象。在投资总体中，尤以政府投资为主体（政府部门、国企支撑），而民间投资相对规模较小，且存在融资困难、融资昂贵等问题（吴泓和陈少晖，2017）。然而，随着新兴产业的不断涌现，如移动支付、大数据等的蓬勃发展，以及服务方式、商业模式的不断创新，国内的创新动力正在加速显现。因此，应当以高质量投资促进经济的高质量发展，更好地发挥投资对经济增长的有效作用。本节基于对外直接投资影响经济增长质量的过程进行理论分析，并在此基础上提出研究假设。

（一）对外直接投资与经济增长效率

对于国际投资与国内经济增长效率的关系，学者们已做了大量研究贡献。Aitken & Harrison(1994)提出，国际投资是知识技术跨越国界的重要途径。企业可以通过向具有技术优势的国家进行投资，基于后发优势获得效率提升。向国外的领先者学习先进技术，也一度成为中国企业进行对外投资的主要目的。Kogut & Chang(1991)是最早提出"逆向技术溢出"效应的学者，他们发现，技术弱势国家的企业确实存在为了寻求技术而向技术优势国家投资的现象。因此，当中国对外直接投资逐渐如火如荼时，研究中国企业的 ODI 行为影响国内经济效率的文献开始成为热门。张弛(2007)认为，在国际投资过程中，其所提供的与国际战略投资者接触的机会，以及获得的可落实于管理实践的先进经验，将有利于提高效率。CAI Dong-qing & LIU Hou-jun(2012)也经研究证实中国企业 ODI 对于母国效率创新的显著积极作用。肖慧敏和刘辉煌(2014)采用 neighbor 和 kernel 倾向分值匹配方法，分析了对外投资与企业技术效率间的关系，并认为目标地为发达国家的投资能够带来更多效率改进。相对地，关于向发展中国家的直接投资，则更多地出于资源寻求、市场寻求的目的（宋勇超，2013；朱婕、任荣明，2014；杨连星、胡舜杰，2018）。因此，本书提出如下假设：

H1(a)：对外直接投资能够促进母国经济增长效率的提高。

H1(b)：相对于投向发展中国家，投向发达国家的 ODI 更有利于母国经济增长效率的提高。

（二）对外直接投资与经济增长稳定性

对经济增长质量的衡量不仅应当考虑其数量增长，还应当注意增长的稳定性。吕彤（2000）在研究中利用 Lyapunov 经典稳定性分析方法和数值模拟技术，对非确定性经济增长模型的转变路径的非确定性与稳定性进行了考察。其研究结果认为，政府可通过累进税制的实施，确定最优税率与关税，从而达到对国际投资的优化控制，促进经济增长的稳定性发展。然而，这种稳定性不仅仅表现在经济波动上，还应考虑产业结构、金融结构的稳定性。考虑到产业结构对经济波动的影响，干春晖等（2011）经研究得出结论，产业结构的合理化能够有效抑制经济波动，而产业结构的高级化却会导致经济波动，但这种波动主要表现在周期性而非趋势性上。而从 Buckley et al. （2010）的研究中可以得知，当时中国对外直接投资往往由廉价金融资本驱动。所谓的廉价金融资本，就是指立足于巨额储蓄量，以国有部门信贷所为主推动的间接融资。就是在具有如此特征的金融结构下，中国对外直接投资迅猛增长。郭杰和黄保东（2010）进一步对此现象进行研究，认为这一特征符合一般经济规律。金中坤和潘镇（2015）的研究则表明，在制度风险大但建立有良好政治关系的东道国，经验的不确定性将大大降低。综合来看，本书可得到假设：

H2：对外直接投资会抑制经济增长的稳定性。

（三）对外直接投资与经济增长可持续性

经济增长的高质量发展还应考虑其增长过程的可持续性，因此本节将考虑环境污染、开放程度、公共服务这几个方面。首先，高速的经济增长所带来的环境资源代价，是基于永续利用的长远布局中不可忽视的问题。早在 2012 年，时任环境保护部副部长吴晓青就指出了中国环境污染的严重性，环境损失（财产性损失和健康损失）占中国 GDP 的比重可能达到 5%~6%。对此，相关学者指出，对外直接投资或带有转移污染产业的目的，也就是通过差别的更松弛的环境管理约束，使对外投资成为寻找"污染天堂"的手段。Copeland & Taylor（1994）提出了"环境污染天堂说"，他们指出，发达国家通过转移或重新选厂将污染产业移到发展中国家。那么对于母国而言，污染产业的转移或将使国内情况得到改善。其次，开放程度意味着国际经济交流机会，也将影响经济增长的持续动力。陈敏等（2008）指出，经济开放能够加速国内市场的整合，从而推动国内市场的一体化进程，这无疑有利于经济的可持续性增长。最后，公共服务在满足企业经营发展的设施需求上有着重要作用。黄杉等(2007)则认为,公共服务能够有效提升软环境,增强经济发展的综合竞争力,从而利于经济可持续性发展。同时,公共服务的完善也为 ODI 企业提供了完备的营商环境。因此,本书进一步得到假设:

H3:对外直接投资有利于经济增长可持续性地提高。

第二节　技术寻求型对外直接投资对经济增长质量的作用机制

一、IDP 理论视角

Dunning(1981,1988)的 IDP 理论①认为,随着一国经济发展水平的提高,净对外直接投资(NFDI,即外商直接投资与对外直接投资之间的差额)呈现出一种规律性的变化。以人均 GNP 为经济发展水平的衡量指标,一国的净对外直接投资将经历 5 个发展阶段(如图 3.2 所示)。第一阶段,人均 GNP 低于 400 美元。由于国内企业既不具备吸引外商直接投资的经济规模优势和市场优势,也不具备进行 ODI 的企业的所有权优势和内部化优势,所以本国的净对外直接投资为零或负值。第二阶段,人均 GNP低于 2000 美元。由于国内经济迅速发展,市场规模扩大,区位比较优势增强,外商直接投资迅速增加,但国内企业的所有权优势和内部化优势尚不能弥补开拓海外市场的成本,ODI 偏少,所以净对外直接投资仍为负值,但其绝对值不断扩大。第三阶段,人均 GNP 低于 4750 美元。国内企业具备一定的行业垄断优势,导致 ODI 迅速增加,其增长速度将超过外商直接投资,但此阶段外商直接投资规模依旧较大,所以净对外直接投资仍为负值,但其绝对值逐渐缩小。第四阶段,人均 GNP 高于 5000 美元。处于此阶段的国内企业具有较强的行业垄断优势,能够大规模利用处于全球价值链低端的国家的相对比较优势,所以净对外直接投资为正且不断扩大。第五阶段,一国的净对外直接投资仍为正,但其绝对值开始下降并逐渐趋于零,这一阶段主要描述的是发达国家之间的交叉投资行为。Dunning 的理论表明,经济发展与 ODI 之间可能存在复杂的互相影响,为

① 邓宁(1981,1988)的国际直接投资阶段理论从宏观上看是其国际生产折衷理论的发展和应用,旨在从宏观的角度解释一国双向外商直接投资与经济发展水平之间的动态关系。

解释发展中国家的对外直接投资行为提供了方向。

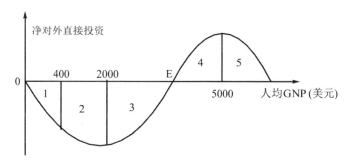

图 3.2　净对外直接投资的动态示意图

　　研究发现，对于经济实力相对偏弱的发展中国家而言，规避进口国市场进入壁垒、保护出口市场和降低生产成本是其进行 ODI 的主要目的。但与发达国家相比，发展中国家企业进行 ODI 又有其特殊性，主要表现为利用东道国的种族纽带和人文共性以及分散母国由于政治经济不稳定可能带来的风险（Wesson，1993）。同时，由于发展中国家企业具有小规模生产的相对比较优势，因此 ODI 会更多地进入收入水平较低、市场规模较小的东道国。进一步讲，随着发展中国家经济实力增强，对发达国家直接投资呈现出快速增长的趋势。对此，Cantwell & Tolentino（1990）的解释是，发展中国家企业是为了靠近发达国家的创新研发集聚地，逆向利用技术溢出效应以及管理经验。同时，他们提出技术创新和产业升级理论。该理论认为，发展中国家 ODI 的产业结构和地区分布具有随时间变化的动态特征，通过不断积累的研发技术和逐步增强的创新能力，使 ODI 的产业结构逐步从资源、效率寻求型向市场、技术寻求型升级。对外投资区域也从周边国家开始，逐渐向周边发展中国家扩展，最终实现对发达国家的投资。上述研究结果不仅在一定程度上验证了 Dunning 的 IDP 理论，还进一步阐释了发展中国家在不同发展阶段进行对外直接投资的行为动机。

　　目前，中国 ODI 具有发展中国家 ODI 的典型特征，处于 IDP 理论的第三阶段，中国的经济增长与对外直接投资之间存在长、短期稳定的正向关系。短期来看，国内企业进行大规模 ODI 主要是为了缓解国内产能过剩、资源相对匮乏以及要素成本上涨等问题带来的生存压力，降低生产成本，提高生产效率，并通过逆进口为国内的工业化、现代化提供大量资源要素，避免出现"资源诅咒"。长期来看，持续不断的大规模 ODI 会造成本国部分产业资源逐渐向国外转移，出现"产业空心化"（樊纲，2003），但为新兴产业的发展提供了市场空间，且释放被锁定在低端产业的生产要素，实现国内资源的新一轮优化配置，从而促进经济增长。对于发展中国家而言，技术寻求型 ODI 是其进行对外直接投资的首要目的。通过嵌入发达国家 R&D 密集地的研发与生产网络，通过模仿示范效应、产业集聚效应、人员流动效应获取知识、人才和技术的逆向溢出，从而促进本国内生的技术进步和经济增长。但出于技术寻求动机的 ODI 一般投资规模大、回报周期长，因此其对本国技术进步和经济增长的促进作用在短期内难以显现。

总而言之，从短期到长期的动态视角来看，发展中国家在经济发展到一定阶段时，先进技术、研发资源和创新能力对于一国经济的长期发展更为重要。结合中国供给侧结构性改革的背景，中国的本土企业可以"走出去"，有效发展对外直接投资，更多获取逆向技术溢出，提高国内生产效率和研发创新能力，推动内生技术进步，实现产业升级与经济持续发展。

二、二元特征视角

中国 ODI 具有"二元性"特征，既包括对发达国家的逆梯度 ODI，也包括对发展中国家的顺梯度 ODI。前者是指向相对发达国家的投资，以扩大海外市场份额、获取先进技术和销售渠道，投资动机倾向于市场寻求型和技术寻求型；后者是指向落后国家的投资，以获取东道国相对廉价的生产要素以及优惠政策，降低生产成本，投资动机更倾向于资源寻求型和效率寻求型（隋月红，2010）。虽然基于不同投资动机的两类 ODI 所产生的经济效果会存在差异，但就最终目的——提高经济增长质量而言，两者存在一致性。具体发生机制，如图 3.3 所示。

首先，母国对发达国家进行逆梯度的上行投资会带来两种结果：一是市场扩张效应，逆梯度 ODI 能扩大母国具有高生产率企业的产品在发达国家的市场占有率，促进高新产业在国外的先行发展，并通过逆进口的方式培育国内市场，伴随着母国收入差距的缩小，新兴产业的国内生产规模会日益扩大；二是技术转移与扩散效应，逆梯度 ODI 有助于母国从海外获得包括技术在内的稀缺资源，并通过学习、转化和吸收实现在国内新兴产业内的溢出。其次，母国对发展中国家的顺梯度平行或下行投资也会带来两种效应：一是产业转移效应，顺梯度 ODI 会将具有比较劣势的产业部门或过剩的产能转移到更欠发达地区，释放了国内被锁定于低端产业的资源，为具有潜在比较优势的产业部门发展提供必要的空间；二是资本反

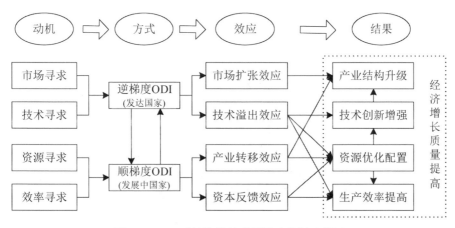

图 3.3　ODI 对经济增长质量影响机制示意图

馈效应，顺梯度 ODI 在利用东道国有利的优势要素和政策条件时，能实现生产效率提升和利润增长，利润以资本的形式返回国内。

　　总而言之，顺梯度 ODI 和逆梯度 ODI 对促进母国技术进步与创新能力的作用是同时存在的，并均有利于提高经济增长质量。其中，逆梯度 ODI 主要通过"走出去"加快高新技术产业的发展以及提升母国跨国企业的技术水平，从而促进产业结构转型升级，在保持经济稳定增长的同时提高增长质量，而顺梯度 ODI 则为提高经济增长质量提供了必要的要素、空间和资本支持。

　　伴随经济全球化的热潮，半个世纪以来，全球产业的跨境投资都趋于活跃状态。在新兴贸易理论之下，Helpman 等人（2004）分析异质性企业在国际投资与出口间进行决策时，将固定成本作为影响其决策过程的重要因素。而作为企业国际化的重要手段，ODI 的决策实施也需纳入固定成本的考量，故 Razin 等人（2004）构建了包含固定成本的国际资本流动模型，创造性地将二元边际引入国际投资分析，以分析企业的外商直接投资决策。此后，Yeaple（2009）在 ODI 的领域内讨论了美国企业的海外活动，将企业对外直接投资的国家数作为其扩展边际，将企业在每个国家的投资规模作为企业对外直接投资的集约边际。Araujo 等人（2015）从数理上对投资的增长做了严格的分解，投资扩展边际为投资关系数量的变化，集约边际为已有投资关系在投资量上的改变，分析了发展中国家对外投资的增长驱动力。在此基础上，本书对二元边际界定为，新增对外直接投资的境内主体为 ODI 扩展边际，而已进行对外直接投资的主体在原有方向上的投资规模增加则为 ODI 集约边际，从而探讨其对母国经济增长质量产生影响的作用机制，如图 3.4 所示。

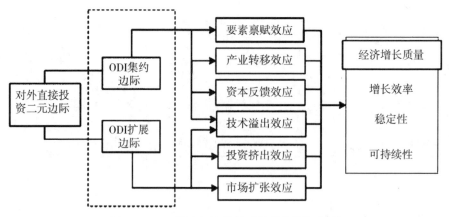

图 3.4　ODI 影响经济增长质量的作用机制图

　　由于二元边际的特征，本书认为劳动密集型企业所发起的 ODI 更倾向于增加其集约边际，而 ODI 扩展边际的增加则往往与技术密集型企业的 ODI 行为密切相关。首先，在 ODI 集约边际方面，随着制造业全球布局的逐步调整，以及国内劳动力、原材料的价格爬升，原本凭借劳动力禀赋嵌入全球价值链的国内企业，开始由代包走向合资合作。劳动密集型产业的"走出去"通过将部分低附加值产业或边际成本开始恶化的产业向东南亚、非洲等国转移，在利用东道国的要素禀赋优势的同时，也释放了国内被占用的生产要素，从而促进国内产业结构的调整优化。这不仅有利于国内资源的合理配置，还能够获得来自东道国子公司的资金反馈，有助于形成技术更新与研发投入的良性循环资金链，进而增强经济增长质量。此外，由于国与国之间的差异性，不同资源禀赋下形成的技术优势也各有专攻，通过子公司在当地的经济活动、人员流动，国内母公司能够获得来自东道国的技术反哺，进而将其放大到相关行业乃至关联产业。

　　其次，在 ODI 扩展边际方面，技术密集型企业在进行 ODI 活动时，往往嵌入的是拥有高创新活力与高研发强度的东道国 R&D 聚集区域，通过与当地企业的合作与竞争，不仅能够得到管理经验的分享，还能够地缘接近创新发源地，以进行技术模仿或获得创新启发，从而带给母国一定的逆向溢出，并促进高级专业化要素的形成。此外，"走出去"的技术密集型企业本身就倾向拥有行业内较强技术优势的东道国，在立足东道国的创新网络的过程中能够为国内母公司打开海外市场，从而促进母公司的规模扩张，并由于产品终端市场需求的扩大产生需求引致的创新。然而，在对外投资的过程中，原本可用于针对本地需求进行产品研发、技术创新的资本受到"挤出"，一定程度上增加了 ODI 的机会成本，从而可能会对经济增长质量带来一些负向影响。

总体来看，ODI 对于经济增长质量仍然呈现促进改善的趋势。其中 ODI 集约边际的增加能够带来对东道国的要素利用与对母国的产业结构调整与要素比例优化，而 ODI 扩展边际的增加带来的是海外产品市场的扩容与技术创新的激发。

三、作用机制

基于技术寻求型 ODI 的战略性初衷，结合以上关于其与经济增长质量的作用机制，可初步认为，技术寻求型 ODI 将使母国企业获得地缘接近先进技术、管理经验的可能性，从而有利于母国经济增长质量的提高。进一步关注经济增长质量，针对其丰富内涵，在考虑 ODI 的作用影响时，应当区分在经济增长质量不同衡量维度之间的 ODI 的作用差异性。具体而言，首先，经济增长的效率性往往要求生产技术的提高、对生产流程的集成管理、人才素质程度提高等，这恰好是逆梯度投向发达国家的技术寻求型 ODI 所能够带来的；其次，经济增长的稳定性可能在技术寻求型 ODI 加强东道国与母国间的经济关联性后遭到降低；最后，由于技术寻求型 ODI 的技术溢出，资源损耗的降低或要素配置效率的提高或许能够提高经济的可持续性。因而，关于 ODI 作用于经济增长质量三个渠道的差异性，本书认为技术寻求型 ODI 将对经济增长的效率性与可持续性存在正向促进作用，而对经济增长的稳定性存有负向影响作用。

根据 Dunning 的 IDP 理论，在不同的发展阶段，发展中国家进行 ODI 的行为动机往往各异。此外，在不同的发展阶段，发展中国家自身生产率水平存在动态变化，这将导致其吸收逆向技术溢出的能力也存在异质性变化。因而，在考察 ODI 对经济增长质量的作用过程中，将涉及对不同阶段母国生产率在其中的作用的分析。进一步来看，在技术寻求型 ODI 的过程中可能收获技术进步与技术效率的提高，然而技术进步、技术效率的提高若以对外直接投资带来的逆向技术溢出为主体，那将意味着母国自主研发创新的严重匮乏，这必然不利于经济良性增长，此时的经济增长质量将受到消极影响。因此，我们有理由推断，技术寻求型 ODI 对经济增长质量的作用存在阶段性，只是在一定水平区间内才会有助于经济的良性增长。从而，本书经推论认为，技术寻求型 ODI 对经济增长质量的作用存在阶段性特征。

第三节　对外直接投资逆向技术溢出影响经济
增长质量的机制

一、对外直接投资逆向技术溢出相关研究

依据对现有研究的回顾和梳理，以 ODI 为溢出渠道或传导机制的研究命题主要从两个方向展开。一是基于发达国家视角的经典 ODI 理论，也被称为"技术优势型 ODI"。早期学者们在研究 ODI 时，观察到发达国家对他国进行的对外投资是"顺梯度"的，这些学者主要是对一国对外投资的原因、影响因素以及在对外投资过程中是否产生了技术溢出等层面（Saad & Noor，2011；Passakonjaras，2012；Stoian，2012；崔岩和于津平，2017；董大全和黎峰，2018）展开的研究。二是基于发展中国家视角的 ODI 理论，也被称为"技术寻求型 ODI"。伴随着发展中国家不断对外进行投资，且多数国家都得到了较好的发展，学者们开始对发展中国家的这些行为进行研究，探讨这些国家的投资动机以及 ODI 逆向技术溢出是否能够促进这些国家的经济发展（Herzer，2011；Dhyne & Guerin，2012）。近年来，中国经济发展形势较好，越来越多的学者开始将中国的 ODI 逆向技术溢出效应作为研究重心（李杏和钟亮，2016；杨成玉，2017；杨连星和胡舜杰，2018）。

研究认为，对外直接投资主要通过逆向技术溢出渠道、产业结构调整和国际贸易等方面影响母国的经济发展。首先，关于 ODI 影响经济增长的观点主要分为三类：替代效应（Stevens & Lipsey，1992）、互补效应（Keynes，1936）以及两种效应同时存在。Herzer（2008）认为，ODI 在母国资源稀缺时可能引致产出减少，但若母国投资企业能够通过低成本占据新市场，则可能促进国内经济增长。其次，单从 ODI 的逆向技术溢出效应来看，考察其对国家经济增长影响的实证分析最早始于研究日本对美国投资情况的 Kogut & Chang（1991），之后，有多位学者实证研究了 ODI 对母国经济逆向溢出的存在（Branstetter，2006；Denzer et al.，2011；孔群喜等，2018）。再次，由于判断一国经济增长状况时更需注重增长的质量，所以我们仍需思考 ODI 规模的扩张对我国发展质量型经济的影响，但目前学术界对经济增长质量的测度并未出现统一标准（Barro，2002；詹新宇

和崔培培，2016）。

二、对外直接投资逆向技术溢出与绿色技术创新

对外直接投资渠道的逆向技术溢出效应对一国的经济和技术带来的核心推动作用已得到广泛的认可，但是，对于作为影响一国生产率和技术水平的重要构成部分——市场分割而言，由于其阻碍了母国企业技术创新能力的形成和提升，导致母国生产率和技术进步的下降（Melitz，2003；余东华和王青，2009；杨振兵，2015），由此，中国在进行对外直接投资过程中不得不考虑市场分割问题（聂爱云和陆长平，2016；顾雪松和韩立岩，2015）。根据内生增长理论，一国经济保持持续增长的重要源泉即技术进步，作为一个内生性因素，它的实现途径主要有两种：一是通过在国内提高对研发活动的重视，以研促产，即技术创新；二是经由对外开放过程中的经济活动获取先进技术，即技术转移与引进。国际技术溢出的渠道主要为：国际贸易、外商直接投资和对外直接投资。具体来说，在国际贸易方面，通过出口贸易与国际市场接触，出口部门就可以获得新技术、新设计以及从国外消费者处获得关于改进产品质量的建议等，进而提升出口贸易产品的技术水平，提高贸易部门的生产效率（杨成玉，2017）。在外商直接投资方面，其在多个途径对技术扩散有较为突出的作用，包括企业间竞争、示范效应等。此外，跨国公司的进入激发了市场竞争活力，对东道国市场份额的抢占等也对当地企业的生产效率产生了一定的影响。而在对外直接投资方面，技术进步主要来自技术扩散效应、模仿效应等途径的逆向溢出（孔群喜等，2018）。在此，本书的着重点在于中国企业对外直接投资的逆向技术溢出。

针对全要素生产率与中国企业对外直接投资和市场分割三者间的联系，既有研究已取得丰硕成果，分别如下。首先，就中国企业对外直接投资逆向技术溢出对于促增全要素生产率而言，其主要经过两个先后子过程：第一，母国获取跨国子公司在东道国内吸收的技术；第二，国内母公司对子公司已获得的技术进行吸收转化（尹东东和张建清，2016；彭冬冬和谢长安，2016）。目前，针对中国企业对外直接投资能否获得显著逆向技术溢出，以及能否提高本国生产效率的研究，并未达成一致结果。Vahter & Masso（2006）、Pradhan & Singh（2009）及付海燕（2014）、董大全和黎峰（2018）等研究发现，中国企业对外直接投资逆向技术溢出对生产效率有显著的促进作用。但刘鹏（2017）认为，企业进行 ODI 会在一定程度上造成国内"产业空心化"。且 Bitzer & Kerekes（2008）、李梅和柳士昌

（2012）等的研究认为，现阶段中国企业对外直接投资逆向技术溢出并未带来积极的溢出效应。其次，关于市场分割和全要素生产率。地方保护主义与市场分割对经济增长的作用从 Young（2000）的研究开始就进入学者们的关注视野。陆铭和陈钊（2009）、张杰和张培丽（2010）等人研究发现，市场分割导致地区间进入成本存在差异，且阻碍了区际关键要素的流动，这就继而加剧了市场分割，造成本土企业生产率更加低下，并且创新能力受抑制的后果。但是也有学者发现，全要素生产率受市场分割影响后大体呈现"倒 U 型"的特征，即市场分割对经济增长的作用表现为"上升—平稳—回落"，说明在一定程度上能够促进当地经济的增长（付强和乔岳，2011；聂爱云和陆长平，2016）。

　　由于受到各种因素以及制度政策的干扰，且出于不同的投资动机，中国企业对外直接投资和市场分割与生产率之间的关系表现得更为复杂。首先，促进效应。从技术进步角度来看，本国企业主要通过国内和国外两种途径的技术转移和技术扩散来提高生产效率。然而，由于存在市场分割现象，国内较高的市场分割度会使得本国技术在不同地区之间流转的成本提高、难度增大，进而本土企业就难以利用技术扩散来提高生产率，转而会通过对外直接投资过程来获得先进技术。研究表明，出于技术寻求的动机，类似中国这样的发展中国家的对外直接投资主要流向发达国家的 R&D 密集地或者高新技术产业，以此吸收知识、吸引人才和引进先进技术，从而达到技术进步、自主创新能力提升和产业竞争力扩大的目的。因此，市场分割在某种程度上会促进企业通过对外直接投资获取逆向技术溢出来提高生产效率以及技术创新。其次，抑制效应。从资源配置角度来看，出于效率寻求的动机，一国企业进行对外直接投资的主要目的是转移国内过剩的生产能力，将生产转移到成本更低的国家或地区，进而优化本国资源配置，提高本国生产率。然而，国内较高的市场分割程度却阻碍了商品和生产要素的流动，增加了不同地区之间商品和生产要素的质量差异与价格差异，这种差异化趋势使得企业在国内利用不同区域市场的比较优势选择最佳经营策略，这使一些企业受惠，从而削弱了这些企业通过对外直接投资在全球优化配置资源的原始动力。由于这一点，市场分割一定程度上抑制企业获取对外直接投资逆向技术溢出的能力。由此可见，市场分割对技术寻求型对外直接投资具有一定的促进效应，但对效率寻求型对外直接投资却产生了抑制效应，而技术获取和优化资源配置正是提高全要素生产率或技术创新的途径。综上所述，市场整合程度与对外直接投资可能存在交互作用，共同对全要素生产率产生影响，并且这种影响具有不确定性。三者之间具体的作用机制，如图 3.5 所示。

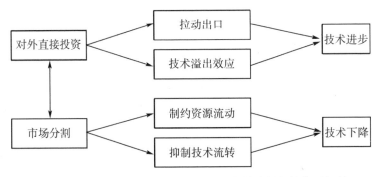

图 3.5 对外直接投资、市场分割对绿色技术创新的作用机制

三、对外直接投资的技术溢出与母国经济增长质量

ODI 及其逆向技术溢出影响一国技术进步与经济增长的研究已经得到学术界的广泛关注。对于经济增长而言，数量扩张与质量提升不能等同，且学者们在经济增长代理指标的选取等方面存在争议，尚未得到 ODI 逆向技术溢出促进经济增长质量提升的一致结论。Lichtenberg & Potterie (1996，1998，2001) 指出，进行对外直接投资的国家可以获取东道国的技术溢出，并通过海外企业和母国企业之间的内部化机制，反向提高母国的技术水平。ODI 影响母国技术进步可概括为三个关键阶段：一是对外投资企业在东道国的技术获取和吸收阶段；二是海外企业对母企业的逆向技术反馈阶段；三是母企业在国内的技术转移与扩散阶段。基于此，ODI 逆向技术溢出对母国经济增长质量的影响机制最终可分为企业、产业和国家三个层面。

首先，企业层面的逆向技术溢出主要分为技术吸收与逆向技术反馈两个阶段，这也是逆向技术溢出提升母国经济增长质量的关键环节。在第一阶段，ODI 企业主要采取绿地投资、跨国并购、建立企业战略联盟等方式嵌套到东道国的技术创新网络中，通过研发资源共享机制、产业关联机制、人才流动机制从东道国获取先进的信息资源和技术资源。在第二阶段，ODI 子企业将其通过以上方式获取和吸收的知识技术和研发成果逆向反馈到母国企业，并通过内部化机制最终将逆向技术融入 ODI 企业的生产运营网络。ODI 母企业既可以直接购买子企业的产品而获得生产或改善产品的相关知识，提高产品附加值（Cheung & Lin，2004；Javorcik，

2004），更为重要的是，通过子—母企业之间的人才流动以及建立 ODI 企业自己的技术创新网络，可以更好地掌握从东道国获取的转移知识。由此，整个企业层面的逆向技术溢出就完成了。

其次，产业层面的逆向技术溢出同样可以分为两条不同的传导路径：第一条传导路径基于对同行业企业产生的示范效应和竞争效应而形成；第二条传导路径基于对关联行业企业的前向效应、后向效应和关联效应而形成。ODI 母企业通过 ODI 逆向技术溢出实现技术进步带来的巨大收益，不仅会对同行业企业产生示范效应，而且会给这些企业带来巨大的竞争压力，迫使这些企业通过各种途径促进技术创新。同时，由于 ODI 母企业处于一个复杂的生产网络中，因此 ODI 逆向技术溢出也可以间接影响产业链上相关企业的进步与发展。

最后，国家层面 ODI 逆向技术溢出的传导路径与产业层面类似，主要是基于产业关联效应而发生。随着现代产业"精细化""扁平化"和"柔性化"趋势的不断加深，企业之间、产业之间的分工越来越细致，而联系越来越紧密，知识、技术的外溢愈发频繁、深刻。ODI 企业技术水平提高所引致的同类产业和关联产业的技术进步因产业链、价值链的作用，在更大范围内促使示范效应、竞争效应、前向效应、后向效应和关联效应的发生，从而在国家层面上形成了强大的技术创新动力和良性循环，全面促进母国技术进步，并最终带来母国经济增长质量的提升。

总而言之，ODI 企业通过对外直接投资获得逆向技术溢出，其子公司嵌套在发达国家的 R&D 聚集地，通过各种联系获得先进的技术知识、信息资源等高端生产要素。随后，海外子公司通过内部化机制对母企业进行技术反馈，由母企业将这些技术运用到生产网络中，并通过产业关联效应实现国家层面的进步与经济增长质量提升。具体 ODI 逆向技术溢出影响经济增长质量的传导机制，如图 3.6 所示。

此外，对外直接投资在东道国内的经营深度与广度，对其能够带来的逆向技术溢出也将产生影响。由于经营方式的异质性，将导致对外直接投资能够获得的技术溢出也存在差异，因此，本书将 ODI 企业分为深度经营及广度经营企业进一步探讨。

深度经营的企业，在东道国设立的研发机构、分支相对较多，或以并购等方式与当地企业建立紧密联系，在东道国当地形成自身知识信息分享的扁平化网络，并通过内化传递到母公司。跨国企业往往将中高层管理人员派往分支机构、子公司、长期供应商，由人事流动而自然产生的信息渠道将使网络内的成员利益密不可分，从而加速知识信息的扩散。此外，当

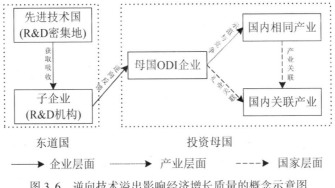

图 3.6　逆向技术溢出影响经济增长质量的概念示意图

地分公司之间的利益共联，也使其技术团队之间的多边默示知识转移更为流畅，从而成为企业持续成长的动力。个体所获得的知识也在不断落实到实践的过程中，经过滤精炼，完成从个体向组织的转换。在之后的生产经营活动中，新知识得到内化，并衍生出更新的知识，或经再创造，为母公司的生产效率、管理效率带来正向影响，从而提升经济增长质量。

广度经营的企业，在东道国通过扩大投资区域范围，占据海外市场份额，获得利润反馈及海外品牌声誉。资金反馈不仅有利于企业进一步扩大经营，还有利于研发资金链的循环投入。以广度展开的经营方式，通过增强企业在海外消费者间的顾客黏性，有助于建立稳定的销售渠道。品牌建设不仅可增大企业对社会资本的吸引力，还能够帮助企业摆脱嵌入全球价值网络时的低位切入，实现价值链攀升，这也正是经济高质量发展的诉求。然而，广度经营也意味着，ODI 企业的投资行为更倾向于形成范围经济、规模经济，重市场获取而非技术提高，或对母国母公司的资金存量要求提出挑战，且在技术效率上的积极作用或将有限。

四、对外直接投资技术溢出影响因素

ODI 企业通过逆向技术溢出提高母国经济增长质量的效应可能受到一些因素的影响。研究表明，企业吸收能力是影响 ODI 企业能否真正获得逆向技术溢出的关键要素，具体说来，企业吸收能力可细分为三个方面。第一，人力资本是 ODI 企业获取、吸收和内化发达国家先进技术后促进经济增长质量提升的前提条件，而整个产业或者国家的人力资本水平也会深刻影响 ODI 逆向技术的转移和扩散。需要注意的是，当一国的人力资本水平达到某一高度时，继续通过 ODI 获取他国先进技术的意愿就会有所降低，因而可能会对 ODI 产生一定的"挤出"，即 ODI 逆向技术溢出对提升经济增长质量的作用可能具有"阶段性"特征。第二，研发强度在一定程度反映了 ODI 企业的自主创新能力和技术创新活动频繁程度。随着 ODI 企业研发投入的增加以及自主创新能力的逐渐提升，企业对逆向技术溢出的吸收能力会增强，但当企业的自主创新能力达到一定程度时，可能就会出现对 ODI 的"挤出"。第三，技术差距程度反映的是本地 ODI 企业的基础技术水平。与发达国家的技术差距越小，说明 ODI 企业的基础技术水平越高，从而获取和吸收先进技术就越容易。但是从长期看，技术差距大也并非坏事。技术差距越大，落后国家的成长空间就越大，因而对逆向技术溢出是有益的。然而当技术差距缩小到某一范围时，可能会对 ODI 产生负面影响。

五、引入吸收能力的进一步探讨

考虑到各区域间本身存在的要素条件异质性以及发展不均衡等情况，区域本土的吸收能力将在 ODI 的流出与反哺这两个环节分别产生作用：吸收能力不仅会影响区域内能够产生的 ODI 规模，还将对 ODI 渠道的逆向技术溢出的吸收效果产生影响，从而最终显现出对经济增长质量存在异质性的作用效果。在 Martin 和 Rogers（1995）的研究中，通过建立一个 $2 \times 2 \times 2$ 的自由资本模型，且该模型中资本可跨区流动而劳动则相反，指出区域间存在差异性的收益率将影响资本的空间流动。而在陈培如、冼国明和马骆茹（2017）的研究中，则在其模型基础上引入制度因素，以分析中国东部、中部、西部三区域 ODI 对制度因素的敏感性。基于此，本书将区域吸收能力作为 ODI 敏感程度的影响因素进行分析。借鉴以上的方法，本书以 $f_n(x_i)$，分别表示我国东、中、西部地区的收益率函数。其中，$x_i = x_1, x_2, x_3$，分别表示人力资本、研发强度和技术差距测度的吸收能力；$f_n = f_1, f_2, f_3$，分别表示我国东、中、西部地区的收益率函数；同时，本节采用 x_{in} 表示 n 地区的第 i 种吸收能力。各地区资本的转移通过方程 $S_n = (f_n - \bar{f}) s_n (1 - s_n)$，$n = 1, 2, 3$ 来表示，其中 s_n 表示 n 地区资本存量，S_n 表示 n 地区资本存量占比，f_n 表示 n 地区资本收益率，$\bar{f}$ 表示综合各地区的平均资本收益率。那么，随着 f_n 与 $\bar{f}$ 相对大小的不同，资本的转移方向也发生变动。也就是说，当 $f_n > \bar{f}$ 时，S_n 符号为正，此时地区内资本净流入随着 f_n 逐渐降低；直至 $f_n < \bar{f}$，资本转移方向逆转为净流出。假设区域内每一个组成吸收能力的因素都对资本收益率存在正方向的影响，那么 ODI 过程中遭遇投资壁垒等阻碍时，原本流向国外的投资就将优先进入国

内在吸收能力因素作用下收益率更高的地区。假设东、中、西三个地区的初始禀赋大小关系为：$x_{i1} > x_{i2} > x_{i3}$。在西部的初始禀赋 x_{i3} 出现下降时，那么受其影响，西部对吸收能力因素敏感度较高的企业将优先选择向东部投资，在东、中部市场饱和之后才会选择转向国际投资；对于东部地区而言，x_{i1} 出现下降，将为国内三大地区中没有可观收益地区提供选择，所以东部企业 ODI 规模将可能扩张；中部地区的情况则介于二者之间。因此，可得出结论，即东部地区 ODI 扩展边际对吸收能力因素 x_i 最为敏感，其次是中部地区，再次是西部地区。就集约边际来看，已在海外投资建设子公司的母国企业在进一步 ODI 时，造成资本流动的企业决策也将受到收益率的影响，做出趋利的最终选择。

在此资本流动方向转移的基础上，最终不同地区对外投资的规模将会出现差异，进而由于这种规模差异性，导致 ODI 企业所在地区能够获得的技术溢出也将有量的差异。此外，在不同地区吸收能力必然存在差别的环境下，上述技术溢出在内化作用于本土经济增长质量的过程中，将会受到有差异的吸收能力的影响，从而导致 ODI 对经济增长质量的异质性作用效果。

目前，已有许多学者开始研究吸收能力对 ODI 逆向技术外溢的影响，其研究结果一致表明，吸收能力对一个国家技术水平的提高至关重要。不同的学者对吸收能力的理解可能不同，最早的概念由 Cohen 和 Levinthal 提出，其后，学者们将研究重点从企业层次逐步上升到产业和国家层次。Cohen & Levinthal(1989，1990)认为，吸收能力是一个企业所拥有的特殊技能，这种技能可以学习有用的技术，吸收有用的知识，从而提升自身产出水平。一方面，他们认为吸收能力是 R&D 活动的产物。R&D 活动使得企业逐渐形成并且扩大自身的知识储备，而这种前期的知识储备就构成了企业的吸收能力。可见，R&D 投入不仅有利于开发新技术，同时也有助于企业吸收外部知识(尽管企业有时候是无意识地进行这种行为)。另一方面，Cohen 和 Levinthal 发现，人力资本是吸收能力的重要组成部分，一个企业可以通过多种方式(如对职工进行集体培训等)提高自身的人力资本吸收能力。其具体的作用路径，如图 3.7 所示。一般来说，吸收能力越强，实现技术进步的可能性就越大。

本书认同 Cohen 和 Levinthal 的观点，接下来，本书从人力资本吸收能力角度，探讨人力资本吸收能力对 ODI 逆向技术溢出效应的影响。首先，人力资本(Human Capital)，也称为"非物质资本"，指的是劳动者所拥有的一种技能，通过对教育、培训、实践等方面的投资而获取的这种技

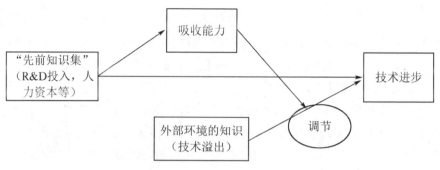

图 3.7　吸收能力的作用路径

注：资料来源于 Cohen & Levinthal（1990），笔者略有改动。

能可以帮助他们学习和收获不同的知识和技术。Lucas（1988）指出，同物质资本一样，知识和人力资本也是一种生产要素。因此，Lucas 将其纳入内生增长模型，发现由于生产要素具有溢出效应（边际生产率递增），若一国不断投入知识和人力资本，可以提高该国的经济和技术水平。基于此，可以看出，与封闭经济相比，开放经济中的技术进步除受到本国 R&D 投入的影响之外，国际技术转移和知识技术扩散也可以影响国家经济发展。其次，现有文献表明，人力资本对一国的经济增长有两条作用路径：其一，通过直接影响其技术创新能力和自主研发能力，从而影响该国的经济水平；其二，通过影响其学习、模仿国外先进技术的速度和效率，从而影响该国的经济水平。因此，发展中国家的技术水平在一定程度上受到人力资本吸收能力的影响，如果一国的吸收能力较弱，即使引进了国外的先进技术，其经济和技术仍得不到较好的发展。所以，本书将基于人力资本吸收能力渠道尝试进一步探究 ODI 逆向技术溢出是否提升了中国地区生产率的空间差异。

第四章　中国对外直接投资发展现状分析

第一节　中国对外直接投资发展背景

对于中国而言，随着对外开放力度越来越大，对外直接投资迈入了一个新的全球化阶段，同时也成为中国企业走向国际的重要方式。从改革开放伊始到现在，中国对外直接投资已历经40多年的发展历程，投资规模日益壮大，投资效应日益突出，政府的相关政策也经历了由封闭到开放的转变，ODI总体战略由开始的严格限制发展为现在的鼓励支持。本节基于ODI的发展历程、政策演变以及影响因素三个视角来回顾中国技术寻求型ODI的发展背景，以更好地为后文的实证研究提供现实基础。

一、发展历程

中国对外直接投资的成长趋势与政府相继推行的改革方针与发展战略密切相连。实施改革开放政策后，中国的经济发展水平、政治环境背景和社会意识形态不断改变，真正意义上的ODI开始出现。在这个过程中，根据ODI在不同时期呈现出的增长特征，大致可划分为如下三个发展阶段。

第一阶段为初期探索阶段（1979—1991年）。该时期正处于改革开放伊始，国家经济发展程度较低，企业ODI处于初始阶段，投资规模小。在此背景下，国务院于1979年8月13日确立了"出国开办企业"政策，为国内企业的跨国投资奠定了基础。之后，《中共中央关于经济体制改革的决定》《关于在海外开设非贸易类企业的审批管理规定》等文件相继发布，以及1988年国务院选取跨国经营试点企业等行为，在一定程度上简化了审批程序，放宽了企业ODI限制，支持和鼓励国内企业开展对外投资。但是，由于存在意识形态、外汇管制、经济体制、企业缺乏竞争力等因素的制约，这一时期，我国 ODI 总体呈现出投资领域逐渐多元，投资形式以合资企业为主，投资地域分布不均，东道国由发展中国家开始转向发达国家，投资规模相对较小但总量逐年递增的特点。

第二阶段为逐步调整阶段(1992—2002 年)。1992 年邓小平"南方谈话"以及中共十四大提出的建立社会主义市场经济体制目标，鼓励和支持我国企业的国际投资和跨国经营。同年，我国 ODI 流量和存量出现首个增幅峰值，分别高达 339.56% 和 74.49%。随后，政府部门和企业纷纷将发展 ODI 提升到发展战略高度加以规划，使得国内经济发展过热、产业结构不合理等问题凸显。为了抑制通货膨胀，国家从 1993 年开始调整和完善经济结构、抽紧银根、促使经济软着陆。此外，政府制定《境外投资企业的审批程序和管理办法》等文件，清理、整顿海外投资企业，对新设海外企业严格审批，优化我国企业海外投资经营活动环境。因此，这一时期中国 ODI 增势渐缓，海外投资的行业和区位分布日益均衡。然而 1997 年亚洲金融危机的到来，导致我国跨国企业在东南亚投资损失惨重，1999 年和 2000 年的 ODI 流量大幅下滑，同比分别降低 32.65% 和 48.37%，但总体呈现出投资区域进一步扩张趋向均衡、投资行业延伸、国际地位提升等特点，见表 4.1。

表 4.1   1982—2015 年中国对外直接投资情况   (单位：亿美元)

年份	ODI 流量	ODI 存量	年份	ODI 流量	ODI 存量
1982	0.4	0.5	1994	20.0	157.7
1983	0.9	1.4	1995	20.0	177.7
1984	1.3	2.7	1996	21.1	198.8
1985	6.3	9.0	1997	25.6	222.5
1986	4.5	13.5	1998	26.3	250.8
1987	6.5	20.0	1999	17.7	268.5
1988	8.5	28.5	2000	9.2	277.7
1989	7.8	36.3	2001	68.9	346.5
1990	8.3	44.6	2002	25.2	371.7
1991	9.1	53.7	2003	28.6	332.2
1992	40.0	93.7	2004	55.0	447.8
1993	44.0	137.7	2005	122.6	572.1

年份	ODI 流量	ODI 存量	年份	ODI 流量	ODI 存量
2006	176.3	750.3	2011	746.5	4247.8
2007	265.1	1179.1	2012	878.0	5319.4
2008	559.1	1839.7	2013	1078.4	6604.8
2009	565.3	2457.6	2014	1231.2	8826.4
2010	688.1	3172.1	2015	1456.7	10978.7

注：1982—2002 年数据取自联合国贸发会议（UNCTAD）网站数据库，2003—2015年数据取自各年《中国对外直接投资统计公报》。

第三阶段为快速发展阶段（2003 年至今）。加入世界贸易组织后，为促进我国先进企业在全球投资区域扩张，参与国际经济分工，十六大明确了将"引进来"和"走出去"相结合的政策方针，中国经济取得跨越式发展。在新的形势下，我国经济体系及金融市场逐步完善，境外投资制度体系进一步优化，依靠"出口导向型"战略积累的大量外汇储备使得国内企业具有一定程度的 ODI 资本优势，所以企业需要不断推进境外投资合作，提升国际分工地位，促进我国与东道国之间互相直接投资的双向循环。尽管2008 年金融危机之后国际资本流动急剧萎缩，但中国 ODI 仍在后危机时代实现逆势上扬。2015 年共建"一带一路"倡议的提出，更能助力高端产业的发展及产业链延长。总之，这一时期中国 ODI 呈现出如下特点：投资主体愈加多元，投资区域遍及各大洲，涉及的投资行业更加广泛，我国在国际事务中的地位愈发重要。这些都意味着我国已逐渐由"引资大国"转变为"投资大国"。

二、政策演变

追溯至中华人民共和国成立时，可发现中国对外直接投资的端倪，然而鉴于在该时期国家经济百废待兴，经济发展重点并未放于对外投资。直至改革开放，中国经济发生了腾飞变化，再加上政府接连推出颁布了多项利好政策，促进建立了较为完善的 ODI 政策体系。本章通过区分中国对外直接投资不同时间段的政策演变，分析不同阶段的不同政策重心。

一为低谷探索阶段。改革开放伊始，邓小平同志指出"不坚持改革开放"对于长期发展的不利，在总结建设社会主义历程中历史经验教训的基础上，将对外开放作为长期国策。1978 年，党的十一届三中全会鼓励我国企业发展"同世界各国平等互利的经济合作",从而促使一大批企业走出国门。并且,1979年国务院下发文件明确"允许出国办企业",首次将对外投资作为一项国家政策。在此阶段,政府对于对外投资的态度是谨慎范围内的积极,外汇储备较为匮乏,对外直接投资的经验处于空缺状态,审批机制严格,审批流程复杂。此外,还对投资主体与投资行业加以严格限制,即一方面仅国务院所属专业贸易公司或个别省、市的国际经济技术合作公司才有资格对外投资;另一方面,这些投资主体也只能投资于建筑业、金融保险业和餐饮业等几个行业。所以对于投资企业而言,其制度不健全且渠道单一,以致该阶段仅有寥寥无几的国有企业开始尝试ODI。

二为新兴萌芽阶段。1992年10月召开的十四大报告明确指出,政府需要积极鼓励本土企业对外投资,更要推进企业逐步提升国际市场份额。并且,十五大再一次重申对外直接投资的重要性,指出依托国内、国外两种资源进行ODI,充分发挥比较优势。之后,1998年召开的九届全国人大会议,进一步确定了我国亟待在顺应国际市场和国内经济导向的基础上制定ODI政策,并要根据区域特点灵活调整,全方位开拓境外投资市场。在政策上的战略重心不断向对外直接投资位移的过程中,中国对外直接投资在国际市场上开始占据一定份额。此阶段内,ODI相关部门监管明确,权责分明。相应地,外汇管理体制也发生了改革,在取消外汇留成制度后确保外汇管理的开放性。

三为高速发展阶段。在经济全球化浪潮的引领下,世界各国愈发重视经济建设,纷纷加快了跨国转移要素禀赋的步伐,ODI出现了新的增长契机。为了支持ODI,中国政府也制定出台多项法律法规,促进建立完善的ODI体系。政策制定主要分为四个方面:①信息服务支持,《对外投资国别产业导向目录(一)、(二)、(三)》《国别投资经营障碍报告制度》《对外投资合作国别(地区)指南》等指导性文件的发布,有助于我国企业增强竞争力,优化资源配置并最终实现"走出去";②审批流程的简化,商务部和发展改革委员会发布的《境外投资管理办法》《关于完善境外投资项目管理有关问题的通知》等文件,对ODI的核准程序进行了简化,并明确了境外投资项目的审核部门,从而促使ODI项目高效实施;③专项资金支持,全球金融危机后,中央财政为推进中小企业ODI而直接拨款;④金融服务支持,中国进出口银行、银监会等部门相继实施了一系列政策,指导商业银行设立"境外投资专项贷款",帮助解决企业ODI的资金瓶颈问题,为对外投资提供了较有力的金融支持。

三、总体特点

中国实施"走出去"战略以来，ODI 规模迅速增长。2015 年中国 ODI 流量达到 1457 亿美元，较 2014 年增长 18.3%，跃居全球第二大对外投资国。另外，中国 ODI 存量全球排名位居第八，境外企业资产总额超过 4 万亿美元。本部分将从中国 ODI 发展规模、行业分布、区域分布三个层面展开论述。

其一，从中国 ODI 规模来看，"走出去"战略全面实施以来，其流量和存量都呈现持续快速增长的趋势（如图 4.1 所示）。相比于 2003 年，2015 年中国 ODI 存量年平均增长率达到 33.84%，而流量年平均增长率超过 38.77%。据商务部统计，2015 年中国境内投资者共对全球 155 个国家或地区的 6532 家境外企业进行了非金融类 ODI，累计实现对外投资 7350.8 亿元人民币，同比增长 14.7%。我国进行非金融类 ODI 流量上亿美元的国家（地区）超过 20 个，主要包括中国香港、荷兰、开曼群岛、美国、英属维尔京群岛、新加坡、澳大利亚、印度尼西亚、苏丹等，涵盖所有大洲。按此发展趋势，中国对外投资规模将超过实际使用外资规模，成为真正的资本输出国。

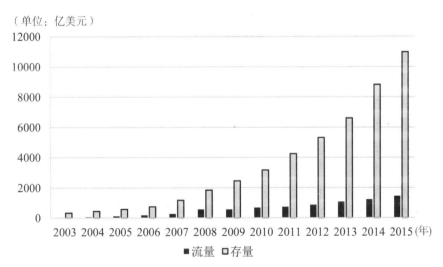

（单位：亿美元）

图 4.1　2003—2015 年中国 ODI 流量及存量

注：数据来源于 2003—2015 年《中国对外直接投资统计公报》。

其二，从中国 ODI 行业分布来看，除了在规模上有所变化以外，ODI

行业结构也呈现出鲜明的特征和新的变化趋势。由图 4.2 可知，2015 年中国 ODI 存量排名前 5 名的行业分别是：租赁和商务服务业、金融业、采矿业、批发和零售业以及制造业。此外，可以发现，中国 ODI 行业分布具有如下特征：一是布局多元化，既包括了传统的自然资源密集型和劳动力密集型行业，又涵盖了技术密集型行业；二是分布不均衡，可以从各行业 ODI 规模差距看出；三是技术密集型行业的投资比重仍有待提升，当前自然资源密集型和劳动力密集型行业依旧是中国 ODI 的重点领域。总体而言，中国投资涉及国民经济的各个行业，同时在制造业、金融业、信息传输/软件和信息服务业等领域的投资大幅增长。

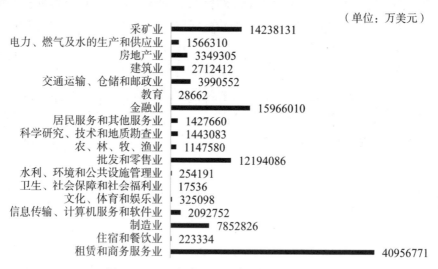

（单位：万美元）

采矿业　14238131
电力、燃气及水的生产和供应业　1566310
房地产业　3349305
建筑业　2712412
交通运输、仓储和邮政业　3990552
教育　28662
金融业　15966010
居民服务和其他服务业　1427660
科学研究、技术和地质勘查业　1443083
农、林、牧、渔业　1147580
批发和零售业　12194086
水利、环境和公共设施管理业　254191
卫生、社会保障和社会福利业　17536
文化、体育和娱乐业　325098
信息传输、计算机服务和软件业　2092752
制造业　7852826
住宿和餐饮业　223334
租赁和商务服务业　40956771

图 4.2　2015 年我国 ODI 存量行业分布情况

注：数据来源于 2016 年《中国统计年鉴》。

其三，从中国 ODI 存量来看，其投资地域分布呈多元化趋势。2015 年末，中国已有 2.02 万家企业遍布全球 188 个国家(地区)，而且，企业在选择投资区域时愈发表现出相对集中的发展趋势。同年，中国在亚洲地区的投资存量占比 70%，达 7689 亿美元，而对中国香港地区的投资又占对亚洲投资总存量的 85.4%。此外，中国在其他大洲的投资金额较为稳定，如拉丁美洲 ODI 存量为 1263.2 亿美元，占比 11.5%。如图 4.3 所示，整体来看，2004—2015 年，中国 ODI 区域主要集中在亚洲地区，且投资数额增速迅猛，投资占其次高的则是拉丁美洲和欧洲。其中，增速最快的时期是 2006—2015 年，ODI 存量由 79.8 亿美元飞速增至 7689 亿美元，总量增长达 11 倍多。

（单位：亿美元）

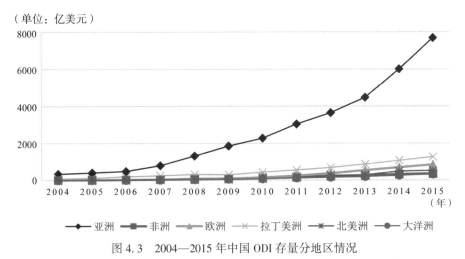

图 4.3　2004—2015 年中国 ODI 存量分地区情况

注：数据来源于 2004—2015 年《中国对外直接投资统计公报》。

第二节　中国对外直接投资现状分析

近年来，我国推行了一系列利好政策，使得中国对外直接投资呈现加速发展的态势。随着经济全球化的深入发展，中国在 ODI 领域继续贯彻"走出去"战略，该举措的深层动因在于经济全球化的必然要求、国际经济客观背景的驱动以及一些内在动因的驱使。此外，大量文献和经验数据指出，技术寻求是决定对外直接投资的一个重要因素。因此，本节从发展的类型及动因两个角度，循序渐进地分析 ODI 的现状，无疑是对中国对外直接投资的当下及未来的最好把握。

一、发展概况

综合相关研究发现，学者们通常按照动机将 ODI 分为四类，即市场寻求型、资源寻求型、技术寻求型和效率寻求型。不同类型的 ODI 作用于母国经济增长时各具特色，如技术寻求型 ODI 可以经由学习效应和竞争效应获取逆向技术溢出，进而有助于提升母国产品的技术含量和出口竞争力。根据本章研究方向，本小节将着重探讨技术寻求型 ODI 的区位分布、产业选择和投资方式。

首先，就技术寻求型 ODI 区位分布而言。技术寻求型 ODI 在投资区位选择上与市场或资源寻求型 ODI 有很大区别，其原因是可以利用的创造性资产，如技术知识、学习经验、管理专长和组织能力等主要集中在发达国家(地区)。截至 2015 年底，我国技术寻求型 ODI 分布在全球 188 个国家(地区)，其中在亚洲国家(地区)所占的比重最大，达 74.4%，其次是拉丁美洲，占比 8.6%，如图 4.4 所示。虽然对这两个区域的投资占我国对外投资流量的比值总和超过 80%，但其投资流向非常集中，其中中国香港占我国对亚洲区域投资流量的 82.8%，而拉丁美洲区域则是开曼群岛和英属维尔京群岛，这两个地区占我国对拉丁美洲区域投资流量比重的 97.7%。投资流向出现如此集中现象的主要原因是：一方面，这三个地区均为全球有名的避税地，当地优惠的税收政策以及宽松的市场环境成为我国大多数企业迈入国际化经营道路的最优选择；另一方面，吸引企业投资的除了税收政策，当地发达的经济水平、产业结构、技术能力等也是吸引我国对其进行 ODI 的重要原因，说明企业在对这些区域进行大量投资时带有技术寻求的目的。

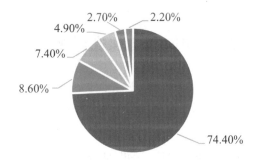

图 4.4   2015 年我国技术寻求型 ODI 流量区域分布

其次，就技术寻求型 ODI 产业选择而言。由于我国的技术寻求型 ODI 发展可体现在制造业，信息传输/计算机服务软件业，科学研究、技术服务和地质勘查业三个方面，因此可将这三个行业的 ODI 之和作为我国技术寻求型 ODI 的近似替代。尽管中国在这些行业的 ODI 中大多属于优势资产利用型，如大多数对亚非、拉美等发展中国家的下行投资，但中国投向发达国家的上行投资却往往出于获取战略资产的目的(包括技术寻求动机)，而非以降低成本、发挥技术优势为目的。

根据表 4.2 可知，2015 年中国企业在上述三个行业的 ODI 流量分别为 785 亿美元、209 亿美元和 144 亿美元，分别占当年中国 ODI 流量总额的 7.15%、1.91% 和 1.31%。虽然比例不高，但在 2011—2015 年，三个行业的流量年增速分别是 161.98%、193.25%、182.82%，进而从侧面表明，中国技术寻求型 ODI 虽仍处于起步阶段，发展态势却迅猛。

表 4.2　中国技术寻求型 ODI 行业发展比较　（单位：万美元）

行　　业	2011 年	2015 年	年平均增长率
制造业	704118	7852826	161.98%
信息传输/计算机服务软件业	77646	2092752	193.25%
科学研究、技术服务和地质勘查业	70658	1443083	182.82%

最后，就技术寻求型 ODI 投资方式而言。我国本土企业主要通过独资、合资以及兼并或收购等多种途径在全球范围内建立研发机构。表 4.3 列出了近年来我国部分企业技术寻求型 ODI 的主要案例。可以看到，近十年来，我国技术寻求型 ODI 企业主要集中在机械、电子、通信、汽车等技术密集型行业，且投资方式主要集中于跨国并购和设立海外研发中心两种方式。2015 年，我国企业实施对外投资并购项目达 579 起，实际交易金额为 544.4 亿美元，有 62 个国家（地区）参与了合作。在这些并购项目中，从实际并购金额看，除了以色列和哈萨克斯坦，其他均为经济发达国家（地区），这也从侧面很好地体现了技术寻求型 ODI 主要集中在发达国家（地区）这一特征。

表 4.3　我国部分企业技术寻求型 ODI 案例

企业名称	所属行业	海外投资时间	投资方式
方正	软件	2001 年	设立加拿大方正研究所
联想	IT	2004 年	收购 IBM 个人计算机业务
		2005 年	在日本、美国设立实验室
		2009 年	在美国并购设立 SwitchboxLabs
		2014 年	收购 Google 摩托罗拉移动
华为	通信	2004 年	与 3COM 成立合资公司
		2004 年	与西门子开展技术联盟
		2007 年	与赛门铁克成立合资公司

续表

企业名称	所属行业	海外投资时间	投资方式
吉利集团	汽车	2009 年	并购设立国际动力系统
		2010 年	收购瑞典沃尔沃公司
三一重工	机械	2012 年	收购德国混泥土泵生产商普茨迈斯特
海尔	电器	2000 年	独资成立法国、荷兰、加拿大设计中心
中兴	通信	2000 年	独资成立中兴韩国研究所
		2005 年	独资成立中心巴基斯坦实验室
		2014 年	收购阿尔卡特-朗讯网络服务部门

注：资料来源于李梅：《中国对外直接投资逆向技术溢出的理论和实证研究》，北京：科学出版社 2014 年版。

二、主要动因

由于中国正处于经济转型期，国内外竞争加剧，众多本土企业依托政府政策支持，为了提升自身竞争力而进行 ODI。为了提高中国跨国公司的国际竞争力，不能仅仅依靠引进西方的先进技术、管理经验等，更需要积极主动地"走出去"，开展对外投资，重视技术寻求型 ODI，在参与经济竞争的同时得到磨炼与提升。现阶段，为了迎接迈入高质量发展阶段的新时代，提高产业整体素质，尽快促使本土企业成长为国际性跨国公司，我国企业必须尽快走向世界，在学习、演练、竞争中成长壮大。

首先，利于开拓国际市场。随着现代产业"精细化""扁平化"和"柔性化"趋势的不断加深，企业之间、产业之间的分工越来越细致而联系越来越紧密，知识、技术的外溢愈发频繁、深刻。技术寻求型 ODI 企业技术水平提高所引致的同类产业和关联产业的技术进步因产业链、价值链的作用，在更大范围内促使示范效应、竞争效应、前向效应、后向效应和关联效应的发生，从而在国家层面上形成了强大的技术创新动力和良性循环，全面促进母国技术进步，并最终带来母国经济增长质量的提升。因此，技术寻求型 ODI 既有助于母公司克服对外贸易可能遇到的困难，又可以为巩固海外老市场及开拓新市场做好准备。

其次，利于加强技术管理。主要集中于提高人力资本、提升研发强度及缩小技术差距三个方面。人力资本是技术寻求型 ODI 企业获取、吸收和内化发达国家先进技术后促进经济增长质量提升的前提条件，而整个产业或者国家的人力资本水平也会深刻影响技术寻求型 ODI 的转移和扩散；研发强度在一定程度上反映了技术寻求型 ODI 企业的自主创新能力，随着 ODI 企业研发投入的增加以及自主创新能力的逐渐提升，企业对逆向技术溢出的吸收能力会增强；技术差距则反映了本地技术寻求型 ODI 企业的基础技术水平，与发达国家的技术差距越小，说明 ODI 企业的基础技术水平越高，从而获取和吸收先进技术就越容易。可以发现，技术寻求型 ODI 的目的正是为了获取并利用国外先进的技术、生产工艺和管理知识等方面，从而有助于缩小与发达国家的技术差距，并促进本国人力资本及研发强度的提升。

最后，则是源于政策导向。政策制度会影响技术寻求型 ODI 企业的经济效益、竞争优势以及国际化选择。受到政府主导宏观制度变迁的影响，微观主体企业进行 ODI 时常处于被动位置。投资并不完全受控于市场因素，更会由于计划的不当调控造成信息成本过高、资源配置效率较低的后果。而高效、高质量的制度则可以减少政府寻租、交易成本等，增进企业的经营绩效。综合来看，中国本土企业在开展技术寻求型 ODI 项目时，受国家宏观战略和政治策略影响较大，企业在选择某些重大对外投资活动的方式、区域、经营项目上都受到国家宏观调控和有关战略发展的影响。

第三节　中国对外直接投资影响因素

伴随世界经济一体化和贸易自由化，资源和生产要素在全球范围内不断流动，寻求合理配置，各国经济发展对国际投资的依赖性愈演愈烈。面对竞争日趋加深的国际市场，我国企业正努力开拓和占据国外市场空间，在此过程中，一些因素决定和影响了企业跨国投资的发展。Chakrabarti (2001)曾将 ODI 的决定因素划分为市场规模、劳动力成本、贸易壁垒、经济增长率、对外开放程度、贸易赤字、汇率和税收八大类。考虑到现实情况，本节将影响我国技术寻求型 ODI 发展的内外部因素归纳为制度因素、市场因素、劳动力因素三个方面，这些因素也将在下文实证检验技术寻求型 ODI 对经济增长质量的影响时作为控制变量考虑在内。

一、制度因素

从制度因素角度而言，政策制度会影响 ODI 企业的经济效益、竞争优势以及国际化选择。制度安排不当易导致企业缺乏投资经验和核心技术、加深投资融资渠道堵塞等风险，这将直接影响我国企业实施技术寻求型 ODI 的效果。回顾中国加入 WTO 以来，政府不断加大对国有企业 ODI 的扶植力度，如提供直接的财政补贴和间接的优惠贷款等政策红利，同时也在不断简化对外直接审批程序，放宽对外投资的外汇管制力度等，这些因素形成了中国 ODI 国际化发展的"制度性优势"，有利于培植开放型企业，帮助企业在国际化市场上获取资源并培育造就国际化经营人才的能力，进而促进国际投资的发展。当前，一些政策因素如创新驱动战略、产业结构调整等正影响着企业投资能力和国家经济的发展。

其一，从实施创新驱动战略的目的来看，创新驱动已成为开放经济条件及全球价值链发展的新趋势下进行产业和价值链升级的有效途径。创新政策的导向性利于技术寻求型 ODI 规模的发展及投资方式的优化，具体来说，技术寻求型 ODI 与创新之间的作用可以分为两个层面：一是，可以利用东道国先进的生产技术和创新环境提升企业研发能力，并且境外设立的企业或机构能够及时获取产品销售、市场竞争和消费偏好等信息，为中国国内生产提供反馈，推动产品质量提升，即可以从"技术层面"和"产品层面"促进企业创新水平；二是，由于科技创新是提高社会生产力和综合国力的战略支撑，创新驱动发展战略的提出利于中国突破经济发展的困境，转变对外投资方式，培育经济发展新引擎，并且鼓励研发创新活动、加大研发创新投资有利于助推中国企业提高生产率，进一步明确自身核心竞争力，通过技术寻求型 ODI，有效促使企业由本土公司向大型跨国公司转变。

其二，从推进产业结构转型升级的角度来看，产业结构的调整与优化已经成为推动经济增长质量提升的重要手段和路径。在开放环境中，一国力图实现产业升级的情况下，不仅仅需要不断增强制度创新机制以及追求自身技术进步，还需要关注要素的国际流动性。而 ODI 作为要素国际流动的载体，同时也是对产业升级与经济增长产生的重要助推，在提升自身国际竞争力与拓宽国际市场以及国内市场方面都不可被忽视。一方面，基于实现产业升级的目标，我国在进行对外直接投资时将具有更强的战略资产获取性与效率寻求性；另一方面，基于推动产业升级的目标导向，现阶段产业结构中技术、资本密集产业所占比重仍较小，第三产业仍以传统服务业为主的情况下，应当逐步推进对外投资，并借此实现产业层次的提高。

二、市场因素

从市场因素角度而言，成熟的市场经济环境可以为企业 ODI 提供外部有利条件。企业进行海外直接投资会受到财务、商业等市场因素的制约，成熟的市场经济环境可以为技术寻求型 ODI 提供外部有利条件。因此，较丰富的资源禀赋以及较高的市场开放程度对于跨国企业来说无疑具有强大的吸引力，ODI 企业可以在此良好的市场经济环境中谋求发展，突显其效益，走上良性循环之路。

其一，国家间资源禀赋的差异可以导致技术寻求型 ODI 的发生。相关研究如生产折衷理论、边际产业转移理论等从理论角度区分了跨国公司进行 ODI 行为的初衷与目标，认为企业选择 ODI 或是出口贸易与母国的资源禀赋密切相关。一是对于拥有丰富劳动力的国家来说，劳动力的充分供给往往带来其价格的低廉，跨国公司通常会选择在此处设厂，结合当地低成本的初级要素，将生产中的低端环节设置在此，形成垂直型投资；二是在母国与东道国禀赋具有相似特征时，进行对外直接投资的跨国公司的目的更倾向于市场扩张，因而形成了水平型投资。换言之，在逆全球化风潮开始露出种种迹象的当下，就国际间禀赋的相对差异进行具体衡量，对于国家进行技术寻求型 ODI 提供了理论依据与现实基础，推动其与国际贸易融合发展，并促进世界经济复苏及区域经贸合作。

其二，国家的市场对外开放水平对企业的技术寻求型 ODI 活动也会产生影响。一国的经济市场若能更好地趋于适应全球化生产与贸易发展，则该国就能吸引更多外国投资者，即国家的经济外向性程度较高，其强烈的出口导向会极大促进企业在此地区的直接投资活动。经济系统中国际贸易量在经济体中的份额越大，本国通过国际贸易所获取的技术溢出效应的可能性也就越大，开放经济条件下，贸易开放程度显然有利于技术溢出。尤其是对于发展中国家而言，其经济开放程度越高，越可以充分利用发达国家知识存量，提高本国的技术水平。相对于传统的市场能力变量（即市场规模和经济增长），中国企业在进行技术寻求型 ODI 活动时更重视市场扩张能力。因此，除了具有较为可观的国内市场，外部开放市场更加广阔的经济体系能够为 ODI 企业提供更良好的发展空间。

三、劳动力因素

如今科技迅猛发展，国家间的竞争归根结底是人才的竞争。他们具有一定的专业知识和技能，并能进行创新性劳动，为企业带来巨大的经济效益。一国的人才储备程度也间接反映了该国未来的发展潜力。所以从劳动力因素角度而言，中国身为发展中国家，仍需加大人力资本投入，加强教育投资，培养并引进创新型人才，更好地吸收国外投资溢出的研发资源，进而提升 ODI 企业的整体实力，提高应对地域风险和外部风险、融入全球价值链高端环节的能力。

其一，劳动力成本上升会对技术寻求型 ODI 有重要影响。为了更清晰地反映一国的劳动力成本，其经济发展水平在某些情况下可由平均工资表示，因此，国家的平均工资情况对技术寻求型 ODI 是有影响的。平均工资的上升会导致倾向于利用本国人口红利的海外企业流失，使得这些企业转向去寻求劳动力更加低廉的其他投资地区，从而造成母国外资投入减少。相反，倘若平均工资水平下降，则会吸引跨国公司的劳动密集型部门，利用母国的劳动力优势强化竞争水平。近年来，中国人口红利持续弱化，工资水平逐年提高，以致挤压了众多劳动密集型企业的盈利空间，这在一定程度上会导致价值链环节的攀升，促使企业寻求更加廉价的劳动力市场进行海外投资，推动母国产业结构和经济结构的转型升级。

其二，技术寻求型 ODI 的发展离不开创新型、高技术人才。ODI 的逆向溢出吸收过程，需要高层次的人才作为吸纳载体。而较高的人力资本，即拥有创新型、高技术人才，不仅能够通过其专业知识与管理经验去帮助实现技术进步，对于从东道国转移模仿技术进行创新来说也必不可少。当母国自身人力资本水平较低时，会缺乏学习模仿的能力，阻碍 ODI 的逆向技术溢出；而当人力资本水平较高时，往往能够有效降低模仿技术的成本，缩短技术学习周期，从而促进逆向技术溢出。也就是说，ODI 逆向溢出效果受母国人力资本影响：人力资本较弱的国家或地区往往不利于 ODI 逆向溢出的吸收；人力资本水平越高，对逆向溢出的转化创新能力越强，人力资本只有达到一定的高度，才能对逆向溢出的正向作用显性化。

第四节　本章小结

本章主要考察了中国技术寻求型 ODI 的发展现状。随着政府推动全面开放新格局的形成及企业国际竞争力的增强，中国对外直接投资发展迅速，国际地位不断提升，同时持续为中国经济提供增长动力，推动国内产业转型升级，拓展经济发展空间。首先，本章从分析技术寻求型 ODI 的发展背景入手，对 ODI 的发展历程、政策演变和总体特点进行了梳理；

接着，分别从发展概况和主要动因的角度对我国现阶段技术寻求型 ODI 的发展现状进行了探讨；最后，针对技术寻求型 ODI 的主要影响因素做了理论的归纳和论述。

　　由上文分析可以发现以下几点。①对外直接投资的整体规模逐年上升。经过 40 多年的发展，中国 ODI 规模增速愈发加快，尤其是加入 WTO 后，ODI 流量和存量都达到了较高的水平。②发展对外直接投资的目标更加明确。当前，中国经济正逐步转向高质量发展阶段，对外投资在增长特征、国家政策等方面不断调整，呈现出一些新趋势和新特点，从而有序地促进有实力的企业开展对外投资，重视技术寻求型 ODI，推动国内技术创新、产业转型升级，不断开拓国际市场。③技术寻求型 ODI 的质量逐步提升。近五年，中国对外投资稳居世界前列，开放型经济新体制逐步健全，对外投资主体及方式更加多元化，国际合作开始向高层次延伸，技术寻求型 ODI 质量显著提升，中国初步成为经贸大国。④技术寻求型 ODI 有效促进了国民经济的发展。技术寻求型 ODI 所带来的逆向技术溢出效应和创新效应，对于提升我国在高质量发展阶段实施创新型国家战略具有重要意义。⑤合理利用各影响因素推动形成技术寻求型 ODI 的新局面。为进一步促进技术寻求型 ODI 发展，我国仍需加快转变政府职能，通过连接国际市场深化国内产业结构的调整，不断学习国际先进技术和管理经验，重视人才培养。

第五章 对外直接投资与经济增长质量实证研究

第一节 对外直接投资规模与经济增长质量：地区层面[①]

一、模型设定与变量定义

(一)模型设定

为尽可能合理且稳健地检验全面开放经济氛围下 ODI 和经济增长质量之间的作用关系，本书采用以下三个步骤来构建计量模型。

第一步是构建计量模型考察 ODI 数量对经济增长质量的直接影响，计量模型的基本形式为：

$$\ln Eco_{it} = \alpha_0 + \alpha_1 \times ODI_{it} + \alpha_2 \times Innov_{it} + \alpha_3 \times Open_{it} +$$
$$\alpha_4 \times Nr_{it} + \alpha_5 \times Hc_{it} + \alpha_6 \times Ind_{it} + \varepsilon_{it} \tag{5.1}$$

其中式(5.1)中，Eco_{it} 表示 i 区 t 年的经济增长质量指标，ODI_{it} 表示 i 地区 t 年的对外直接投资，控制变量为 $Innov$(创新水平)、$Open$(贸易依存度)、Nr(资源禀赋)、Hc(人力资本)、Ind(产业结构)，下标 i 和 t 分别表示地区和年份，α 为常数项，ε_{it} 为随机扰动项。

第二步是考察生产率因素是如何影响 ODI 对经济增长质量作用的计量方程。假定 ODI 的作用系数是生产率因素的函数，即 $\alpha_1 = \beta_1 + \beta_2 \times TFP_{it}$，进一步推导可得：$\alpha_1 \times ODI_{it} = \beta_1 \times ODI_{it} + \beta_2 \times TFP_{it} \times ODI_{it}$，将其分别代入式(5.1)：

[①] 本部分内容的相关研究成果发表于《河南师范大学学报(哲学社会科学版)》2019 年第 1 期。

$$\ln Eco_{it} = \alpha_0 + \beta_1 \times ODI_{it} + \beta_2 \times TFP_{it} \times ODI_{it} + \alpha_2 \times Innov_{it} +$$
$$\alpha_3 \times Open_{it} + \alpha_4 \times Nr_{it} + \alpha_5 \times Hc_{it} + \alpha_6 \times Ind_{it} + \varepsilon_{it} \tag{5.2}$$

式(5.2)中，β_1 为 ODI 对经济增长的直接作用，β_2 表示生产率作用下 ODI 的间接作用。需要说明的是，由于 $\alpha_1 = \beta_1 + \beta_2 \times TFP_{it}$，$\beta_2$ 也反映了生产率因素对 ODI 作用的影响。

第三步是考察生产率是否存在"门槛特征"。根据以往经验，ODI 对经济增长质量可能存在双重偏向效应。那么在开放经济条件下，这种双重偏向冲击是否会因为生产率要素在发展过程中水平的高低而被强化或减弱？进一步讲，本书采用 Hansen(1999)基于非线性计量方法发展的门槛回归模型，对该问题进行分析。通过将劳动生产率、全要素生产率、技术效率变化以及技术进步设定为门槛变量，利用门槛回归模型考察 ODI 数量对经济增长质量的影响。根据式(5.1)，本书设定 ODI 偏向效应的单一、双重和多重(三重)模型分别为：

$$\ln Eco_{it} = \alpha_0 + \alpha_1 \ln ODI_{it} + \alpha_2 \ln Innov_{it} + \alpha_3 \ln Open_{it} +$$
$$\alpha_4 \ln Nr_{it} + \alpha_5 \ln Hc_{it} + \alpha_6 \ln Ind_{it} + \gamma_1 \ln ODI_{it} I(q_{it} \leq \varphi) +$$
$$\gamma_2 \ln ODI_{it} I(q_{it} > \varphi) + \varepsilon_{it} \tag{5.3}$$

$$\ln Eco_{it} = \alpha_0 + \alpha_1 \ln ODI_{it} + \alpha_2 \ln Innov_{it} + \alpha_3 \ln Open_{it} +$$
$$\alpha_4 \ln Nr_{it} + \alpha_5 \ln Hc_{it} + \alpha_6 \ln Ind_{it} + \gamma_1 \ln ODI_{it} I(q_{it} \leq \varphi_1) +$$
$$\gamma_2 \ln ODI_{it} I(\varphi_1 < q_{it} \leq \varphi_2) + \gamma_3 \ln ODI_{it} I(q_{it} > \varphi_2) + \varepsilon_{it} \tag{5.4}$$

$$\ln Eco_{it} = \alpha_0 + \alpha_1 \ln ODI_{it} + \alpha_2 \ln Innov_{it} + \alpha_3 \ln Open_{it} +$$
$$\alpha_4 \ln Nr_{it} + \alpha_5 \ln Hc_{it} + \alpha_6 \ln Ind_{it} + \gamma_1 \ln ODI_{it} I(q_{it} \leq \varphi_1) +$$
$$\gamma_2 \ln ODI_{it} I(\varphi_1 < q_{it} \leq \varphi_2) + \gamma_3 \ln ODI_{it} I(\varphi_2 < q_{it} \leq \varphi_3) +$$
$$\gamma_4 \ln ODI_{it} I(q_{it} > \varphi_3) + \varepsilon_{it} \tag{5.5}$$

其中，i 表示个体，t 表示时间。ODI 为受到门槛变量影响的解释变量。q_{it} 为门槛变量，鉴于门槛变量外生性的假定，本书中 q_{it} 值均采用相应门槛变量取对数值来表示。φ 为门槛值，$I(.)$ 为指标函数，γ_1、γ_2、γ_3 和 γ_4 分别表示门槛变量在 $q_{it} \leq \varphi_1$、$\varphi_1 < q_{it} \leq \varphi_2$、$\varphi_2 < q_{it} \leq \varphi_3$ 以及 $q_{it} > \varphi_3$ 时，解释变量对被解释变量的影响系数，$\varepsilon_{it} \sim iid(0, \sigma^2)$。

(二)变量说明与数据来源

本书选取的是中国 2006—2016 年省级面板数据，由于西藏地区的部分数据缺失，这里选取了除西藏地区之外的 30 个地区作为截面，数据来源于《中国统计年鉴》《中国科技统计年鉴》《中国六十年统计资料汇编》《中国对外直接投资统计公报》以及各省市统计年鉴。依据既有的对 ODI

和经济增长质量测度的实证文献，式(5.1)、式(5.2)中的变量可归纳为三大类：

①主要解释变量，包括 ODI_{it} 和 TFP_{it}。其中，ODI_{it} 表示第 t 年 i 地区对外直接投资，用对外直接投资流量(亿元)予以代理。Chow & Li(2002)以 TFP 作为经济增长质量的测度指标，结果表明，TFP 对中国经济增长质量有重要影响。全要素生产率 TFP_{it} 的测度方法采用 DEA-Malmquist 生产率指数法，其中涉及的基础数据国内生产总值、资本存量、总就业人数等均来自《中国统计年鉴》。

②控制变量，其中包括以下几种。a. $Innov$(创新水平)对经济增长质量的影响已经得到众多研究的证实(胡艺和陈继勇，2010)。本书采用各地区每年的 3 种专利批准量/受理数(件)予以代理。b. $Open$(贸易依存度)的计算公式为：$Open_{it}=(Im_{it}+Ex_{it})/GDP_{it}$，$Im_{it}$ 和 Ex_{it} 分别表示 t 年 i 地区的进、出口贸易量。c. Nr(资源禀赋)对经济增长质量具有重要的影响，鉴于数据的可得性，本书采用能源产出(万吨标煤)/国内生产总值 GDP(亿元)表示。d. 由于 Hc(人力资本)也会影响经济增长质量，我们采用中学以上的在校学生人数(万人)/总就业人数(万人)表示。e. 众多研究表明 Ind(产业结构)是影响经济增长质量的重要变量，通常使用第三产业 GDP(亿元)/GDP(亿元)进行衡量。

二、经济增长质量指标的构建与测算

(一)指标体系的构建

经济增长质量一直是国内外关注的重点领域之一，本书采用詹新宇和崔培培(2016)以及魏婕和任保平(2012)的方法，从创新(Inn)、协调(Co)、绿色(Gr)、开放(Op)以及共享($Share$)五个维度指标测度经济增长质量 Eco_{it}，用公式表示为：$Eco_{it}=(Inn，Co，Gr，Op，Share)$，具体指标体系构建，如图 5.1 所示。此外，本书采用主成分分析法来确定各单项指数在方面指数中的权重，以合成方面指数，并通过同样的方法合成总指数，对中国 2006—2016 年的经济增长质量进行测度。

第一，经济增长过程中的创新性可从经济增长效率、研发水平来考量，这不仅包括对来源于其他国家的技术吸收从而促成的创新，也包括自主研发带来的创新，因而将这两方面设定为创新(Inn)下的次级指标。第二，经济增长的协调(Co)问题反映为经济增长结构的合理程度，在城乡结构、产业结构、金融结构、经济稳定以及投资消费结构这五方面均有体

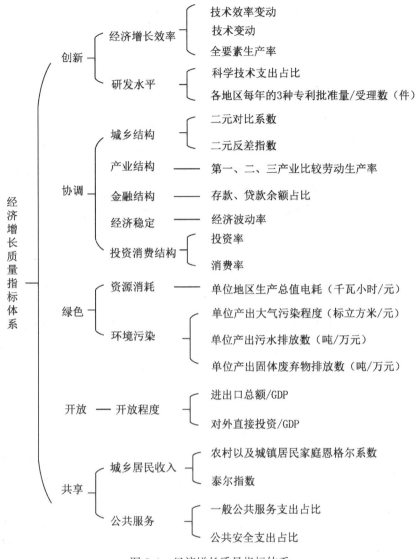

图 5.1　经济增长质量指标体系

现，因此将该五方面作为构成经济增长协调性的次级指标，合理的经济结构优化了资源配置，有利于经济增长质量的提高。第三，经济增长的绿色（Gr）问题主要针对发展过程中对能源及环境造成的压力，因此从资源消耗、环境污染两方面来考虑。具有高能源利用率并且在环境承载能力内的经济发展才是具有较高质量的增长。第四，经济全球化下的经济发展与国家开放程度密不可分，故将其设定为开放（Op）的次级指标。第五，经济增长的成果惠及人民，只有全体居民福利水平得到提高，才是高质量的经济增长，因而考虑城乡居民收入及公共服务两方面来考量经济增长的共享（*Share*）。

（二）经济增长质量的空间特征分析

下面针对全国范围内 30 个省市（除西藏）的经济增长质量进行比较分析，以找出区域间的发展差异，并分析其内在机理。根据测算结果，2006年全国经济质量水平不高，且区域间存在明显的差异。其中，西部地区增长质量水平最高，中部次之，东北地区较差。2016 年，中国各个省市的经济增长质量情况有所改变。就经济增长的整体水平而言，东部地区的经济增长质量最高，中部地区其次，西部地区较落后；就经济增长质量变化幅度而言，东部沿海省市经济增长质量明显上升，中西部地区经济增长质量水平有所下降，东北地区发展变化较小。

总体来说，2006—2016 年，东部沿海和西部省市的经济增长质量水平均位居前列，中部地区次之，东北地区相对落后。具体来看，第一，东部沿海省市的整体增长质量水平处于领先地位。第二，中部地区的经济增长质量的提升主要受益于创新水平的提高、生态环境的改善、积极对外开放以及社会福利水平的提高。但是，2016 年中部地区的经济增长质量水平有所下降。第三，西部地区的经济增长质量在 2006 年明显高于其他三个地区，主要受益于国家西部开发的政策、良好的生态环境创新以及开放力度的加强，而 2016 年经济增长质量水平略有下降。近年来，国家加大对西部与东北地区资金、人才以及技术的投入，力图通过改变地区的经济结构，促进地区经济的发展，但其单一的产业结构在短时期内难以改变，区域间的发展差距不断拉大。为了进一步探讨 ODI 对区域经济增长质量的影响效应，下文对其进行了实证分析。

三、ODI 规模变化对经济增长质量影响效应检验

（一）面板协整关系检验

在面板单位根检验的基础上，本书采用了 Pedroni 协整检验方法，进一步判断经济增长质量、ODI 规模以及全要素生产率等变量之间是否存在协整关系。Pedroni 以 Engle-Granger 两步法的回归残差为基础，通过构造7 个统计量，包括 4 个组内统计量和 3 个组间统计量，来检验变量之间的协整关系。检验结果，见表 5.1。

表 5.1　面板协整关系检验结果

检验方法			检验结果
Pedroni 基于残差的协整检验	组内统计量 $H_0: \rho = 1$ $H_1: (\rho_i = \rho) < 1$	Panel v-stat	-3.1788 (0.9993)
		Panel p-stat	4.4824 (1.0000)
		Panel PP-stat	-12.0562^{***} (0.0000)
		Panel ADF-stat	-3.4534^{***} (0.0003)
	组间统计量 $H_0: \rho = 1$ $H_1: (\rho_i = \rho) < 1$	Group p-stat	6.2193 (1.0000)
		Group PP-stat	-24.2025^{***} (0.0000)
		Group ADF-stat	-4.0224^{***} (0.0000)

注：$***$ 表示在 1% 的显著性水平上拒绝不存在协整关系的原假设，括号内的数据是该统计量的伴随概率。

从表 5.1 的检验结果来看，基于不同类型的检验结果不一致。而在面板数据协整检验中，当所选模型的样本期较小时，主要通过 Panel ADF-stat 和 Group ADF-stat 统计量作为主要的判断标准。表 5.1 中，Panel ADF-stat 和 Group ADF-stat 的伴随概率分别为 0.0003 和 0.0000，表明均在 1% 的显著性水平上拒绝了不存在协整关系的原假设。因此，经济增长质量、ODI 规模以及全要素生产率等变量之间存在长期均衡关系，不存在伪回归。

(二)基准回归结果

为了系统地检验 ODI 规模变化对经济增长质量的影响，本书除考察全样本的情况外，还对样本进行了分组讨论，即按照经济增长质量的高低、ODI 规模的多少和 TFP 的大小三个标准进行分样本估计，具体结果参见表 5.2。全样本的检验表明，ODI 规模对其经济增长质量提高产生显著的负向作用。

表 5.2　ODI 规模变化对经济增长质量影响的检验结果

	全样本	经济增长质量高	经济增长质量低	ODI 规模大	ODI 规模小	TFP 大	TFP 小
ODI	-0.1160***	-0.0283	-0.0358	0.4157**	-0.0869	-0.0866	-0.1004*
	(-2.59)	(-0.66)	(-0.76)	(2.10)	(-1.63)	(-1.09)	(-1.91)
Innov	0.1921***	0.0977***	0.0875***	0.1579***	0.0228	0.1880***	0.1775***
	(5.59)	(3.20)	(3.48)	(3.55)	(0.40)	(3.90)	(4.48)
Hc	-3.7278***	-2.5632***	-2.2224***	-4.6554***	-2.9215***	-5.4793***	-3.4213***
	(-4.44)	(-3.38)	(-3.93)	(-4.54)	(-2.83)	(-4.27)	(-3.82)
Open	-0.0656	0.3834***	-0.3307***	0.1947	-0.2183	0.1834	-0.1513
	(-0.61)	(3.65)	(-4.11)	(1.52)	(-1.21)	(1.26)	(-1.16)
Nr	0.0478	0.1353	0.0265	0.1071	-0.0816	-0.0279	0.0709
	(0.46)	(1.14)	(0.52)	(0.86)	(-0.73)	(-0.20)	(0.65)
Ind	2.8201***	0.6932	1.1667**	2.1752***	1.9044**	2.3795***	2.9164***
	(5.38)	(1.51)	(2.55)	(3.20)	(2.47)	(3.16)	(4.80)
C	0.0757	0.9282	0.2687	0.5707	1.3042	1.5907*	-0.1072
	(0.13)	(1.82)	(0.60)	(0.83)	(1.50)	(1.76)	(-0.17)
R^2	0.3561	0.3733	0.3013	0.4802	0.3084	0.4223	0.3388
模型	re	re	re	re	re	re	re
观测值	251	115	136	162	89	127	124
Wald 检验	74.48	64.34	55.63	88.04	28.37	50.49	50.58

注：***、**和*分别表示 1%、5%、10%的显著性水平上拒绝原假设；re 表示固定效应，fe 表示随机效应，下同。

　　按照 ODI 规模分组进行检验，ODI 规模较大的样本系数显著为正，ODI 规模较小的样本系数为负，但未通过显著性检验，初步认为 ODI 规模对经济增长质量的作用效果与各地区 ODI 现有规模相关，在 ODI 规模达到一定水平前，这种作用具有并不明显的阻碍趋势；一旦 ODI 规模超过一定水平，继续扩大 ODI 规模将会显著提高该地区的经济增长质量。我们初步认为，ODI 规模的变化对经济增长质量的影响作用存在异质非线性特征。

　　按照 TFP 分组进行检验，两组样本 ODI 规模对经济增长质量的影响系数存在明显差异。其中 TFP 较大的样本系数估计没有通过显著性检验，TFP 较小的样本组的系数显著为负，这就是说，TFP 在一定程度上能够影响 ODI 规模的作用效果，且随着 TFP 提高，ODI 规模对经济增长质量的负向效应会逐步减小。由此可以推测，TFP 是影响 ODI 规模变化对经济增长质量的作用效果的重要因素。

(三)讨论一：基于 TFP 调节作用

对包含 ODI 规模与 TFP 连乘项的式(5.2)进行检验，检验结果见表5.3。ODI 规模的系数估计正负特征与式(5.1)基本一致。除了经济增长质量低的样本组外，ODI 规模与 TFP 连乘项的系数估计均为正。TFP 样本组中连乘项系数估计值均显著为正，且 TFP 大样本组中的系数大于 TFP 小样本组的系数，说明随着 TFP 的增大，ODI 规模有利于经济增长质量的提高。这不仅证实了 ODI 规模对经济增长质量的作用效果受各地区出口企业的 TFP 的直接影响，还进一步推测出 TFP 对 ODI 规模的作用效果可能存在"门槛"效应。另外，经济增长质量高的样本、ODI 规模大的样本，TFP 都能促进 ODI 规模对经济增长质量的提升作用。

表 5.3　ODI 规模变化对经济增长质量影响的偏效应检验

	全样本	经济增长质量高	经济增长质量低	ODI 规模大	ODI 规模小	TFP 大	TFP 小
ODI	−0.2305***	−0.1229**	−0.0267	0.1225	−0.1387*	−0.3959***	−0.2086***
	(−4.58)	(−2.51)	(−0.44)	(0.58)	(−1.69)	(−3.75)	(−2.79)
TFP×ODI	0.0959***	0.0792***	−0.0060	0.0845***	0.0667	0.1638***	0.1158**
	(4.36)	(3.56)	(−0.23)	(3.41)	(0.81)	(4.14)	(1.97)
Innov	0.1441***	0.0624**	0.0882***	0.1433***	0.0109	0.1301***	0.1472***
	(4.04)	2.03	(3.41)	(3.23)	(0.19)	(2.68)	(3.45)
Hc	−3.6607***	−2.8113***	−2.2068***	−4.2601***	−3.0668***	−5.9753***	−3.4073***
	(−4.44)	(−3.88)	(−3.87)	(−4.18)	(−2.85)	(−4.80)	(−3.81)
Open	−0.0122	0.4251***	−0.3340***	0.1911	−0.1921	0.2527*	−0.1129
	(−0.11)	(4.23)	(−4.08)	(1.51)	(−1.04)	(1.79)	(−0.86)
Nr	0.0348	0.0955	0.0263	0.0905	−0.0812	−0.0072	0.0515
	(0.34)	(0.84)	(0.51)	(0.72)	(−0.71)	(−0.05)	(0.47)
Ind	2.4119***	0.6193	1.1879	2.0038***	1.8811**	2.0263***	2.6233***
	(4.61)	(1.42)	(2.52)	(2.97)	(2.40)	(2.79)	(4.20)
C	0.4339	1.2982***	0.2520	0.5432	1.4261	2.3133***	0.0989
	(0.76)	(2.62)	(0.55)	(0.80)	(1.59)	(2.61)	(0.15)
R²	0.4099	0.4396	0.3016	0.5127	0.3091	0.4920	0.3636
模型	re	re	re	re	re	re	re
观测值	251	115	136	162	89	127	124
Wald 检验	95.73	83.95	54.79	99.23	28.04	68.91	54.98

注：***、**和*分别表示在1%、5%和10%的水平上显著。

（四）讨论二：基于生产率的 ODI 阶段性特征考察

上文实证表明，TFP 的大小影响该地区 ODI 规模变化对经济增长质量提高的作用效果，为了分析 TFP 变动的源泉，本书进一步将 TFP 分解为技术效率和技术进步，分别以 TFP、技术效率和技术进步为门槛变量，利用门槛回归模型测度三者的具体门槛特征，以此研究 ODI 数量变化对经济增长质量的作用效果。此外，考虑到我国产业仍属于劳动密集型产业，因此，将劳动生产率纳入分析框架进行对比分析。门槛效应检验表明，劳动生产率、全要素生产率、技术进步和技术效率的双重门槛效果通过了显著性检验，见表 5.4。

表 5.4　门槛效应检验

变量	符号	模型	估计值	置信区间	F 值	P 值	BS 次数
劳动生产率	LP	单一门槛	0.471	$[0.471, 0.472]$	16.044**	0.017	300
		双重门槛	0.546	$[0.499, 0.617]$	21.989***	0.000	300
全要素生产率	TFP	单一门槛	0.745	$[0.598, 1.752]$	29.775**	0.013	300
		双重门槛	1.489	$[0.598, 1.752]$	4.007*	0.073	300
技术进步	TD	单一门槛	0.893	$[0.895, 0.978]$	36.002***	0.010	300
		双重门槛	0.963	$[0.955, 1.102]$	22.638**	0.033	300
技术效率	TE	单一门槛	1.088	$[0.729, 1.669]$	8.121	0.207	300
		双重门槛	1.133	$[1.002, 1.168]$	4.481	0.270	300

注：BS 次数为 300 表示"自抽样"的次数取 300。

按照劳动生产率和全要素生产率的影响途径进行门槛检验。劳动生产率可分为高水平（$LP \geq 0.546$）、中等水平（$0.471 < LP < 0.546$）和低水平（$LP \leq 0.471$），当地区劳动生产率水平超过 0.471，ODI 数量系数均显著为负，说明该地区 ODI 数量的增加都将不利于经济增长质量的提高。随着劳动生产率水平的提升，ODI 规模对经济增长质量的提高仍然存在显著的负向作用，但是影响强度有所下降。当 TFP 水平较低时（$TFP \leq 0.745$），ODI 数量的增加对经济增长质量的提高存在显著的阻碍作用。随着 TFP 水平的不断提高（$0.745 < TFP < 1.489$），ODI 数量的增加对经济增长质量提高的反向作用越来越不明显，并且，当 TFP 超过一定水平后（$TFP \geq 1.489$），ODI 数量的系数为 0.2070，在 5% 的显著性水平下通过

检验，说明 ODI 数量的增加将明显有利于经济增长质量的提高。

按照全要素生产率分解后的影响途径进行门槛检验，见表 5.5。第一，当技术进步处于较低水平时（$TD \leq 0.893$），ODI 数量的增加不利于经济增长质量的提高。随着技术的不断进步（$0.893 < TD < 0.963$），这种不利影响将进一步增强。但是，一旦技术进步水平超过 0.963，ODI 数量的系数值将由负转正，但未通过显著性检验。第二，在技术效率门槛条件下，ODI 规模变化对经济增长质量影响均为负向，但在不同的门槛区间内，这种负向效应存在明显的差异，具体表现为：当技术效率水平小于 1.088 时，ODI 数量的系数为负，此时的负向效应较小；当技术效率水平高于 1.088 且低于 1.133 时，ODI 规模变化对经济增长的负向作用进一步增强；但当技术效率高于 1.133 时，ODI 规模变化对经济增长的负向作用减弱且变得不显著。可见，随着技术进步水平和技术效率的提高，ODI 数量变化对经济增长质量的影响具有负向"U"形的非线性特征。

表 5.5　ODI 数量变化对经济增长质量的门槛模型估计结果

变量	劳动生产率	全要素生产率	技术进步	技术效率
Innov	0.1940***	0.1600***	0.1870***	0.1670***
	(4.58)	(4.16)	(5.09)	(4.28)
Hc	−2.0590*	−4.1200***	−4.4570***	−4.0180***
	(−1.92)	(−4.46)	(−5.02)	(−4.27)
Open	−0.0069	−0.1030	−0.1050	−0.1050
	(−0.06)	(−1.01)	(−1.08)	(−1.01)
Nr	0.0669	0.0811	0.0752	0.0746
	(0.57)	(0.77)	(0.75)	(0.69)
Ind	3.0820***	3.3660***	3.3960***	3.3230***
	(4.67)	(6.48)	(6.85)	(6.28)
区间 1	0.0320	−0.0960**	−0.0800*	−0.0892*
	(0.38)	(−2.17)	(−1.82)	(−1.97)
区间 2	−0.5060***	0.0018	−0.2580***	−0.2300***
	(−4.42)	(0.03)	(−4.69)	(−2.72)
区间 3	−0.1620***	0.2070**	0.0651	−0.0021
	(−3.59)	(2.31)	(1.24)	(−0.04)
C	−1.3260*	0.3980	0.4170	0.2930
	(−1.88)	(0.70)	(0.77)	(0.51)
R^2	0.322	0.374	0.407	0.365
样本量	251	251	251	251

注：***、**和*分别表示在 1%、5% 和 10% 的水平上显著，括号内为 t 值，区间 1～区间 3 分别表示不同门槛区间 ODI 的系数。

以上门槛效应结果证实了两个重要的结论，在劳动生产率和全要素生产率门槛条件下，ODI 规模变化对经济增长质量存在较为复杂的非线性关系。对全要素生产率进一步分解，发现在不同的技术进步和技术效率水平下，ODI 规模变化对经济增长质量的影响是不同的。

如前所述，在全国层面的各门槛条件下，ODI 对经济增长质量有着较为复杂的非线性影响。考虑到中国各省市间经济水平差异较大，尤其是受到劳动生产率、全要素生产率、技术进步和技术效率等吸收能力变量的约束，ODI 规模变化对经济增长质量的非线性影响可能存在空间异质性特征。以下将基于上述不同吸收能力维度，考察 ODI 对经济增长质量影响的样本空间分布特征。再进一步，对 2016 年实际水平值与门槛值进行对比，根据门槛值对各省市进行分类(结果见表 5.6)。可以看出，在劳动生产率门槛条件下，样本主要分布在第三门槛区间，说明目前大多数省市，尤其是东部地区各省市，虽具有较高的劳动生产率水平，但 ODI 规模对经济增长质量的负向影响依然显著；在全要素生产率门槛条件下，辽宁等 24 个省市集中在第二门槛区间，表明该类省市的全要素生产率水平较低，并且 ODI 规模对经济增长质量没有促进作用，目前，只有北京、天津跨越第二门槛值，呈现显著的正向影响。

表 5.6   基于不同吸收能力维度的样本空间分布

门槛变量	劳动生产率	全要素生产率	技术进步	技术效率
第一门槛区间	山西、陕西	福建、江西、山东、河南	内蒙古、辽宁、吉林、安徽、福建、江西、山东、河南、湖北、湖南、广东、宁夏、新疆	河北、山西、内蒙古、辽宁、吉林、黑龙江、上海、江苏、浙江、安徽、福建、江西、山东、河南、湖北、湖南、广东、海南、重庆、四川、云南、新疆

续表

门槛变量	劳动生产率	全要素生产率	技术进步	技术效率
第二门槛区间	吉林、黑龙江、宁夏、新疆	辽宁、河北、内蒙古、上海、江苏、浙江、安徽、湖北、湖南、广东、广西、海南、重庆、四川、贵州、云南、甘肃、青海、山西、陕西、吉林、黑龙江、宁夏、新疆	北京、天津、河北、山西、黑龙江、浙江、广西、陕西、甘肃、青海	广西、贵州
第三门槛区间	北京、辽宁、天津、河北、内蒙古、上海、江苏、浙江、安徽、福建、江西、山东、河南、湖北、湖南、广东、广西、海南、重庆、四川、贵州、云南、甘肃、青海	北京、天津	上海、江苏、海南、重庆、四川、贵州、云南	北京、天津、陕西、甘肃、青海、宁夏

注：此处使用的是剔除了西藏、香港、澳门、台湾之后的 30 个省、自治区和直辖市的数据。

表 5.6 后两列总结了以技术进步、技术效率作为门槛变量的检验结果。观察结果后发现，在技术进步门槛条件下，多数省市分布在第一、二门槛区间，上海等少部分省市处在技术进步第三门槛区间，说明我国多数省市的技术水平有待进一步提高，以改变目前 ODI 抑制经济增长质量的不利局面。而在技术效率门槛条件下，大部分省市位于第一门槛区间，意味着全国多数省市技术效率尚处于较低水平，ODI 对经济增长质量具有显著的负向效应。

四、检验结果的解释

①ODI 规模变化对经济增长质量具有显著的负向影响，而且地区的现有 ODI 规模和 TFP 水平都能影响 ODI 规模变化对经济增长质量的作用。其原因可能在于我国的对外直接投资起步较晚，规模比较小，产业、区域分布不够合理，ODI 的逆向技术溢出效应还比较小，没有真正发挥出作用。地区现有 ODI 规模越大，越能提升经济增长质量，原因可能是 ODI 规模达到一定水平后会出现资本累积效应，一方面，有能力并购海外品牌并进行资源整合，加快自主品牌国际化进程，从而实现扩大国际市场份额的目的；另一方面，拥有国外技术中心和研发队伍，与东道国企业建立合作研发关系等，提高跨国公司技术竞争力，并通过溢出渠道将这些先进技术溢出到国内，以实现国内技术进步，从而对国内经济增长质量的提高发挥积极的促进作用。地区 TFP 越小，ODI 规模变化越会阻碍经济增长质量的提升。TFP 较小，表明该地区的技术水平和吸收能力低，技术溢出中能有效吸收的是与自身技术差距较小的、技术含量较低的知识和技术，因而不能促进各地区的经济增长和技术进步。

②TFP 对 ODI 规模变化提升经济增长质量具有积极的调节作用，而且这种积极作用随着地区经济增长质量提高、ODI 规模扩大和 TFP 的增大而变大。出现这种现象的原因可能是，对外投资企业通过到发达国家投资，学习和获取当地先进技术资源，能迅速提升自身技术水平，并进一步传导回国内，导致国内产业技术和生产率的进步，提高资源配置效率，并最终带来经济增长质量的提升。地区经济增长质量越高，其综合能力越强，更易内化由技术寻求型 ODI 渠道引致的技术溢出，从而通过区域内产业集群促就联动发展，有利于整体经济增长质量的稳健提高。相反，经济增长质量较低的地区，其综合能力较弱，盲目扩大 ODI 规模可能会导致既不能有效内化国外先进技术，又对该地区的本土投资形成"挤出效应"。地区的 TFP 越大，表明该地区的技术水平相对较高，企业模仿学习能力较强，技术转移与扩散效应大，ODI 扩大对经济增长质量的提升作用越明显。

③TFP 对 ODI 规模变化提升经济增长质量的调节作用具有双门槛效应，在不同劳动生产率和全要素生产率的门槛区间内，ODI 规模对经济增长质量的影响具有非线性特征。劳动生产率越高，ODI 规模变化越阻碍经济增长质量的提升。这是由于中西部的剩余劳动力向东部转移，在整体上会表现出生产率提高，然而高技能劳动力与高素质管理人员依然处于供给

不足状态，此时若一味提高劳动生产率，只是在使低技能劳动力向饱和状态靠近，无法促进形成本国的要素优势，反而会有落入"比较优势陷阱"的风险（郑猛和杨先明，2017），因此对经济增长质量的提高产生抑制作用。全要素生产率越高，一方面，意味着本国自主创新能力与生产效率都进入了较高水平阶段，此时，国内进行 ODI 行为的企业更具技术优势，能够更好地在海外进行市场扩张，相应地也增大了获得逆向技术溢出的可能性；另一方面，全要素生产率的提高也表征了本土具有较好的学习吸纳能力，有助于逆向技术被学习吸收，从而对经济增长质量的提高起到显著积极作用。全要素生产率可以进一步分解为技术进步和技术效率，当本国技术水平较低时，一方面，由于没有足够的技术积累和吸收能力来承接逆向技术溢出；另一方面，源自学习吸纳 ODI 对象所在国企业而来的技术进步，将因为本国自主创新的缺失而表现出对提高经济增长质量的积极作用降低。但随着本国技术进步提升，学习能力增强，能够有效地消化、吸收学习国外的先进技术，可以促进经济增长质量的稳健提升。

④在不同吸收能力维度的约束下，ODI 规模变化对经济增长质量的非线性影响具有空间异质性。首先，目前全国大部分省市虽然具有较高的劳动生产率，但 ODI 规模依然阻碍经济增长质量的提升。一方面，少部分省市如吉林、黑龙江、宁夏、新疆等，由于历史和地理上的原因，产业结构不合理，人力资源相对落后，劳动生产率处于中低水平。另一方面，鉴于劳动力梯度转移是多数省市劳动生产率提高的主要原因，多数省市高端人才依然存在缺口，这一约束影响了地区对于 ODI 逆向技术溢出的吸收能力，并有可能使产业长期陷于低端生产制造，故而对经济增长质量提升产生不利影响。其次，虽然只有福建、江西、山东、河南四个省市尚未跨越全要生产率的第一门槛，但多数省市的全要素生产率对于 ODI 提升经济增长质量的促进作用并不明显。考虑到北京、天津作为直辖市，技术、资金与人才密集，有助于对高端技术、先进管理的吸收，进而提振经济增长质量。反观福建、江西、山东、河南四省市，技术水平亟待提升，以扭转当下 ODI 规模负向作用于经济增长质量的形势，而其余多数省市也应进一步提高全要素生产率，加快迈入全要素生产率最优门槛区间。最后，细分全要素生产率的影响途径，发现多数省市尚未越过技术进步的第二门槛值与技术效率的第一门槛值，甚至一些东部沿海城市与直辖市技术进步陷于中低水平，技术效率水平也并不乐观。所以未来较长时间内，还应继续实施创新驱动发展战略，提升自主创新水平，使 ODI 逆向技术效应得到持续增强。

第二节　对外直接投资与经济增长质量：企业层面①

一、研究设计

（一）模型设定

为了能够更加深入地研究 ODI 对我国经济增长质量的影响程度，本书先从地区层面建立基本的回归模型，并使用两阶段最小二乘法进行稳健性检验；然后从企业层面出发，多角度建立模型，进一步研究 ODI 对经济增长质量的影响效应，具体建模过程如下。

第一步，运用普通最小二乘回归模型考察地区层面 ODI 对我国经济增长质量的直接影响。本书依据随洪光（2013）的观点，即高质量的经济增长应该是高效率增长模式下的稳定、持续的增长，将经济增长质量指标分解为经济增长效率（$Effi$）、经济增长稳定性（$Stab$）和经济增长可持续性（$Sustain$）。在此基础上，融入相关影响因素，构建多元回归模型，考察加入控制变量之后，ODI 对经济增长质量的影响是否仍然显著。如果加入控制变量后，ODI 对经济增长质量的影响变得不显著，则说明简单回归模型中 ODI 对经济增长质量的显著影响是由其他因素造成的；否则，说明 ODI 对经济增长质量仍然具有解释力。考虑到对外直接投资对我国经济增长质量的影响是逐渐显现出来，而不是立即显现，所以本书尝试采用 ODI 的滞后一期作为核心解释变量建立方程。又由于葛鹏飞（2018）的研究结果表明，创新水平对于经济质量具有重要影响；随洪光（2013）的研究也发现，对外开放度能够对经济增长质量产生显著的正向影响。因此，本书选择创新水平、对外开放等作为控制变量，以经济增长质量（Eco）为例构建多元回归模型，如式（5.6）。

$$Eco_{it} = \alpha_0 + \alpha_1 ODI_{it-1} + \alpha_2 Innov_{it} + \alpha_3 Open_{it} + \alpha_4 Nr_{it} +$$
$$\alpha_5 Hc_{it} + \alpha_6 Ind_{it} + y_m + y_w + v_t + \varepsilon_{it} \tag{5.6}$$

式（5.6）中，Eco_{it} 表示 i 省份在 t 年的经济增长质量，ODI_{it-1} 表示滞后一期的对外直接投资存量，$Innov_{it}$ 表示创新程度，$Open_{it}$ 表示对外开放度，Nr_{it}、Hc_{it} 和 Ind_{it} 分别表示资源禀赋、人力资本和产业结构。y_m 和 y_w

---

① 本部分内容的相关研究成果发表于《财贸经济》2019 年第 5 期。

均表示地区虚拟变量。由于本书对省份所属的地区进行了定义，并且将东部地区作为基组，所以，如果该省份属于中部地区，则将 y_m 定义为1，否则为0；同理，$y_w = 1$ 表示该省份属于西部地区，否则取值为0；若 y_m 与 y_w 都为0，则表明该省份属于东部地区。此外，ν_t 表示年份效应，ε_{it} 为随机扰动项。同理，可以得到经济增长效率($Effi$)、经济增长稳定性($Stab$)和经济增长可持续性($Sustain$)的实证检验模型。

第二步，通过倾向值匹配方法，从企业层面研究 ODI 对经济增长质量的影响，主要由以下步骤来构建计量分析模型。首先，基于研究需要，将企业分为处理组(ODI 企业集合)和对照组(非 ODI 企业集合)进行配对试验，并借此建立二元虚拟变量 $ODI_i = \{0, 1\}$ 来表示二者的区别，即取值为1，表示企业 i 为 ODI 企业；取值为0，表示该企业为非 ODI 企业。企业层面的经济增长质量(Qua)采用企业中间投入产出率和全要素生产率来表示。基于此，参考 Heckman, Ichimura, Smith & Todd(1997)的研究，企业 i 在存在 ODI 与不存在 ODI 时对经济增长质量的影响差异可用下式表示：

$$E(Qua_{it}^1 - Qua_{it}^0) = E(Qua_{it}^1 \mid ODI_{it} = 1) - E(Qua_{it}^0 \mid ODI_{it} = 1) \qquad (5.7)$$

式(5.7)中，Qua_{it}^1 表示企业 i 在第 t 年进行 ODI 时的经济增长质量，而 Qua_{it}^0 则为企业在没有进行 ODI 状态下的经济增长质量。由于企业进行 ODI 之后，就无法再去测量其没有进行 ODI 时的经济增长质量，即 $E(Qua_{it}^0 \mid ODI_{it} = 1)$ 为无效状态，以致无法合理估计式(5.7)。因而，本书试图为 ODI 企业选取恰当的对照组来探究两种状态下的经济增长质量差异。在已有研究(Girma, Greenaway & Kneller, 2010)的基础上，倘若样本期间内存在始终无法观测到 ODI 行为的企业，则可以使用该状态下的经济增长质量替代 ODI 企业没有进行对外直接投资时的经济增长质量，即 $E(Qua_{it}^0 \mid ODI_{it} = 1) = E(Qua_{it}^0 \mid ODI_{it} = 0)$，从而使式(5.7)得以求出。基于此，本书使用最近邻匹配为 ODI 企业挑选最为临近的对照组样本，并增加结果的稳健性。

其次，由于在配对前需先根据选取原则确定匹配变量，本书参照现有文献(Helpman, Mellitz & Yeaple, 2004; Hijzen, Jean & Mayer, 2011)的做法，选择足以影响企业 ODI 行为的重要指标，即企业规模、劳动生产率和利润率，作为配对依据，并按 1 : 3 的比例进行配对，结果见表5.7。比较配对前后的概率值可以发现，配对实验后的处理组和对照组所选取的三项匹配指标均未呈现出明显的差异性，说明配对法为 ODI 企业寻找到了最为相似的未进行过 ODI 的企业。根据数据匹配的方法，本书最终为

2009—2013 年的 2817 家有对外直接投资行为的企业找到 6068 家相近的且未有对外直接投资行为的企业。本书从是否进行 ODI 角度建立计量模型，进一步检验其经济增长质量差异，具体模型如式(5.8)。

表 5.7　配对试验

匹配指标	配对前			配对后			实验组	对照组	匹配对照组
	ODI	非 ODI	概率值	ODI	非 ODI	概率值			
企业规模	12.457	10.111	0.000	12.457	12.457	0.999	2817	192826	6068
劳动生产率	10.263	8.761	0.000	10.263	10.245	0.928	2817	192826	6068
企业利润率	0.065	-0.135	0.001	0.065	0.058	0.637	2817	192826	6068

注：数据来源于历年《中国工业企业数据库》和《中国对外直接投资统计公报》。本书选取企业经济增长质量为因变量进行匹配，其他因变量进行匹配的结果类似。

$$Qua_{it} = \alpha ODI_{is} + \alpha_0 Controls_{it} + \nu_t + \nu_i + \varepsilon_{it} \qquad (5.8)$$

式(5.8)中，下标 i 和 t 分别表示企业和年份。s 代表企业是否进行 ODI 的基期，$t(t>s)$ 表示企业实施 ODI 后的某年，即 $ODI_{is}=1$ 表示企业 i 在 s 年进行了 ODI。$Controls_{it}$ 为控制变量(测算方法详见下文)。

最后，为了更深入地从企业层面研究 ODI 行为对经济增长质量的影响，本书又分别从东道国的发达程度、企业分支机构数量以及企业经营范围三个角度将企业分为投资发达国家的 ODI 企业与投资发展中国家的 ODI 企业，多分支机构 ODI 企业与单分支机构 ODI 企业，研发型 ODI 企业与贸易销售 ODI 企业，并分别将它们作为核心解释变量建立模型(对式(5.8)稍做变动即可，此处不再赘述)。

(二) 变量说明

依据现有文献对 ODI 和经济增长质量测算的研究以及各变量之间的因果关系，将式(5.6)~式(5.8)中的变量分为被解释变量和解释变量两大类；地区层面、企业层面模型中的被解释变量均为经济增长质量，不过测算方式并不相同，解释变量则分为核心解释变量和控制变量，接下来对它们的度量方式进行介绍。

① 被解释变量：经济增长质量，包括地区层面的经济增长质量和企业层面的经济增长质量。

一方面，地区层面的经济增长质量。不同学者对经济增长质量的测算方式不同，如惠康和钞小静（2010）基于狭义观点，认为质量型增长重在增长效率，即经济活动过程中的投入产出比；而刘海英和张纯洪（2006）则从广义视角将经济增长质量看作由经济系统的投入产出效率、增长成本、资源消耗和环境保护等多方面构成。综合考虑之后发现：粗放型经济增长方式与集约型经济增长方式最大的区别在于，经济增长主要依赖要素投入的增加还是要素生产效率的提高，所以，经济增长质量的核心是生产要素产出效率的提高。这也非常符合当前认为全要素生产率是影响经济增长质量的关键因素的观点（吴敬琏，2015；蔡昉，2017；刘世锦，2017）。故本书选取的最能够反映效率的指标是全要素生产率、资本生产率等。并且，稳定性也是经济增长质量的主要方面，它是经济增长质量性能的重要表现。若一国经济的短期增长对长期增长趋势的偏离幅度较小，说明经济增长较为稳定，经济运行状况良好。从长期来看，过度的经济波动不仅破坏经济稳定增长的内在机制，也给宏观经济的运行增加了风险。故从整个宏观的角度衡量经济增长质量，选取经济波动率、失业率和泰尔指数等基础指标代表经济增长稳定性。与此同时，经济增长可持续性即经济能够持续发展的能力，它可以反映经济运行的健康状况。经济增长的持续发展需要基础条件的支持和实现经济快速发展的能力，同时，在经济增长过程中，它也要求保护环境和节约资源。故经济增长的可持续性采用基础素质和环境污染等指标来度量。因此，经济增长质量的概念较为复杂，它并不是一个单一的概念。本书结合随洪光（2013）的观点，综合考虑多项基础指标来构建经济增长质量指数，见表5.8。此外，本书采用均值化方法对基础指标的各代理变量进行无量纲化处理以及使用主成分分析法对基础指标降维，以解决变量的不可通度性。

表 5.8　经济增长质量指标体系

方面指数	分项指标	基础指标	代理变量
经济增长效率	要素生产率	资本生产率	GDP/资本存量
		劳动生产率	GDP/从业人数
	生产组织效率	全要素生产率	全要素生产率
	市场效率	工业化率	非农产业就业人数/总就业人数

续表

方面指数	分项指标	基础指标	代理变量
经济增长稳定性	产业结构	第二产业比较劳动生产率	第二产业产值比/第二产业就业比
		第三产业比较劳动生产率	第三产业产值比/第三产业就业比
	城乡结构	二元对比系数	农业比较劳动生产率/非农业比较劳动生产率
		二元反差指数	|非农业产值比重—劳动力比重|
	投资消费结构	投资率	资本形成总额/GDP
		消费率	最终消费支出/GDP
	金融结构	存款余额占比	存款余额/GDP
		贷款余额占比	贷款余额/GDP
	经济稳定	经济波动率	|经济增长率变动幅度|
	城乡居民收入	农村居民家庭恩格尔系数	农村食品支出/消费收入
		城镇居民家庭恩格尔系数	城镇食品支出/消费支出
	就业波动	城镇登记失业率	城镇登记失业率
	成功分配	劳动者报酬占比	劳动者报酬/GDP
		泰尔指数	泰尔指数
经济增长可持续性	环境污染	单位产出污水排放数	工业废水排放总量/GDP
		单位产出固体废弃物排放数	工业废弃物产生量/GDP
	资源消耗	单位地区生产总值电耗	电力消费量/GDP
	公共服务	一般公共服务支出占比	一般公共服务支出/财政支出
		公共安全支出占比	公共安全支出/财政支出
	基础素质	高铁里程	高铁里程
		光纤总里程	光纤总里程
	科技与创新	科学技术支出占比	科学技术支出/财政支出
		科研机构数	科研机构数

其一，经济增长效率（*Effi*）：评价增长效率的指标分别为要素生产率、生产组织效率及市场效率（工业化率）。要素生产率这一分项指标中的一个基础指标——资本生产率，用各省 GDP 在对应时期内的资本存量中所占比重来测算。此外，全要素生产率 TFP 作为生产组织效率的基础

指标，由 DEAP2.1 软件计算得到。具体过程，参照 Fare，Grosskopf，Norris & Zhang(1994)基于 DEA 的 Malmquist 生产率指数法，将省份作为单个生产决策单位，选取各省折算为 2004 年不变价格的实际 GDP 数据作为产出变量，使用各省的资本存量作为资本投入量，劳动投入量则采用各省年末总就业人数表示。

其二，经济增长稳定性(Stab)：其评价基础指标涵盖产业结构(第二、三产业比较劳动生产率)、城乡结构(二元对比系数和二元反差指数)、投资消费结构(投资率和消费率)、金融结构(存款余额占比和贷款余额占比)、经济稳定(经济波动率)、城乡居民收入(城镇和农村居民家庭恩格尔系数)、就业波动(城镇登记失业率)以及成功分配(劳动者报酬占比和泰尔指数)。其中，泰尔指数的估算方程为：$Dis = \sum_{i=1}^{2}(p_{it}/p_t) \times \ln((p_{it}/p_t)/(z_{it}/z_t))$，式中，$i$ 分别表示城镇和农村，z_t 表示 t 时期的总人口，p_t 表示 t 时期的总收入。

其三，经济增长可持续性(Sustain)：本书分别选取环境污染、资源消耗、公共服务、科技创新等分项指标衡量增长可持续性。这些分项指标进一步可由一种或两种基础指标来衡量，除了衡量科技与创新水平的各地区每年的三种专利批准量可以直接获得，其他基础指标均需要通过简单的计算求得。

另一方面，企业层面的经济增长质量。对于微观企业层面经济增长质量的测度方式，学术界尚未形成统一的认识，根据不同的研究目的及对经济增长质量内涵的理解所采取的测算方式各有不同。本书查阅相关文献发现，目前较为经典的用来衡量企业层面经济增长质量的指标主要有技术水平(中间投入产出率)、增加值率和效率提升(生产率)(沈坤荣和傅元海，2010；范金等，2017；戴翔，2015)。故本书参照上述学者的测算方式来构建企业层面的经济增长质量指标，具体如下。其一，中间投入产出率，计算公式为：$R = Vad/Minp = (Vad/L)/(Minp/L)$，其中，$R$ 为企业的中间投入产出率，Vad、$Minp$ 表示企业的增加值和中间投入，Vad/L 和 $Minp/L$ 则表示企业的人均增加值和企业的人均中间投入。其二，增加值率。一个经济体的国民生产总值等于总产出扣除中间投入，即 $Y_t = (1-x)Q_t$，$0<x<1$，其中 x 就是总产出中用作中间投入的一部分，可以把 x 称作中间投入系数，增加值率 $v = 1-x$。其三，两种测算方法衡量的全要素生产率，分别为①OP 方法(Olley & Pakes，1996)。该方法的基本原理是首先对 C-D 形式的生产函数两边取自然对数，得到线性方程，根据索洛残值法，可知线性方程中的常数项和误差项即为生产率；然后，将误差项分解为全要素生

产率和真正的误差项；接着，使用投资作为生产率的代理变量，再结合多项式估计法和 Probit 模型等方法得到全要素生产率。②LP方法（Levinsohn & Petrin，2003）。该方法与 OP 方法的主要区别在于 OP 方法使用投资额作为代理变量，而 LP 方法以中间品的投入指标作为代理变量。

②解释变量，包括核心解释变量和控制变量。

其一，检验 ODI 地区层面的经济增长质量效应时，式（5.6）中的核心解释变量 ODI 为各年度中国的对外直接投资存量规模；而检验 ODI 企业层面的经济增长质量效应时，式（5.8）中所使用的核心变量 ODI_{its} 为虚拟变量，表示企业在 t 年的 s 期是否对外直接投资，如果企业对外直接投资，则记为1，否则为0。

其二，式（5.6）中，所涉及的地区层面控制变量主要包括创新程度（各省每年的 3 种专利批准量与受理数之比）、对外开放度、资源禀赋（能源产出与各省生产总值之比）、人力资本和产业结构（第三产业产值与各省地区生产总值的比值）。其中，对外开放度的计算公式为：$Open_{it} = (Im_{it} + Ex_{it})/GDP_{it}$，$Im_{it}$、$Ex_{it}$ 分别表示 i 省 t 年的进、出口贸易量；人力资本水平则参考 Barro & Lee（1993）提出的劳动力平均受教育年限法来近似测算，公式为 $Hc = (a×6 + b×9 + c×12 + d×16)/$各地区 6 岁以上人口数，$a$、$b$、$c$、$d$ 分别表示各地区小学、中学、高中和大专及以上四种受教育程度的总人数。

其三，在企业层面的相关模型中，控制变量包含资本密集度（固定资产净值与从业人数之比）、成立时间、企业规模（企业年均从业人数）、出口密集度以及是否国有和是否外资。其中，企业成立时间即指企业成立以来的时间；是否国有表示该企业是否是国有企业，若是则取 1，否则取 0；是否外资表示该企业是否是港澳台或外资企业，若是则取 1，否则为 0。另外，匹配变量中的劳动生产率为工业总产值与从业人数的比值的对数，同样对其进行了平减；利润率则是企业销售利润占产品销售收入的百分比；出口密集度用出口交货值与企业销售额的比值表示。

(三)样本数据处理

本书的样本期为 2009—2013 年，样本包括我国的 31 个省、市、自治区。首先，地区层面的数据来源于《中国统计年鉴》《中国对外直接投资统计公报》《中国科技统计年鉴》以及各省、直辖市的统计年鉴，部分来源于 OECD 的 Factbook。其次，企业层面的实验组和对照组数据分别来自商务部的《对外直接投资企业（机构）名录》和《中国工业企业数据库》。为了更好地明晰及运用 ODI 数据，本书依据商务部公布的涉及海外投资的企业统计数据信息（如母公司名称、分支机构名称等），找到进行过对外投资的企业，并将其与《中国工业企业统计数据库》实行匹配，完善 ODI 企业数据。

由于经匹配所获得的企业原始数据仍比较粗糙，本书先借鉴谢千里等（2008）、余淼杰（2011）、周康（2015）等学者的做法，对企业编码缺失、成立时间明显错误、所属行业不明确、遗漏重要财务指标以及企业职工数量低于 10 人的样本予以剔除。在此基础上，进一步参考 Cai & Liu（2009）、Feenstra & Romalis（2014）的处理思路，将实收资本为负、固定资产低于流动资产、总资产低于总固定资产、总资产低于固定资产净值的企业样本进行删除。最终，本书基于一般会计准则（GAAP），得到 2817 家有对外投资行为的企业样本。

二、ODI 对经济增长质量的影响效应检验

前文基于中国 ODI 的二元性讨论了 ODI 影响经济增长质量的四种可能路径。通过逆梯度 ODI，东道国的子公司能够接触学习国外先进的知识和技术等，然后进行转化吸收，最终反馈至国内的母公司，进而提高母公司的生产效率。通过顺梯度 ODI，母国将国内的劣势产业转移到更欠发达地区去，从而为优化国内的产业结构提供机会；或者利用东道国廉价的劳动力或土地等要素，提高资源配置效率，并通过资本反馈效应，实现母国企业利润的增加。同时，从宏观角度来看，也可以提高母公司所在地区的经济增长质量。因此，接下来将首先从宏观整体出发，研究各地区的对外直接投资行为是否提高了其经济增长质量；然后再从微观角度出发，进一步探究对外直接投资与企业生产效率之间的关系，检验 ODI 对企业的经济增长质量效应。

（一）初始检验：地区层面的分析

1. 基准回归结果

鉴于中国各地区的经济发展水平差异较大，以致经济增长与对外投资之间的关系可能会因此受到影响。表 5.9 分析了中国地区层面滞后一期 ODI 对经济增长质量及其分类指标的影响。其中，每个指标检验结果的第 1 列是未考虑控制变量时的结果，相对应地，第 2 列为加入控制变量后的结果。观察后发现：未考虑控制变量时，滞后一期 ODI 对经济增长质量、经济增长效率和经济增长可持续性的提升具有显著促进作用，而对经济增

长稳定性的提升产生抑制作用；加入控制变量后，滞后一期的 ODI 对经济增长质量、经济增长稳定性和经济增长可持续性的影响系数均为正，对经济增长效率的影响系数为负，且都通过了 1% 显著性水平检验。可见，从构建多指标评价体系探究经济增长质量变化背后的真正动因出发，证实了 ODI 对中国经济良性增长的积极作用，这点同随洪光（2013）、林丽和陆智强（2016）等学者所得的对外投资促进经济增长质量的结论一致。此外，位于中部地区、西部地区的滞后一期 ODI 显著负向作用于经济增长质量，尤其是在西部地区，作用效果更突出。可能的原因是：相较于中西部地区，东部地区的基础设施完善，产业结构的发达程度高，因此东部地区的对外直接投资能够快速地反馈到母国企业的经济增长质量发展过程中，但是由于东部地区人员流动性较强，因此不利于经济发展的稳定性；就中西部而言，特别是西部地区原有基础设施尚不完善，产业结构尚未优化，产出效率、能耗比相对不理想，进一步对外投资将使得本土的经济增长质量恶化。

就控制变量的结果而言，创新水平、资源禀赋、人力资本及产业结构均对经济增长质量产生显著的正向影响，在 1% 的水平上通过显著性检验。诸多变量均有利于经济质量改善，却一定程度上阻碍了效率和稳定性提升，原因可能在于，资源禀赋、人力资本、产业结构等要素的扩张更多的是依赖能源和资源的巨额投入，低效率粗放式的资源浪费等行为也为重建生态环境施加了压力，降低了经济增长的有效性和稳定性；相反地，投资质量的增强更多的是经由创新水平、人力资本的提升以及产业结构转型升级等方式来实现，这又有助于提高经济增长稳定和优化经济结构，从而显著地提高了经济增长质量。

2. 稳健性检验结果

根据李梅与柳世昌（2012）的观点，TFP 与国内 R&D 资本存量、ODI 逆向技术溢出之间存在双向因果关系。结合本书研究结果，可进一步认为经济增长质量与 R&D 资本存量、ODI 之间可能存在双向因果关系，若仅使用最小二乘法进行检验，将存在内生性的问题。进而，本书借用王恕立与向姣姣（2014）的做法，选取研发资本存量作为工具变量，运用两阶段最小二乘法，以更严格地解决变量的内生性问题。*Anderson* 正则相关性检验和 *Cragg-Donald Wald F* 统计量结果在 1% 水平上拒绝了"工具变量识别不足"和"弱工具变量"的零假设，这说明，本书所选取的工具变量具有合理性。从表 5.10 的结果来看，对外投资系数正负和显著性与表 5.9 的普通最小二乘回归结果基本一致，因此，足以证明上文的结果具

表 5.9 基准回归结果

变量	经济增长质量		经济增长效率		经济增长稳定性		经济增长可持续性	
	(1)	(2)	(3)	(4)	(5)	(6)	(7)	(8)
ODI_{it-1}	0.1632***	0.0412***	0.0197***	-0.0870***	-0.0047***	0.0436***	0.3162***	0.0628***
	(257.82)	(52.41)	(26.38)	(-76.67)	(-7.86)	(66.59)	(408.36)	(16.52)
创新程度		0.0565***		0.0388***		-0.1017***		0.3218***
		(64.51)		(28.15)		(-127.49)		(410.06)
对外开放度		0.3128***		0.2384***		0.2407***		0.4892***
		(71.09)		(42.16)		(73.67)		(165.92)
资源禀赋		0.1415***		-0.1190***		-0.0805***		0.1627***
		(43.16)		(-19.68)		(-23.06)		(48.16)
人力资本		1.2981***		0.8919***		-0.3455***		-0.203***
		(144.86)		(52.19)		(-34.99)		(-33.81)
产业结构		2.1736***		-0.6966***		4.2614***		0.6315***
		(163.08)		(-27.19)		(287.78)		(48.62)
中部地区		-0.0657***		-0.1339***		0.2403***		0.0863***
		(-32.14)		(-44.51)		(138.19)		(41.96)
西部地区		-0.1206***		-0.2789***		0.4278***		0.0135***
		(-49.62)		(-66.62)		(176.79)		(4.61)
常数项	-0.4821	-4.2132	0.0296	-1.6346	-0.1880	-0.4526	-0.5923	-2.3629
年份效应	是	是	是	是	是	是	是	是
R^2	0.5201	0.8236	0.0909	0.1958	0.0569	0.5808	0.5069	0.8862
观测值	155	155	155	155	155	155	155	155

注:（）内数值为纠正了异方差后的 t 统计量；***、** 和 * 分别表示 1%、5% 和 10% 的显著性水平。

表 5.10　稳健性检验:2SLS

变量	经济增长质量		经济增长效率		经济增长稳定性		经济增长可持续性	
	(1)	(2)	(1)	(2)	(1)	(2)	(1)	(2)
ODI_{it-1}	0.3120*** (29.25)	0.1623*** (76.89)	0.0645*** (64.20)	-0.5343*** (-93.26)	-0.0109*** (-13.46)	0.1498*** (49.59)	0.4631*** (40.62)	0.2832*** (89.72)
控制变量	否	是	否	是	否	是	否	是
常数项	-0.8063	-3.7151	-0.1466	-0.8401	-0.1638	-0.1088	-1.4021	-2.9183
年份效应	是	是	是	是	是	是	是	是
行业效应	是	是	是	是	是	是	是	是
Anderson 正则相关性检验	1456.1203 [0.0000]	1644.1086 [0.0000]	2871.5701 [0.0000]	2818.9901 [0.0000]	1498.9812 [0.0000]	2319.0543 [0.0000]	1910.3516 [0.0000]	2132.4895 [0.0000]
Cragg-Donald Wald F 统计量	120.2638 {16.89}	266.6418 {16.89}	137.9811 {12.38}	1908.0908 {12.38}	289.0121 {22.31}	231.5601 {22.31}	198.3621 {12.93}	189.3176 {12.93}
R^2值	0.3156	0.5528	0.0781	0.2967	0.0566	0.4369	0.3561	0.7329
观测值	155	155	155	155	155	155	155	155

注:①( )内数值为相应检验统计量的 t 值,[ ]内数值为相应检验统计量的 P 值,{ }内数值为 Stock-Yogo 检验 10% 水平上的临界值。②***、**和*分别表示 1%、5% 和 10% 的显著性水平。③Anderson 正则相关性检验的原假设是"工具变量识别不足",若拒绝原假设,则说明工具变量是合理的;Cragg-Donald Wald F 检验的原假设为弱识别,若拒绝原假设"工具变量识别",则说明工具变量是合理的。

有稳健性。

(二)进一步讨论：企业层面的分析

近年来，与我国大力推行的"引进来"对外开放宏观战略相比，对外投资的扩张及"走出去"战略的实施更有赖于微观企业自身的投资规模和技术创新的内在需求。在这一部分，本书通过倾向值匹配中的最小邻近法，基于是否是对外投资企业，对 ODI 与企业经济增长质量之间的关系进行了初始检验，结果见表5.11。其中，第(1)~(2)列是以企业中间投入产出率作为企业经济增长质量的检验结果，第(3)~(4)列是以增加值率作为企业经济增长质量的结果，第(5)~(8)列分别是以 OP、LP 方法测算的全要素生产率作为经济增长质量的检验结果。此外，奇数列代表没有加入固定效应，以此作为比较基础，偶数列在此基础上进一步控制了年份、行业和地区固定效应。

当以企业中间投入产出率作为被解释变量时，第(2)列完整的回归结果显示，对外直接投资的哑变量与企业经济增长质量呈正相关关系，且通过了1%水平的显著性检验。观察表5.11后几列可发现，是否进行 ODI 的系数依然为正，这表明，在考察期内，对外直接投资会显著提高企业的经济增长质量。投入产出率、增加值率和全要素生产率的来源不外乎效率改进、技术进步以及规模效应，具有对外投资行为的企业不仅能改善母国公司的经营绩效(邱立成等，2016)，还能通过学习效应吸收国外先进技术、引进高端人力资源并反向激发本土企业技术研发，从而提高生产率，并提升企业的经济增长质量。(刘淑林和黄静波，2011；蒋冠宏和蒋殿春，2014)。可能的原因是，其一，对外直接投资存在逆向技术溢出效应。企业通过对外直接投资可以学习他国的先进技术，从而有效提高研发和学习效率，改善企业生产流程，提升企业的生产率，最终提升经济增长质量。其二，对外直接投资的竞争效应。对外直接投资企业会面临激烈的国际竞争，客户会更加倾向高质量产品。

就控制变量来看，采用投入产出率、增加值率或全要素生产率作为企业经济增长质量的代理变量，检验结果的大小略有区别，但系数符号没有变化，这表明回归结果具有较强的稳健性。具体来看，资本密集度与企业的经济增长质量均为5%显著水平上的正相关关系，侧面体现了资本密集所催生的研发创新对于提高企业经济增长质量的重要性；企业规模对经济增长质量有显著的正向影响；企业出口密集度与经济增长质量呈现正相关关系；企业是否为国有与经济增长质量显著负相关。因此，若要通过企业

表 5.11　ODI 影响经济增长质量的初始检验结果

| 变量 | 投入产出率 R | | 增加值率 V | | 全要素生产率 | | | |
| | | | | | TFP_LP | | TFP_OP | |
	(1)	(2)	(3)	(4)	(5)	(6)	(7)	(8)
是否对外投资	0.7123***	0.2814***	0.5213***	0.0356***	0.1347***	0.1738***	0.0638***	0.1236***
	(7.01)	(6.01)	(5.37)	(6.86)	(4.14)	(4.97)	(8.85)	(6.58)
资本密集度	0.6983**	0.0273***	0.2036***	0.0076**	0.0289***	0.0052	0.0231***	0.0632**
	(2.13)	(5.09)	(9.11)	(2.11)	(29.68)	(0.83)	(8.73)	(1.99)
成立时间	0.0014	0.0006	0.0007***	0.0008**	0.0003***	0.0007	0.0005***	0.0009
	(1.16)	(1.03)	(8.16)	(2.32)	(6.36)	(1.09)	(9.65)	(0.68)
企业规模	0.6303	0.0014	0.6532***	0.0168***	0.0139***	0.0063	0.0039***	0.0087
	(0.73)	(0.23)	(9.42)	(5.13)	(6.37)	(1.79)	(4.37)	(1.62)
出口密集度	0.2819	0.2871*	0.0131***	0.1124***	0.1815***	0.0217	0.1164***	0.1102
	(0.11)	(1.99)	(5.31)	(2.99)	(4.88)	(0.998)	(3.98)	(1.06)
是否国有	-0.7621	-0.0736	-0.2067**	-0.0080	-0.0812***	-0.0765*	-0.0146	-0.0108
	(-0.14)	(-1.42)	(-2.01)	(-0.23)	(-2.96)	(-1.98)	(-0.12)	(-0.16)
常数项	-2.0123*	0.4235***	2.4803***	-0.4326***	1.1053**	0.0498	0.3967***	0.1029***
	(-1.70)	(9.31)	(3.26)	(-14.53)	(4.82)	(1.36)	(5.86)	(2.13)
年份效应	否	是	否	是	否	是	否	是
地区效应	否	是	否	是	否	是	否	是
行业效应	否	是	否	是	否	是	否	是
R²	0.3384	0.1321	0.5682	0.2316	0.3682	0.2315	0.3621	0.1398
观测值	6068	6068	6068	6068	6068	6068	6068	6068

注：( )内数值为纠正了异方差后的 t 统计量；***、** 和 * 分别表示 1%、5% 和 10% 的显著性水平。

对外投资来实现自身经济增长质量的提升，仍需不断调整企业 ODI 行为，不仅需要合理把控企业规模与运营状况、调节资本密集度，还需要通过市场机制引导企业的投资活动，并改善制度环境。

（三）扩展分析：基于企业异质性的考察

1. 基于东道国发达程度

考虑到对外投资的"二元性"特征，也就是顺梯度、逆梯度 ODI 的目标差异及其效果差异，本书基于投资东道国发展程度将东道国分为发达国家①与发展中国家，并检验了不同东道国 ODI 对于经济增长质量及其分类指标的作用差异，结果见表 5.12。

观察系数发现，我国企业若对发达国家进行投资，则有助于自身经济增长质量的提升，而投资于发展中国家则会对企业经济增长质量产生明显的阻碍作用。其中原因可能是，一方面，以发达国家为目标国的对外直接投资在地缘上较为接近前沿技术，有助于开拓高端国际市场，贴近市场需求，更可以在与海外发达经济体贸易伙伴的合作过程中，基于母国企业的消化吸收能力及研发投入来获取技术外溢（Braconier et al., 2001），从而促进经济的良性高质增长。另一方面，我国对发展中国家进行投资，多以寻求低成本要素与疏解产能为目的（贺京同和何蕾，2016），获得的技术溢出效应远低于逆梯度 ODI 的水准，且对发展中国家的投资风险远高于发达国家，如发展中国家的汇率、利率极不稳定，通货膨胀等经济风险较多，能源资源、利益纷争等局部冲突频发，此外，还有各种贸易壁垒、技术壁垒等都给我国企业的投资带来了更多不确定性。基于种种风险和阻碍，顺梯度 ODI 企业设立在当地的分支机构对自身经济增长质量也就没能达到预期的作用效果。

2. 基于对外投资企业的分支机构数量

同时，由于企业对外投资所获得的技术溢出可能受限于企业的投资深度，在这一部分，本书将企业境外投资按分支机构数量划分为多分支机构 ODI 和单分支机构 ODI 企业，并进一步检验企业对外直接投资对于其经济增长质量的影响作用，见表 5.13。

---

① 选取来自 OECD 的 28 个发达经济体（澳大利亚、奥地利、比利时、加拿大、捷克、丹麦、芬兰、法国、德国、希腊、匈牙利、冰岛、爱尔兰、意大利、日本、韩国、卢森堡、荷兰、新西兰、挪威、波兰、葡萄牙、斯洛伐克、西班牙、瑞典、瑞士、美国、英国）及非 OECD 的 16 个发达经济体（安道尔、巴林、巴巴多斯、文莱、塞浦路斯、爱沙尼亚、中国香港、以色列、列支敦士登、马耳他、摩纳哥、卡塔尔、圣马力诺、新加坡、斯洛文尼亚、阿联酋）。

表5.12　基于投资东道国发展程度的估计结果

变量	投入产出率 R		增加值率 V		全要素生产率			
					TFP_LP		TFP_OP	
	(1)	(2)	(3)	(4)	(5)	(6)	(7)	(8)
发达国家ODI	0.3368*** (8.64)	0.3609*** (6.94)	0.1237 (1.63)	0.0537 (1.04)	0.0231*** (6.53)	0.1923*** (5.09)	0.2862*** (5.68)	0.0632*** (5.36)
发展中国家ODI	-0.3536** (-2.49)	-0.2369** (-2.37)	-0.1821* (-1.98)	-0.0283* (-1.79)	-0.0825* (-1.86)	-0.0968 (-1.56)	-0.3682*** (-6.27)	-0.1024 (-1.36)
控制变量	是	是	是	是	是	是	是	是
常数项	-2.0124* (-1.03)	0.4106*** (9.32)	-0.2976*** (3.65)	-0.3926*** (-12.53)	1.0901*** (7.06)	0.0448 (1.37)	0.9012*** (6.35)	0.1296*** (2.13)
年份效应	否	是	否	是	否	是	否	是
行业效应	否	是	否	是	否	是	否	是
R^2	0.2608	0.2134	0.2836	0.1834	0.1297	0.1243	0.0213	0.1358
观测值	6068	6068	6068	6068	6068	6068	6068	6068

注:( )内数值为纠正了异方差后的 t 统计量;***、**和 * 分别表示 1%、5%和10%的显著性水平。

表 5.13　基于企业 ODI 分支机构数量的估计结果

变量	投入产出率 R		增加值率 V		全要素生产率 TFP_LP		TFP_OP	
	(1)	(2)	(3)	(4)	(5)	(6)	(7)	(8)
多分支机构 ODI	0.8234*** (4.54)	0.1927*** (2.93)	0.1672* (1.85)	0.2811* (1.97)	0.1935*** (7.32)	0.1882*** (3.79)	0.3865*** (5.31)	0.2537*** (3.63)
单分支机构 ODI	0.2318*** (8.21)	0.1208*** (6.57)	0.1238* (1.79)	0.0302* (1.91)	0.0142*** (5.64)	0.1801*** (4.89)	0.4124*** (6.32)	0.0421*** (7.89)
控制变量	否	是	是	是	是	是	是	是
常数项	-2.0102* (-1.53)	0.4316*** (8.96)	0.3361*** (5.34)	-0.4612*** (-14.31)	1.0878*** (5.86)	0.0401 (1.23)	0.8546*** (7.89)	0.1203*** (2.03)
年份效应	否	是	否	是	否	是	否	是
行业效应	否	是	否	是	否	是	否	是
R^2	0.2361	0.1436	0.5137	0.1677	0.1867	0.1758	0.1636	0.1846
观测值	6068	6068	6068	6068	6068	6068	6068	6068

注：( ) 内数值为纠正了异方差后的 t 统计量；***、**和*分别表示 1%、5%和 10%的显著性水平。

由表 5.13 可知，多分支机构 ODI 和单分支机构 ODI 企业对自身经济增长质量均有显著的促进作用，且无论采用哪种经济增长质量指标，多分支机构 ODI 企业系数均高于单分支机构 ODI 企业的系数，说明多分支机构 ODI 企业对经济增长质量的促进作用更为突出。原因可能是，一方面，我国经济规模的持续扩张会使企业对海外高附加值的投资需求不断扩大，无论是多分支机构还是单分支机构，企业境外投资都会因此而获得技术、知识与高质量的产品等优质资源，反馈至母国企业后会提升经济增长质量；但由于多分支机构数量更多，可以带来更大的资本反馈效应，即让母国企业实现生产效率的提升和利润的增长。另一方面，企业的海外投资经验随着投资的东道国数量增多而更为丰富，消费者也会更多地选择这些企业，企业的信任度和认可度越高，越有利于这些企业扩展海外业务。值得注意的是，尽管杨珍增（2017）的研究表明，母国与东道国之间距离的增加会使跨国公司在东道国设置更多分支机构，且分支机构数量的提升确实能给母国企业的经济发展提质增效，但企业在做跨境投资决策时，应当理性且不盲从，秉承原则，坚持"有所为"，"有所不为"，一味地扩大海外投资未必是件益事。

3. 基于对外直接投资企业的经验范围

在基于投资深度的影响进行分析之后，本书又进一步基于 ODI 企业经营范围，将其分为研发加工型 ODI 企业和贸易销售型 ODI 企业（刘斌等，2015），考虑不同经营范围 ODI 对企业经济增长质量的作用差异。表 5.14 结果显示，研发加工型对外直接投资对企业经济增长质量的提升具有阻碍作用，但影响尚不显著；而贸易销售型对外直接投资则对企业经济增长质量的贡献作用较为积极且明显。

结合现实，本书认为，以研发加工为主的对外投资短期内难以获得实际的成效。例如，在环境技术、医疗制药等领域都拥有国际领先地位企业的德国，尤其受到中国企业跨境投资的青睐（Kolstad & Wiig，2012）。一方面，德国深厚的制造业基础下衍生出的严谨的管理模式、强大的研发能力吸引着中国投资方；另一方面，国内企业在面临国际竞争时亟须借助海外的优质力量实现转型升级。而当中国资本不断流入德国的高科技领域时，却遇到了来自德国政府方面的审核与限制收购的阻力，且在收购德企之后，中国企业仍然面临管理隔离、技术隔离等问题（余官胜等，2018），重重阻碍下难以形成对企业经济增长质量的反哺作用，这在一定程度上印证了表 5.14 的结论。而至于贸易销售型 ODI，该类企业的最初目的是通过对外直接投资的形式在海外设立生产基地或分支机构，从而实现国际市

表 5.14 基于 ODI 企业经营范围的估计结果

变量	投入产出率 R		增加值率 V		全要素生产率			
					TFP_LP		TFP_OP	
	(1)	(2)	(3)	(4)	(5)	(6)	(7)	(8)
研发加工 ODI	-2.3536 (-0.23)	-0.1683 (-1.95)	-0.1638 (-1.58)	-0.0921 (-1.84)	-0.0593 (-1.67)	-0.0702 (-1.08)	-0.1637 (-1.54)	-0.0923 (-1.09)
贸易销售 ODI	0.3611*** (5.01)	0.1878*** (4.51)	0.0283*** (5.63)	0.0614*** (6.58)	0.0346*** (4.57)	0.1008*** (3.68)	0.0537*** (9.16)	0.0582*** (5.01)
控制变量	是	是	是	是	是	是	是	是
常数项	-2.0012*** (-6.36)	0.4039*** (8.87)	2.0183*** (3.01)	-0.4615*** (-13.75)	1.0137*** (5.87)	0.0234 (1.13)	0.9072*** (8.31)	0.1101*** (2.31)
年份效应	否	是	否	是	否	是	否	是
行业效应	否	是	否	是	否	是	否	是
R^2	0.1263	0.1385	0.2369	0.1281	0.2375	0.1251	0.1365	0.1306
观测值	6068	6068	6068	6068	6068	6068	6068	6068

注:()内数值为纠正了异方差后的 t 统计量;***、**和*分别表示 1%、5%和 10%的显著性水平。

场份额的扩张，在此过程中，企业可能会为了满足东道国消费者贸易和销售的需求而不断进行创新，增强自身产品的竞争优势，也会由于贸易扩张带来的规模效应而使得自身经济增长质量得到提升。

第三节　企业投资决策行为与经济增长质量[①]

一、研究设计

(一)模型设定

为了能够有效地从微观层面研究对外直接投资行为与中国经济增长质量之间的作用关系，本书首先通过匹配倍差法设立基本回归模型，然后在此基础上建立滞后效应模型、差异性检验模型和中间机制检验模型。模型的构建过程具体可分为如下几个步骤。

第一步，构建基础回归模型研究企业对外直接投资行为的经济增长质量效应。将企业的对外直接投资行为对我国经济增长质量的影响记为 ζ，在正式建立计量模型之前，有必要对 ζ 进行明确的刻画。首先，根据企业是否有对外直接投资行为，将其分为处理组和对照组，同时构造一个二元虚拟变量 ODI_i 对其进行区分，$ODI_i = 1$ 表示企业对外直接投资，$ODI_i = 0$ 则表示企业从未对外直接投资。同样，为了识别企业进行对外直接投资前后经济增长质量变化的相关信息，构造一个二元时间虚拟变量 $Time_t$，$Time_t = 1$ 表示企业已经进行对外直接投资(事件后)，反之，则表示事件前。其中，下标 i、t 分别表示企业和时间。此外，由于经济增长质量的内涵较为丰富，不同学者有不同的看法，目前尚未得到一致的定义，故本书仅借鉴随洪光(2013)的方法，从经济增长效率($Effi$)、稳定性($Stab$)和持续性($Sustain$)三个方面来衡量经济增长质量(Eco)。以经济增长质量(Eco)为例，假设 ΔEco_{it}^1 表示处理组的对外直接投资企业 i 在对外直接投资事件发生前后的经济增长质量差异，ΔEco_{it}^0 表示处理组企业 i 没有进行对外直接投资时的经济增长质量差异(反事实分析)，那么，根据倍差法，企业的对外直接投资事件对经济增长质量的影响 ζ 可以表示为：

$$\zeta = E(\zeta \mid ODI_i = 1) = E(\Delta Eco_{it}^1 \mid ODI_i = 1) - E(\Delta Eco_{it}^0 \mid ODI_i = 1) \quad (5.9)$$

---

① 本部分内容的相关研究成果发表于《北京工商大学学报(社会科学版)》2019 年第 1 期。

其次，由于式(5.9)右端第二项表示的是进行对外直接投资的企业在没有进行对外直接投资情况下的经济增长质量变化，很显然，它无法通过实际观测得到。所以，本书采用 Rosenbaum & Rubin(1985)提出的倾向得分匹配方法(PSM)，为处理组寻找合适的对照组。即根据匹配变量从未进行对外直接投资的企业样本中选择与进行对外直接投资的企业最为相似的企业，从而利用这些相似企业在 $Time_t = 1$ 和 $Time_t = 0$ 时期的经济增长质量差异 $\tilde{E}(\Delta Eco_{it}^0 \mid ODI_i = 0)$ 来替代式(5.9)中的 $E(\Delta Eco_{it}^0 \mid ODI_i = 1)$，则式(5.9)可转化为：

$$\zeta = E(\zeta \mid ODI_i = 1) = E(\Delta Eco_{it}^1 \mid ODI_i = 1) - \tilde{E}(\Delta Eco_{it}^0 \mid ODI_i = 0)$$

$$(5.10)$$

最后，在式(5.10)的基础上，构建基准回归的双重差分模型。在比较处理组企业和对照组企业进行对外直接投资后我国经济增长质量变化的同时，基于稳健性的考虑，本书还加入了其他控制变量和固定效应，用 x_{it} 来表示。其中，其他控制变量包括资本强度、成立时间、企业规模和是否国有，固定效应主要有年份固定效应、地区固定效应和行业固定效应。相应的模型设定如下：

$$Eco_{it} = \alpha + \beta_1 ODI_i + \beta_2 Time_t + \zeta ODI_i \times Time_t + \delta x_{it} + \varepsilon_{it} \quad (5.11)$$

式(5.11)中的 Eco_{it} 表示被解释变量，即经济增长质量，ε_{it} 表示随机误差项，其他变量的含义与前文一致。由式(5.11)可知，交互项 $ODI_i \times Time_t$ 的系数 ζ 即为企业对外直接投资前后对我国经济增长质量的影响。若 $\zeta > 0$，则表示企业对外直接投资前后处理组企业对经济增长质量的影响大于对照组企业，也就是说，企业的对外直接投资系统性地促进了我国经济增长质量的提升。

第二步，建立扩展回归分析模型检验对外直接投资行为对经济增长质量影响的动态性和差异性。为了进一步研究对外直接投资行为对经济增长质量的影响是否具有持续性，有必要分析对外直接投资对经济增长质量的滞后效应，在式(5.11)的基础上，扩展后得到滞后效应的检验模型式(5.12)。

$$Eco_{it} = \alpha + \beta_1 ODI_i + \beta_2 Time_t + \sum_{\tau=0}^{2} \gamma_\tau ODI_i \times Time_t \times d\_\tau Year +$$

$$\delta x_{it} + \varepsilon_{it} \quad (5.12)$$

同时，为了更深入地揭示对外直接投资与经济增长质量之间的关系，根据中国对外直接投资企业统计数据库给出的相关信息，本书根据"东道国收入水平""境外投资企业数"和"企业经营范围"三种划分标准，将其分别划分为投资发达国家企业和投资发展中国家企业、多分支机构 ODI 企业和单分支机构 ODI 企业以及研发加工型 ODI 企业和贸易销售型 ODI 企业（毛其淋和许家云，2014），进而比较研究不同类型的对外直接投资行为对经济增长质量影响的差异性，此时的模型如式（5.13）。

$$Eco_{it} = \alpha + \beta_1 ODI_i + \beta_2 Time_t + \sum_{\tau=1}^{6} \lambda_\tau ODI_i \times Time_t \times dType\_\theta + $$
$$\delta x_{it} + \varepsilon_{it} \tag{5.13}$$

在式（5.12）中，$d\_\tau Year$ 为企业对外直接投资的年度虚拟变量，当企业处于对外直接投资的第 τ 期（$\tau = 0$，1，2）时，$d\_\tau Year$ 取 1，否则取 0。系数 γ_τ 的估计结果考察的是企业在对外直接投资之后第 τ 年对我国经济增长质量的动态影响。式（5.13）中，$dType\_\theta(\theta = 1$，2，$\cdots$，6）是表示企业对外直接投资类型的虚拟变量。

第三步，设定中介效应模型考察对外直接投资与经济增长质量之间作用关系的传导机制。根据现有文献，吸收能力中的国内研发投入、人力资本、经济发展水平等会促进对外直接投资逆向技术溢出效应的实现（尹东东和张建清，2016；史雪娜等，2017），技术吸收能力对经济增长有正向的影响作用（黄凌云和杨雯，2007）。基于上述研究结果，本书认为吸收能力很有可能是企业对外直接投资行为影响经济增长质量的中介变量。参照他们的做法，本书进一步引入人力资本（Hc）、研发强度（Rd）和技术差距（Tg）作为表征吸收能力的变量，并将其作为中介变量构建完整的中介效应模型，如式（5.14）。

$$\begin{cases} Eco_{it} = \alpha + \beta_1 ODI_i + \beta_2 Time_t + \zeta ODI_i \times Time_t + x_{it} + \varepsilon_{it} \\ Iv_{it} = \alpha + \beta_1 ODI_i + \beta_2 Time_t + \zeta ODI_i \times Time_t + \delta x_{it} + \varepsilon_{it} \\ Eco_{it} = \alpha + \beta_1 ODI_i + \beta_2 Time_t + \zeta ODI_i \times Time_t + \lambda Iv_{it} + \delta x_{it} + \varepsilon_{it} \end{cases}$$
$$\tag{5.14}$$

式（5.14）代表了中介效应检验的基本程序，Iv_{it} 代指中介变量。其中，第一个式子表示将因变量对基本自变量进行回归；第二个式子表示将中介变量对基本自变量进行回归；第三个式子则表示将因变量同时对基本自变量和中介变量进行回归。另外，对式（5.14）稍加修改，即可得到可以检验企业的对外直接投资行为对经济增长效率（$Effi$）、稳定性（$Stab$）和持续性（$Sustain$）影响的相关模型。

（二）变量说明

式（5.9）～式（5.14）中的被解释变量为经济增长质量（Eco）、经济增长效率(*Effi*)、经济增长稳定性(*Stab*)和经济增长持续性(*Sustain*)。核心解释变量是对外直接投资(*ODI*),控制变量包括资本密集度(*Ci*)、成立时间(*Ft*)、企业模型(*Scale*)和是否国有企业(*Soe*),中介变量有人力资本(*Hc*)、研发强度(*Rd*)和技术差距(*Tg*)。它们的测算方式如下。

① 被解释变量。a. 经济增长质量(*Eco*),如表 5.15 所示,本书从增长的效率、稳定性和可持续性三方面选取了 31 项基础指标,并对各代理变量进行无量纲化处理,而后通过主成分分析法对每个基础指标进行降维处理,最终得到经济增长质量的综合指标。b. 经济增长效率(*Effi*),主要从要素生产率、生产组织效率和市场效率角度来测算。要素生产率包括资本生产率和劳动生产率,生产组织效率包括全要素生产率、技术效率和技术变动,市场效率则主要由工业化率来衡量。对于全要素生产率 *TFP*、技术效率 *Ec* 和技术变动 *Tc*,则参照 Fare et al. (1994) 基于 DEA 的 Malmquist 生产率指数法,使用 DEAP2.1 软件计算得到。c. 经济增长稳定性(*Stab*),包括产业结构、城乡结构和投资消费结构等 8 个分项指标。为了保证指标的正向性,采用非农业产值比重与劳动力比重之差的绝对值、经济增长率变动幅度的绝对值分别表示二元反差指数和经济波动率。此外,代理变量中计算过程较为复杂的泰尔指数,表示的是收入分配的差距是否合理,计算公式为:$Dis = \sum_i (p_{it}/p_t) \times \ln((p_{it}/p_t)/(z_{it}/z_t))$,$i = 1, 2$。式中,$i$ 分别表示城镇和农村,z_t 表示 t 时期的总人口,p_t 表示 t 时期的总收入。d. 经济增长持续性(*Sustain*),根据所选取的六项指标,本书进一步选取了 11 项基础指标来衡量经济增长的持续性,只需对相关代理变量进行简单的计算即可得到基础指标,进而得到分项指标,最终得到经济增长可持续性的指数。

表 5.15 经济增长质量指标体系

方面指数	分项指标	基础指标	代理变量
经济增长效率	要素生产率	资本生产率	GDP/ 资本存量
		劳动生产率	GDP/ 从业人数
	生产组织效率	全要素生产率	全要素生产率
		技术效率	技术效率
	市场效率	技术变动	技术变动
		工业化率	非农产业就业人数 / 总就业人数

续表

方面指数	分项指标	基础指标	代理变量
经济增长稳定性	产业结构	第二产业比较劳动生产率	第二产业产值比/第二产业就业比
		第三产业比较劳动生产率	第三产业产值比/第三产业就业比
	城乡结构	二元对比系数	农业比较劳动生产率/非农业比较劳动生产率
		二元反差指数	|非农业产值比重－劳动力比重|
	投资消费结构	投资率	资本形成总额/GDP
		消费率	最终消费支出/GDP
	金融结构	存款余额占比	存款余额/GDP
		贷款余额占比	贷款余额/GDP
	经济稳定	经济波动率	|经济增长率变动幅度|
	城乡居民收入	农村居民家庭恩格尔系数	农村食品支出/消费支出
		城镇居民家庭恩格尔系数	城镇食品支出/消费支出
	就业波动	城镇登记失业率	城镇登记失业率
	成功分配	劳动者报酬占比	劳动者报酬/GDP
		泰尔指数	泰尔指数
经济增长可持续性	环境污染	单位产出污水排放数	工业废水排放总量/GDP
		单位产出固体废弃物排放数	工业废弃物产生量/GDP
	资源消耗	单位地区生产总值电耗	电力消费量/GDP
	开放程度	进出口总额/GDP	进出口总额/GDP
		对外直接投资/GDP	对外直接投资/GDP
	公共服务	一般公共服务支出占比	一般公共服务支出/财政支出
		公共安全支出占比	公共安全支出/财政支出
	基础素质	铁路里程	铁路里程
		公路里程	公路里程
	科技与创新	科学技术支出占比	科学技术支出/财政支出
		各地区每年的三种专利批准量	每年的三种专利批准量

②解释变量。a. 虚拟变量，对外直接投资（ODI）和是否国有均为二

元虚拟变量，若该企业是国有企业则取 1，否则取 0。b. 连续变量，资本密集度 =（固定资产原价 - 累计折旧）/ 从业人数；成立时间表示企业成立以来的时间，公式为：成立时间 = 至今年份 - 开业年份 + 1；企业规模使用资产总计数据表示。为了从一定程度上解决异方差性的问题，本书对资本密集度和企业规模做了对数处理。

③ 中介变量。a. 人力资本（Hc），借鉴 Barro & Lee（1993）提出的劳动力平均受教育年限法，计算公式为：$Hc = (a \times 6 + b \times 9 + c \times 12 + d \times 16) /$ 各地区 6 岁以上人口数，a、b、c、d 分别表示各地区小学、中学、高中和大专及以上四种受教育程度的总人数；b. 使用研发资本存量表示研发强度（Rd），研发资本存量的计算仍采用永续盘存法；c. 技术差距（Tg），用中国的资本密集度与他国的资本密集度之比来表示，计算公式为：$Tg_t = (k_t^d / l_t^d) / (k_t^f / l_t^f)$，式中，$k_t^f$、$l_t^f$ 分别代表东道国的总体固定资本形成总额以及劳动力总人口。

（三）数据处理

本书企业层面的微观数据均来源于 2009—2013 年的《中国工业企业数据库》和《对外直接投资企业（机构）名录》。其中，《中国工业企业数据库》的样本范围为全部国有工业企业以及销售额 500 万元（人民币）以上的非国有企业。为了得出各个企业是否有对外直接投资行为，首先根据企业名称与"境内投资主体"将两个数据库进行合并。其次，本书将 2009 年没有进行对外直接投资，但在 2010—2013 年开始进行对外直接投资的企业作为处理组；而将 2009—2013 年始终未进行对外直接投资的企业作为对照组；经合并后，共得到 3840 家新增企业在 2010—2013 年进行对外投资。最后，为了删除原始数据中的异样样本，本书依据 Cai & Liu（2009）以及 Feenstra et al.（2014）的做法，对合并后的数据做了如下处理：第一步，删除不符合会计原则的企业样本，如固定资产小于流动资产、总资产小于固定资产净值等；第二步，剔除行业代码、工业总产值和利润总额、固定资产合计和固定资产原价等关键指标缺失的企业样本；第三步，剔除职工人数小于 10 的不满足规模以上标准的企业样本。除了微观企业数据之外，本书还使用了省份层面的宏观数据，相关数据来自《中国统计年鉴》和《中国科技统计年鉴》。

二、实证检验和结果分析

(一) 倾向得分匹配

对照组企业能够在多大程度接近处理组企业未对外直接投资的状态，直接决定了前述模型估计结果的准确与否。因此，为了得到与每个处理组企业唯一最相近的对照组企业，本书在参考相关文献的基础上(Hijzen et al.，2011；蒋冠宏和蒋殿春，2014)，选取企业规模、劳动生产率和企业利润率三个变量作为匹配变量，然后采用匹配比例为1∶3的最近邻匹配法对样本进行匹配。并且，由于企业特性在不同年份存在较大差异，故本书对不同年份的样本分别进行匹配。匹配结果见表5.16、表5.17。

表 5.16　2009 年配对试验

匹配指标	配对前			配对后			实验组	对照组	匹配对照组
	ODI	非 ODI	概率值	ODI	非 ODI	概率值			
企业规模	11.942	9.911	0.000	11.942	11.947	0.979	257	238158	762
劳动生产率	9.568	8.152	0.000	9.568	9.5123	0.715	257	238158	762
企业利润率	0.052	-0.145	0.968	0.052	0.045	0.640	257	238158	762

注：表中 T 检验的原假设为"处理组和对照组的样本均值相等"。虽然匹配比例为1∶3，但由于已经剔除了部分重复配对的企业样本，所以匹配结果中并未按1∶3比例呈现。

表 5.17　2013 年配对试验

匹配指标	配对前			配对后			实验组	对照组	匹配对照组
	ODI	非 ODI	概率值	ODI	非 ODI	概率值			
企业规模	13.005	10.941	0.000	12.994	12.988	0.955	695	103842	1992
劳动生产率	10.412	9.3868	0.000	10.403	10.335	0.431	695	103842	1992
企业利润率	0.063	0.062	0.847	0.063	0.060	0.758	695	103842	1992

注：同表 5.16 注。

由 Helpman et al. (2004) 的研究结论可知，企业在进行对外直接投资时需要克服较高的固定成本，所以，只有生产率较高的企业才会选择，同时也才有能力进行对外直接投资，这就是经典的"自选择效应"。从表

5.16 和表 5.17 的配对实验中也可以发现这种类似现象，匹配前对外直接企业的劳动生产率和企业规模明显大于未进行对外直接投资的企业。从 T 检验的概率值来看，高度拒绝处理组和对照组样本均值相等的原假设。而匹配后的处理组和对照组的企业规模和劳动生产率高度接近，并且从概率值来看，根本无法拒绝原假设。此结果说明，通过最近邻匹配法，本书不仅找到了与对外直接投资企业最相似的从未对外直接投资企业，而且还排除了"自选择效应"。根据数据匹配的方法，本书最终为 2009—2013 年的 1900 家对外直接投资企业共找到了 5498 家最相近的从未对外直接投资的企业。

（二）对外直接投资对经济增长质量的基准估计结果

伴随我国"一带一路""丝绸之路"等海外投资倡议的提出和落实，企业对外直接投资对中国经济进一步突破瓶颈发展的意义重大。本节将基于以上倾向匹配得分后的样本数据，考察 ODI 对中国经济增长质量及其分类指标的影响（基准模型结果见表 5.18）。其中，奇数列为没有加入企业层面控制变量的结果，偶数列为加入控制变量的结果。首先，对未考虑控制变量时的结果进行分析。可以看出，重点关注的倍差法估计量 $ODI \cdot Time$，除了在经济增长稳定性的回归中系数为负，在经济增长质量、效率和可持续性的回归中系数为正，且均通过 1% 水平的显著性检验。这表明，在对外直接投资前后，ODI 显著提升了经济增长质量、效率与可持续性，但却抑制了经济增长稳定性的提升。原因可能在于，ODI 企业通过对东道国技术的学习与吸收，反向促进国内的创新水平，提高全要素生产率，降低资源消耗率，进而提升经济增长效率与可持续性，提高经济增长质量，但考虑到企业投资增减与经济波动的关系，技术资产投资的不确定性可能会对经济增长的稳定性与内部调节机制产生影响（Fukao et al.，2009；Shapiro，2008）。

此外，在加入控制变量后，ODI、$Time$ 和 $ODI \cdot Time$ 的系数符号及显著性水平与未考虑控制变量的结果类似，说明本节的回归结果具有较好的稳定性。就控制变量自身结果来看，资本强度、成立时间、企业规模及是否国有对经济增长质量的提升存在显著的抑制作用，且大部分变量与经济增长效率、可持续性呈负相关关系，而对经济增长稳定性具有正向作用。其中原因可能是，在地区经济规模逐渐提升的过程中，若仍倚重企业固定资产的重复高投入来驱动经济增长体量，将导致过高的能耗与环境成本，减损经济增长质量（Smith & Krutilla，1984；Maddison，2009）。同时，对

表5.18　基准估计结果

变量	Eco		Effi		Stab		Sustain	
	(1)	(2)	(3)	(4)	(5)	(6)	(7)	(8)
ODI	0.6245***	0.6702***	-0.0983**	-0.0820*	-0.0058	-0.0214	0.2102***	0.2516***
	(19.11)	(18.30)	(-2.55)	(-1.90)	(-0.21)	(-0.69)	(5.45)	(5.84)
Time	0.0293*	0.0443**	0.2426***	0.2620***	-0.0684***	-0.0924***	-0.1364***	-0.1026***
	(1.66)	(2.46)	(11.64)	(12.35)	(-4.52)	(-6.02)	(-6.53)	(-4.84)
ODI·Time	0.3415***	0.3488***	0.2683***	0.2507***	-0.0201	-0.0086	0.1523***	0.1289***
	(9.71)	(9.89)	(6.48)	(6.03)	(-0.67)	(-0.29)	(3.67)	(3.10)
Ci		-0.0077*		-0.0179***		0.0119***		-0.0261***
		(-1.91)		(-3.75)		(3.43)		(-5.45)
Ft		-0.0008*		0.0003		-0.0003		-0.0010*
		(-1.76)		(0.60)		(-0.84)		(-1.90)
Scale		-0.0065*		0.0009		0.0128***		-0.0039
		(-1.79)		(0.22)		(4.13)		(-0.92)
Soe		-0.0686***		-0.0381		0.0313		-0.0784***
		(-3.03)		(-1.43)		(1.62)		(-2.94)
_cons	-0.0122	0.1135***	-0.1048***	-0.0285	-0.1696***	-0.3777***	0.3968***	0.5875***
	(-0.75)	(3.12)	(-5.42)	(-0.66)	(-12.08)	(-12.19)	(20.47)	(13.72)
Year	yes	yes	yes	yes	yes	yes	yes	yes
Region	yes	yes	yes	yes	yes	yes	yes	yes
Industry	yes	yes	yes	yes	yes	yes	yes	yes
R^2	0.1036	0.1080	0.1548	0.1579	0.1050	0.2163	0.1771	0.1872
N	7398	7398	7398	7398	7398	7398	7398	7398

注：（）内数值为纠正了异方差后的 t 统计量；***、**和*分别表示1%、5%和10%的显著性水平。

固定资产投资的过度依赖，不利于企业激发创新活力，从而抑制了经济增长效率与可持续性的提升。因此，要充分发挥ODI对经济增长稳定性的积极作用，还需通过调节企业规模、改善制度环境来鼓励企业研发创新。

（三）对外直接投资对经济增长质量的动态效应检验

表5.18的基准回归结果只是就平均意义而言，为了进一步研究对外直接投资对经济增长质量的影响是否具有持续性，本节将基于扩展式(5.13)，对包含年度虚拟变量的倍差法估计量与经济增长质量之间的关系进行检验，估计结果见表5.19。对经济增长质量及其分类指标分别考察未控制变量与加入控制变量时的情况。结果发现，两种情况下，倍差法估计量 $ODI_i \cdot Time_t \cdot d\_\tau Year$ 的各系数符号与显著性均没有发生根本性变化，说明回归具有良好的稳定性。

我们主要考察在加入控制变量时的情况，可以发现，经济增长稳定性的回归中 $ODI \cdot Time \cdot d\_0Year$ 系数为负，而在经济增长质量、效率与可持续的回归中该系数显著为正。$ODI_i \cdot Time_t \cdot d\_1Year$ 系数与上述方向一致，尤其是企业在对外直接投资之后第1年仍对我国经济增长质量有促进作用，并且这种正向影响随着时间推移呈递增趋势。而在企业进行对外直接投资的第2年，除了对经济增长质量与可持续性具有显著影响外，对经济增长效率与稳定性影响并不显著，整体看来，系数显著性水平下降。以上结果表明，对外直接投资对经济增长质量的作用可能存在1年的滞后期，可能由于ODI企业通过设立当地研发机构或并购等方式获取先进技术与管理经验，不仅反馈到国内存在时滞，而且转化为本土企业的一部分还需要时间(霍忻和刘黎明，2017)，只有在技术知识积累达到一定程度后，才能明显提高本土企业的产品创新能力，提高生产效率，从而提升经济增长质量与效率，增强经济增长的可持续性(白洁，2009；Javorcik，2004)。

（四）对外直接投资对经济增长质量的异质性检验

从传统经济因素的视角来看，企业对外直接投资的动机是为了寻求市场、资源、效率以及资本(Dunning & Lundan，2008)。因此，东道国的经济水平会较大程度地影响中国企业对外直接投资的区位选择，经济水平更高的发达国家、经济自由度高的地区更易吸引中国企业的投资(陈岩等，2012；梁文化，2017)。那么，随之而来的问题是，境外投资企业数量的差异是否会对其国际生产和经营活动产生差异？以及，不同导向型的

表5.19　ODI对经济增长质量的动态效应检验

变量	Eco		Effi		Stab		Sustain	
	(1)	(2)	(3)	(4)	(5)	(6)	(7)	(8)
ODI	0.6164*** (18.96)	0.6615*** (18.14)	-0.0998*** (-2.61)	-0.0837* (-1.95)	-0.0027 (-0.10)	-0.0190 (-0.61)	0.2044*** (5.33)	0.2458*** (5.73)
Time	0.0270 (1.53)	0.0416** (2.32)	0.2422*** (11.64)	0.2611*** (12.32)	-0.0675*** (-4.47)	-0.0916*** (-5.98)	-0.1381*** (-6.63)	-0.1049*** (-4.96)
ODI·Time·d_0Year	0.3259*** (9.27)	0.3350*** (9.50)	0.2755*** (6.65)	0.2572*** (6.19)	-0.0251 (-0.83)	-0.0111 (-0.37)	0.1676*** (4.04)	0.1417*** (3.42)
ODI·Time·d_1Year	0.3917*** (7.31)	0.3813*** (7.09)	0.2348*** (3.72)	0.2243*** (3.54)	-0.0153 (-0.33)	-0.0252 (-0.55)	0.1055* (1.67)	0.1058* (1.67)
ODI·Time·d_2Year	0.5887*** (4.36)	0.5612*** (4.16)	-0.0388 (-0.24)	-0.0390 (-0.25)	0.0736 (0.64)	0.0313 (0.27)	-0.3927** (-2.47)	-0.3629** (-2.28)
Controlled Variable	no	yes	no	yes	no	yes	no	yes
_cons	-0.0102 (-0.62)	0.1103*** (3.02)	-0.1045*** (-5.41)	-0.0354 (-0.82)	-0.1704*** (-12.15)	-0.3786*** (-12.17)	0.3982*** (20.59)	0.5786*** (13.48)
Year	yes	yes	yes	yes	yes	yes	yes	yes
Region	yes	yes	yes	yes	yes	yes	yes	yes
Industry	yes	yes	yes	yes	yes	yes	yes	yes
R^2	0.1038	0.1080	0.1555	0.2586	0.2051	0.1163	0.1791	0.1887
N	7398	7398	7398	7398	7398	7398	7398	7398

注：①( )内数值为纠正了异方差后的 t 统计量；***、**和*分别表示1%、5%和10%的显著性水平；②控制变量同表5.18，限于篇幅，表中未详细列出各控制变量的回归结果。

经营活动又分别能从东道国获得哪种类型的溢出？为了更深入地分析对外直接投资与我国经济增长质量的影响，本书依据"东道国收入水平""境外投资企业数"以及"企业经营范围"将对外直接投资进行了区分，以期研究不同类型的对外直接投资影响经济增长质量的差异性。

1. 总指标检验

表 5.20 总结了不同类型的对外直接投资对我国经济增长质量的异质性影响，列(1) ~ (2)是按东道国收入水平的检验结果，列(3) ~ (6)以此类推。

首先，对比加入控制变量前后的估计结果可知，核心解释变量的系数符号和显著性水平未发生明显变化。其次，再对表 5.20 进行具体分析。第一，交互项 $ODI \cdot Time \cdot dType\_1$ 的系数显著为正，而 $ODI \cdot Time \cdot dType\_2$ 的估计系数显著为负，表明跨国企业对经济水平较高的目的国进行投资，有益于我国经济增长质量的提升。这是因为我国企业在"走出去"的过程中，一方面，可以开拓发达国家的市场，扩大出口份额，并以此增加企业利润，拉动国内经济的增长；另一方面，实施国际化战略的企业可以在海外建立研发性分支机构，以发达国家的研究平台为基础，提升企业的技术创新能力，带动国内技术进步并提升经济增长质量。第二，$ODI \cdot Time \cdot dType\_3$ 和 $ODI \cdot Time \cdot dType\_4$ 的估计系数均显著为负，设立单分支机构的 ODI 企业可以进行精准的深度投资，能够快速集中人力、物力、财力，也能够避免繁冗复杂的组织机构对企业的拖累，这或许能够解释为什么单分支机构 ODI 对经济增长质量的作用比多分支机构 ODI 会稍加优越。第三，$ODI \cdot Time \cdot dType\_5$ 和 $ODI \cdot Time \cdot dType\_6$ 的估计系数表明，现阶段，我国贸易销售型 ODI 对经济增长质量的作用更为突出，这是由于我国长期在国际产业链中扮演着简单加工者的角色，在此环境下很难培养出优秀的研发型跨国企业，此类 ODI 企业目前尚未发挥出对我国经济增长质量的正向作用。

2. 分维度检验

由于经济增长质量又进一步分解为经济增长效率、经济增长稳定性和经济增长可持续性，本书也报告了不同类型的对外直接投资对于经济增长质量各方面的异质性影响，见表 5.21 ~ 表 5.23。从政治经济学范畴来说，经济增长质量的核心内容是在发达社会主义条件下，社会总产品的扩大再生产过程中所使用资源的规模及其利用效率的变化(卡马耶夫，1983)，即经济增长效果或经济增长效率。为此，表 5.21 检验了不同类型的对外直接投资对我国经济增长效率的异质性影响，以进一步探析经济增

表 5.20　不同类型 ODI 对经济增长质量的影响(因变量:*Eco*)

变量	按东道国收入水平		按境外投资企业数		按企业经营范围	
	(1)	(2)	(3)	(4)	(5)	(6)
ODI	0.6245*** (19.14)	0.6643*** (18.15)	0.6245*** (19.12)	0.6711*** (18.33)	0.4101*** (22.45)	0.4523*** (18.09)
Time	0.0293* (1.66)	0.0446** (2.49)	0.0293* (1.66)	0.0439** (2.44)	−0.0334** (−2.11)	−0.0216 (−1.34)
ODI · Time · dType_1	0.3065*** (8.54)	0.3144*** (8.73)				
ODI · Time · dType_2	−0.4220*** (−10.83)	−0.4272*** (−10.94)				
ODI · Time · dType_3			−0.4034*** (−9.48)	−0.4055*** (−9.51)		
ODI · Time · dType_4			−0.3281*** (−9.23)	−0.3364*** (−9.43)		
ODI · Time · dType_5					−0.1209*** (−4.12)	−0.1196*** (−4.08)

续表

变量	按东道国收入水平		按境外投资企业数		按企业经营范围	
	(1)	(2)	(3)	(4)	(5)	(6)
ODI · Time · dType_6					0.1034*** (4.68)	0.1050*** (4.76)
Controlled Variable	no	yes	no	yes	no	yes
_cons	-0.0122 (-0.75)	0.1183*** (3.26)	-0.0122 (-0.75)	0.1107*** (3.05)	0.0418*** (2.79)	0.1737*** (4.86)
Year	yes	yes	yes	yes	yes	yes
Region	yes	yes	yes	yes	yes	yes
Industry	yes	yes	yes	yes	yes	yes
R^2	0.1063	0.1106	0.1044	0.1087	0.0973	0.1014
N	7398	7398	7398	7398	7398	7398

注:①dType_1到dType_6分别为按东道国收入水平:发达国家ODI/发展中国家ODI;按境外投资企业数:多分支机构ODI/单分支机构ODI和按企业经营范围:研发销售型ODI/贸易销售型ODI/加工型ODI。②()内数值为纠正了异方差后的t统计量;***、**和*分别表示1%、5%和10%的显著性水平;③控制变量同表5.18,限于篇幅,表中未详细列出各控制变量的回归结果。

表 5.21 不同类型 ODI 对经济增长质量的影响（因变量：$Effi$）

变量	按东道国收入水平		按境外投资企业数		按企业经营范围	
	(1)	(2)	(3)	(4)	(5)	(6)
ODI	-0.0983** (-2.56)	-0.0877** (-2.03)	-0.0983** (-2.55)	-0.0815* (-1.89)	0.0817*** (3.80)	0.0796*** (2.71)
Time	0.2426*** (11.65)	0.2622*** (12.37)	0.2426*** (11.64)	0.2617*** (12.33)	0.2953*** (15.84)	0.3119*** (16.47)
$ODI \cdot Time \cdot dType\_1$	0.3010*** (7.12)	0.2838*** (6.68)				
$ODI \cdot Time \cdot dType\_2$	0.1931*** (4.20)	0.1756*** (3.81)				
$ODI \cdot Time \cdot dType\_3$			0.2305*** (4.59)	0.2184*** (4.34)		
$ODI \cdot Time \cdot dType\_4$			0.2765*** (6.60)	0.2579*** (6.13)		
$ODI \cdot Time \cdot dType\_5$					-0.0588* (-1.70)	-0.0566 (-1.64)

续表

变量	按东道国收入水平		按境外投资企业数		按企业经营范围	
	(1)	(2)	(3)	(4)	(5)	(6)
$ODI \cdot Time \cdot dType\_6$					0.1003*** (3.86)	0.0973*** (3.75)
Controlled Variable	no	yes	no	yes	no	yes
_cons	-0.1048*** (-5.43)	-0.0239 (-0.56)	-0.1048*** (-5.42)	-0.0300 (-0.70)	-0.1503*** (-8.53)	-0.0730* (-1.74)
Year	yes	yes	yes	yes	yes	yes
Region	yes	yes	yes	yes	yes	yes
Industry	yes	yes	yes	yes	yes	yes
R^2	0.1566	0.2597	0.1550	0.2581	0.1516	0.1553
N	7398	7398	7398	7398	7398	7398

注:①dType_1 到 dType_6 分别为按东道国收入水平:发达国家 ODI/发展中国家 ODI;按境外投资企业数:多分支机构 ODI/单分支机构 ODI 和按企业经营范围:研发加工型 ODI/贸易销售型 ODI。②( )内数值为纠正了异方差后的 t 统计量;***、**和*分别表示 1%、5%和10%的显著性水平;③控制变量同表5.18,限于篇幅,表中未详细列出各控制变量的回归结果。

长质量的核心内容。

表 5.21 中，$ODI \cdot Time \cdot dType\_1$ 和 $ODI \cdot Time \cdot dType\_2$ 的估计系数显示，跨国企业对经济水平不同的目的国进行投资，都能够显著提升我国的经济增长效率，相比较而言，对发达国家进行投资而产生的正向作用更大。本书认为，跨国企业能在发达国家市场上获得优秀的人力资本和物质资本，这些生产要素不仅是以现代技术进步为基础的经济增长模式的内在要求，而且对生产要素更有效的使用也意味着资源利用效率的改进（王积业，2000；倪超和孟大虎，2017），这已是毋庸置疑的事实；但我们也要看到，自我国提出"一带一路"倡议之后，对发展中国家投资的反哺利益正在逐步提升，事实上，我国企业可以将制造业产能转移到东南亚国家，能充分利用其资源丰富、成本低廉的优势，促进中国经济增长的质量和效率。此外，对比 $ODI \cdot Time \cdot dType\_4$ 和 $ODI \cdot Time \cdot dType\_3$ 的估计系数发现，单支机构 ODI 对于经济增长效率有更大的正向作用；而研发加工型 ODI 对经济增长效率具有阻碍作用，但未通过显著性检验；贸易销售型 ODI 则表示出对经济增长效率的显著促进作用。

对外直接投资在创造经济增长速度和质量方面有着不俗表现。但在新常态经济背景下，观察我国的经济增长态势，除了更加关注高质量发展阶段下总体经济增长质量的表现，还要看到增长变化背后的结构与动能因素的影响，这是判定经济增长是否稳健，增长基础是否扎实，增长质量是否过硬的关键。为此，本书检验了不同类型的对外直接投资对我国经济增长稳定性的异质性影响，见表 5.22。

从 5.22 表中各交互项系数来看，不同类型的对外直接投资对我国经济增长质量的影响都不太理想。现阶段，东道国经济水平、ODI 企业的分支机构数量以及企业的经营应范围，都不能有效增强我国经济增长质量的稳定性。结合现实情况，本书认为，我国很多跨国企业对外直接投资的目的是扩大出口市场，而鲜少看到长远利益，且由于自身经营能力不足等原因，因而对我国经济增长稳定性的贡献度较少。除此主观原因，对外直接投资活动中的不确定因素和风险点等客观因素也非常值得我们关注。第一，2008 年之后的一段时间内，全球金融危机及其时滞效应，引发了海外需求下降，使得我国许多跨国中小企业面临海外经营困难或破产倒闭的风险；第二，就理论而言，东道国制定投资审查机制只要公正、透明，就有理由出于安全考虑而拒绝非法投资，但现实情况是，部分发达东道国的投资保护主义正在抬头，我国企业对这些国家进行投资时往往会面临着带有强烈政治色彩的审查，如 2008—2009 年，中国企业欲收投资购澳大利亚

表 5.22　不同类型 ODI 对经济增长质量的影响（因变量：Stab）

变量	按东道国收入水平		按境外投资企业数		按企业经营范围	
	(1)	(2)	(3)	(4)	(5)	(6)
ODI	-0.0058 (-0.21)	0.0198 (0.64)	0.0058*** (8.21)	-0.0214 (-0.69)	0.0055** (-2.35)	-0.0117 (-0.55)
$Time$	-0.0684*** (-4.52)	-0.0925*** (-6.03)	-0.0684*** (-4.52)	-0.0924*** (-6.02)	-0.0683*** (-5.06)	-0.0896*** (-6.56)
$ODI \cdot Time \cdot dType\_1$	-0.0284 (-0.93)	-0.0180 (-0.59)				
$ODI \cdot Time \cdot dType\_2$	-0.0009*** (-7.03)	-0.0126* (-1.71)				
$ODI \cdot Time \cdot dType\_3$			-0.0126** (-2.35)	-0.0098** (-2.27)		
$ODI \cdot Time \cdot dType\_4$			-0.0217 (-0.71)	-0.0084 (-0.28)		
$ODI \cdot Time \cdot dType\_5$					-0.0166 (-0.66)	-0.0175 (-0.70)

续表

变量	按东道国收入水平		按境外投资企业数		按企业经营范围	
	(1)	(2)	(3)	(4)	(5)	(6)
ODI·Time·dType_6					-0.0250** (-2.33)	-0.0238*** (-6.27)
Controlled Variable	no	yes	no	yes	no	yes
_cons	-0.1696*** (-12.08)	-0.3790*** (-12.22)	-0.1696*** (-12.08)	-0.3778*** (-12.18)	-0.1697*** (-13.30)	-0.3803*** (-12.53)
Year	yes	yes	yes	yes	yes	yes
Region	yes	yes	yes	yes	yes	yes
Industry	yes	yes	yes	yes	yes	yes
R^2	0.2052	0.2166	0.2050	0.1163	0.2053	0.1166
N	7398	7398	7398	7398	7398	7398

注:①$dType\_1$到$dType\_6$分别为按东道国收入水平:发达国家ODI/发展中国家ODI;按境外投资企业数:多分支机构ODI/单分支机构ODI和按企业经营范围:研发加工型ODI/贸易销售型ODI。②()内数值为纠正了异方差后的t统计量;***、**和*分别表示1%、5%和10%的显著性水平;③控制变量同表5.18,限于篇幅,表中未详细列出各控制变量的回归结果。

表 5.23　不同类型 ODI 对经济增长质量的影响(因变量:*Sustain*)

变量	按东道国收入水平		按境外投资企业数		按企业经营范围	
	(1)	(2)	(3)	(4)	(5)	(6)
ODI	0.2102***	0.2434***	0.2102***	0.2527***	0.3295***	0.3487***
	(5.46)	(5.65)	(5.45)	(5.86)	(15.33)	(11.90)
Time	−0.1364***	−0.1021***	−0.1364***	−0.1031***	−0.1015***	−0.0722***
	(−6.55)	(−4.83)	(−6.54)	(−4.87)	(−5.44)	(−3.83)
ODI · Time · dType_1	0.1999***	0.1765***				
	(4.72)	(4.17)				
ODI · Time · dType_2	0.0428	0.0205				
	(0.93)	(0.45)				
ODI · Time · dType_3			0.0742	0.0622		
			(1.48)	(1.24)		
ODI · Time · dType_4			0.1691***	0.1435***		
			(4.03)	(3.42)		
ODI · Time · dType_5					−0.1110***	−0.1095***
					(−3.22)	(−3.19)

续表

变量	按东道国收入水平		按境外投资企业数		按企业经营范围	
	(1)	(2)	(3)	(4)	(5)	(6)
$ODI \cdot Time \cdot dType\_6$					0.0480* (1.85)	0.0441* (1.71)
controlled Variable	no	yes	no	yes	no	yes
_cons	0.3968*** (20.51)	0.5941*** (13.90)	0.3968*** (20.48)	0.5843*** (13.65)	0.3667*** (20.81)	0.5609*** (13.38)
Year	yes	yes	yes	yes	yes	yes
Region	yes	yes	yes	yes	yes	yes
Industry	yes	yes	yes	yes	yes	yes
R^2	0.1809	0.1908	0.1781	0.2878	0.2770	0.1875
N	7398	7398	7398	7398	7398	7398

注：①$dType\_1$ 到 $dType\_6$ 分别为按东道国收入水平：发达国家 ODI/发展中国家 ODI；按境外投资企业数：多分支机构 ODI/单分支机构 ODI 和按企业经营范围：研发加工型 ODI/贸易销售型 ODI。②（）内数值为纠正了异方差后的 t 统计量；***、**和 * 分别表示 1%、5%和10%的显著性水平；③控制变量同表 5.18，限于篇幅，表中未详细列出各控制变量的回归结果。

矿企，却重重受阻，此外，东道国政府的宏观经济政策调整也会影响我国
ODI 企业对国内经济增长稳定性的贡献(余官胜，2017)。

立足中国实际，我们有必要加入经济增长的可持续性来进一步反映经济增长质量。经济增长的可持续性是指：经济能够保持适度的、稳定的高速增长，并且各主要决定因素能够支撑经济在中长时期内保持平稳高速增长的可能，总之可概括为速度高、运行稳、时间长(王小鲁和樊纲，2000)。本书从对外直接投资的视角，研究对外直接投资企业对我国经济增长可持续性的影响，见表 5.23。

从各交互项系数来看，对发达国家进行投资的企业、单分支机构 ODI 企业以及贸易销售型 ODI 企业，都能显示出对我国经济增长可持续性的正向作用。而这背后的原因也显而易见，发达东道国良好的创新氛围和市场环境，能有助于各 ODI 企业加快转型升级，提高其市场竞争力，并促进效益改善(余官胜和范朋真，2018)。微观层面上，跨国企业健康发展的能力在不断增强，这是判断经济稳定增长可持续的一个重要标准。另外，本书从企业运营的一些指标上进行猜测，单分支机构 ODI 企业或由于组织简洁性，企业的资金周转循环情况会好于多分支机构 ODI 企业；贸易销售型 ODI 企业的资产负债情况好于研发销售型 ODI 企业，因而能显著提高我国经济增长的可持续性。

第四节　技术寻求型 ODI 与经济增长质量：分渠道检验[①]

一、研究设计

(一) 计量模型的设定

为了尽可能合理且稳健地研究经济增长质量及其三个衡量指标与技术寻求型 ODI 规模之间的作用关系，本章用如下两步骤搭建模型。

第一步，构建模型研究技术寻求型 ODI 规模变化对经济增长质量的影响效应。关于对外投资与母国经济关系研究的文献较多，如经典投资引力模型指出，双边投资流量与两国的经济总量变量正相关(Matyas，1997)。在此基础上，本章又借鉴了国际 R&D 溢出回归方法(即 C-H 模

---

① 本部分内容的相关研究成果发表于《上海商学院学报》2017 年第 5 期。

型）以及引入技术寻求型 ODI 后的投资外溢模型（即 L-P 模型），并将 TFP 等因素融入经济增长质量指标体系，探讨技术寻求型 ODI 规模变动如何影响中国总体及东部、中部、西部地区的经济增长质量。综合考虑后，引入相关文献常用的控制变量，该部分的面板数据回归模型设定如下：

$$\ln Eco_{it} = \alpha_0 + \alpha_1 \ln ODI_{it} + \alpha_2 \ln Innov_{it} + \alpha_3 \ln Hc_{it} +$$
$$\alpha_4 \ln Open_{it} + \alpha_5 \ln Nr_{it} + \alpha_6 \ln Ind_{it} + \varepsilon_{it} \tag{5.15}$$

式（5.15）中，下标 i 表示省份，t 表示年份；Eco 表示经济增长质量指标，ODI 代表技术寻求型 ODI 规模，$Innov$ 代表创新程度，Hc 代表人力资本，$Open$ 代表对外开放度，Nr 代表资源禀赋，Ind 代表产业结构，ε 为误差随机项。此外，学术界普遍认为，提高技术水平对经济增长的贡献份额可以促进经济增长质量的有效提升，如厉无畏和王振（2006）将经济增长视为要素投入和全要素生产率（TFP）增长的结果。对我国企业而言，实施"走出去"战略的过程中出现了生产率悖论，也就是说，生产率并非企业"走出去"的决定因素，这与异质性贸易理论所认为的生产率是企业开展技术寻求型 ODI 决定因素的结论截然相反（戴翔，2013）。从以上研究结果可以看出，TFP 对国家经济增长以及对外投资存在较强的影响力，因此，本章选取生产率因素作为考查重点，采取引入指标连乘项的形式构建偏效应模型，具体方程如下：

$$\ln Eco_{it} = \alpha_0 + \alpha_1 \ln ODI_{it} + \gamma \ln ODI_{it} \times \ln TFP_{it} + \alpha_2 \ln Innov_{it} +$$
$$\alpha_3 \ln Hc_{it} + \alpha_4 \ln Open_{it} + \alpha_5 \ln Nr_{it} + \alpha_6 \ln Ind_{it} + \varepsilon_{it} \tag{5.16}$$

式（5.16）中，TFP 代表全要素生产率，通过 ODI 与 TFP 的连乘项探讨 i 地区由于生产率指标存在差异性以致技术寻求型 ODI 规模对该地区经济增长质量的影响效果产生的变动。

第二步，主要考察技术寻求型 ODI 规模变化以及生产率因素通过各渠道对经济增长质量的作用效果。经济增长质量是从经济的内在性质反映经济的增长，包括对其动态过程和经济增长的前景等问题进行综合考察（魏婕和任保平，2012）。在经济增长过程方面，经济增长质量主要蕴含了经济增长的效率和稳定性；而从经济增长结果来看，需要考虑经济增长带来的生态环境代价等诸多因素。因此，本章选择将经济增长质量指标分解为经济增长效率（$Effi$）、经济增长稳定性（$Stab$）和经济增长可持续性（$Sustain$）三类，以经济增长效率作为被解释变量，在式（5.15）、式（5.16）的基础上将该步骤的模型设定如下：

$$\ln Effi_{it} = \beta_0 + \beta_1 \ln ODI_{it} + \beta_2 \ln Innov_{it} + \beta_3 \ln Hc_{it} +$$
$$\beta_4 \ln Open_{it} + \beta_5 \ln Nr_{it} + \beta_6 \ln Ind_{it} + \varepsilon_{it} \tag{5.17}$$

$$\ln Effi_{it} = \beta_0 + \beta_1 \ln ODI_{it} + \varphi \ln ODI_{it} \times \ln TFP_{it} + \beta_2 \ln Innov_{it} + \beta_3 \ln Hc_{it} +$$
$$\beta_4 \ln Open_{it} + \beta_5 \ln Nr_{it} + \beta_6 \ln Ind_{it} + \varepsilon_{it} \tag{5.18}$$

式(5.17)及式(5.18)中，$Effi_{it}$表示 i 省 t 年的经济增长效率，β_0 为常数项。

(二)变量选取与说明

本书共选取全国 30 个省市 2005—2016 年的面板数据为样本(西藏、港澳台地区的部分数据缺失)，原始数据均取自《中国统计年鉴》《中国科技统计年鉴》《中国对外直接投资统计公报》以及各省、直辖市的统计年鉴。参考已有的对技术寻求型 ODI 规模及经济增长质量测度的资料研究以及变量之间的因果关系，式(5.15)~式(5.18)除了将经济增长质量指标及其三项衡量指标分别视作被解释变量，还将解释变量分为核心解释变量与控制变量两类。

一是核心解释变量，包括技术寻求型 ODI、全要素生产率 TFP。其中，使用中国在发达经济体①进行的对外直接投资存量作为衡量 ODI 的指标，这是因为存量数据更能代表一国对外直接投资的规模(Dunning，2001)。Chow & Li(2002)以 TFP 作为经济增长质量的测度指标，结果表明 TFP 对中国经济增长质量有重要影响，全要素生产率 TFP 以及技术效率变动 EC、技术变化 TC 的测算方法，利用 DEAP2.1 软件，参照 Fare 等(1994)基于 DEA(数据包络分析)的 Malmquist 生产率指数法，并视省份为单个生产决策单位。具体测算时，产出变量选用各省折算为 2005 年不变价格的实际 GDP 数据；资本投入量采用各省资本存量表示，而对资本存量 S_{it} 的估算选取永续盘存法 $S_{it} = I_{it} + (1-\delta)S_{it-1}$，$S_{it-1}$ 为滞后一期，δ 为折旧率并取值 5%，I_{it} 指 i 省 t 年实际固定资本形成额且以基年折算，2005 年资本存量为 $S_{i2005} = I_{i2005}/(g_i + \delta)$，$g$ 指样本期内各省固定资本投资的年均增长率；劳动投入量则采用各省年末总就业人数表示，其中涉及的基础数据国内生产总值、资本存量、总就业人数等数据均来自《中国统计年鉴》。

二是控制变量，包括创新程度($Innov$)、人力资本(Hc)、对外开放水

---

① 根据中国对外投资的主要去向，结合数据的可得性和完整性，本书选择澳大利亚、奥地利、比利时、加拿大、捷克、丹麦、芬兰、法国、德国、希腊、匈牙利、爱尔兰、意大利、日本、韩国、荷兰、挪威、波兰、葡萄牙、西班牙、瑞典、英国和美国 23 个发达经济体为样本。

平($Open$)、资源禀赋(Nr)和产业结构指标(Ind)。$Innov$(创新水平)对经济增长质量的影响已经得到众多研究的证实(王竹君,2014;胡艺和陈继勇,2010),本章采用各地区每年的 3 种专利批准量/受理数(件)予以代理;Hc(人力资本)则参考 Barro & Lee(1993)提出的劳动力平均受教育年限方法来近似计算人力资本水平,公式为 $Hc=(a×6+b×9+c×12+d×16)$/各地区 6 岁以上人口数,a、b、c、d 分别表示各地区小学、中学、高中和大专及以上四种受教育程度的总人数;$Open$(对外开放度)的计算公式为:$Open_{it}=(Im_{it}+Ex_{it})/GDP_{it}$,$Im_{it}$、$Ex_{it}$ 分别表示 i 省 t 年的进、出口贸易量;Nr(资源禀赋)对经济增长质量具有重要的影响,根据数据的可得性,本章采用能源产出与省生产总值之比表示;不少文献表示 Ind(产业结构)是影响经济增长质量的重要变量,通常使用第三产业产值与各省地区生产总值的比值进行衡量。

(三)经济增长质量指标的测算

1. 指标体系的构建

经济质量的增长是个复杂的概念,最近几年有关中国经济增长质量的研究层出不穷。经济增长质量的提升一般是指经济数量扩张到一定水平时,可以观测到的经济增长的效率提高、结构优化、稳定性提高、福利改善等方面(任保平,2012),随洪光和刘廷华(2014)又提出,高质量的经济增长应该是高效率增长模式下稳定且持续的增长。本章基于上述观点,从增长的效率、稳定性和可持续性三个主要角度选取 31 项基础指标构建 Eco 指标,具体评价体系构建,见表 5.24。

表 5.24　经济增长质量指标体系

方面指数	分项指标	基础指标	代理变量
经济增长效率	要素生产率	资本生产率	GDP/资本存量
		劳动生产率	GDP/从业人数
	生产组织效率	全要素生产率	TFP
		技术效率	EC
	市场效率	技术变动	TC
		工业化率	非农产业就业人数/总就业人数

续表

方面指数	分项指标	基础指标	代理变量
经济增长稳定性	产业结构	第二产业比较劳动生产率	第二产业产值比/第二产业就业比
		第三产业比较劳动生产率	第三产业产值比/第三产业就业比
	城乡结构	二元对比系数	农业与非农业比较劳动生产率之比
		二元反差指数	｜非农业产值比重−劳动力比重｜
	投资消费结构	投资率	资本形成总额/GDP
		消费率	最终消费支出/GDP
	金融结构	存款余额占比	存款余额/GDP
		贷款余额占比	贷款余额/GDP
	经济稳定	经济波动率	｜经济增长率变动幅度｜
	城乡居民收入	农村居民家庭恩格尔系数	农村食品支出/消费支出
		城镇居民家庭恩格尔系数	城镇食品支出/消费支出
	就业波动	城镇登记失业率	城镇登记失业率
	成功分配	劳动者报酬占比	劳动者报酬/GDP
		泰尔指数	泰尔指数
经济增长可持续性	环境污染	单位产出污水排放数	工业废水排放总量/GDP
		单位产出固体废弃物排放数	工业废弃物产生量/GDP
	资源消耗	单位地区生产总值电耗	电力消费量/GDP
	开放程度	进出口总额/GDP	进出口总额/GDP
		对外直接投资/GDP	对外直接投资/GDP
	公共服务	一般公共服务支出占比	一般公共服务支出/财政支出
		公共安全支出占比	公共安全支出/财政支出
	基础素质	铁路里程	铁路里程
		公路里程	公路里程
	科技与创新	科学技术支出占比	科学技术支出/财政支出
		各地区每年的三种专利批准量	每年的三种专利批准量

此外，本章采用均值化方法对基础指标的各代理变量进行无量纲化处理，并使用主成分分析法对基础指标降维，以解决变量的不可通度性，进

而求得 Eco。其中，需要经过复杂处理的基础指标分别为资本生产率和泰尔指数。资本生产率采用各省 GDP 与该省相应年份的资本存量之比表示；泰尔指数用于衡量地区之间的收入差距，估算方程为：$Dis = \sum_{i}^{2}((p_{it}/p_t) \times \ln((p_{it}/p_t)/(z_{it}/z_t)))$，其中，$i$ 分别表示城镇和农村，z_t 和 p_t 则分别表示 t 时期的总人口及总收入。

2. 测度结果及分析

对于经济增长质量及其三个衡量指标的详细测算结果，本书仅给出三大地区分组的各指标均值(见表 5.25)。

表 5.25　各地区经济增长质量及分类指标在均值水平上的统计结果

年份	经济增长质量			经济增长效率		
	东	中	西	东	中	西
2005	0.834	− 0.547	− 0.287	0.555	− 0.833	0.279
2006	0.825	− 0.220	− 0.605	0.017	0.764	− 0.780
2007	0.728	0.070	− 0.798	0.738	0.031	− 0.769
2008	0.662	0.139	− 0.802	0.429	− 0.866	0.437
2009	0.877	− 0.561	− 0.316	0.889	− 0.516	− 0.373
2010	0.790	− 0.160	− 0.631	0.510	0.334	− 0.844
2011	0.740	0.072	− 0.812	0.937	− 0.019	− 0.918
2012	0.724	0.023	− 0.747	0.791	0.029	− 0.820
2013	0.685	0.088	− 0.772	0.887	0.032	− 0.918
2014	0.688	0.118	− 0.806	0.983	0.034	− 1.016
2015	0.620	− 0.793	0.173	0.602	− 0.795	0.193
2016	0.497	− 0.187	− 0.347	0.340	− 0.227	− 0.019

年份	经济增长稳定性			经济增长可持续性		
	东	中	西	东	中	西
2005	− 0.250	− 0.646	0.896	0.876	− 0.141	− 0.735
2006	− 0.296	− 0.641	0.937	0.885	− 0.241	− 0.644
2007	− 0.346	− 0.602	0.948	0.899	− 0.430	− 0.469
2008	− 0.314	− 0.580	0.894	0.845	− 0.122	− 0.723
2009	− 0.220	− 0.681	0.901	0.742	− 0.903	0.162

续表

年份	经济增长稳定性			经济增长可持续性		
	东	中	西	东	中	西
2010	− 0. 141	− 0. 674	0. 815	0. 730	0. 105	− 0. 836
2011	− 0. 268	− 0. 631	0. 899	0. 652	0. 253	− 0. 905
2012	− 0. 122	− 0. 669	0. 790	0. 886	− 0. 118	− 0. 768
2013	0. 014	− 0. 733	0. 719	0. 777	− 0. 866	0. 089
2014	− 0. 221	− 0. 626	0. 847	0. 858	− 0. 816	− 0. 042
2015	0. 035	− 0. 766	0. 731	0. 793	− 0. 847	0. 053
2016	− 0. 195	− 0. 210	0. 277	0. 426	− 0. 127	− 0. 322

观察经济增长质量指标可知，东部地区的经济增长质量相对最高，中部地区次之，西部地区最差。从变化趋势看，2005—2016 年，东部地区经济增长质量指标高于标准化水平，但呈下降趋势；中部地区经济增长质量变化呈现明显的阶段性，2008 年以前呈上升趋势，2009 年骤然下降，2010—2011 年快速上升，2012—2014 年表现平稳，2015 年再骤然下降；西部地区经济增长质量的变化趋势则与中部地区的变化趋势相反。这说明，历年来我国东部地区经济增长质量保持较高水平，且变化平稳；中西部地区经济增长质量具有明显的波动态势，均处于较低水平。

观察分类指标可知，由于我国政策及地区产业结构特点，东部地区增长效率最高，中部地区增长效率表现不稳定，西部地区效率最低；西部地区经济增长保持较高的稳定性，东、中部地区则表现出一如既往的不稳定；东部地区经济发展具有可持续性，中、西部地区产业大多属于劳动密集型产业，粗放式发展方式使得中、西部地区经济发展具有不可持续性，有待进行产业转型升级。从变化趋势看，首先，三大区域的经济增长效率呈现明显的波动态势；其次，三大区域的经济增长稳定性变化较为稳定；最后，东部地区经济增长一直保持可持续性，变化幅度较小，中、西部地区经济增长可持续性指标表现出较大的波动性。

（四）描述性统计分析

从经济增长质量的测度结果中可以看出，由于我国幅员辽阔，地理特征和产业结构特征明显，各地区经济增长状况具有明显的差异性，因此，对比分析各区域技术寻求型ODI规模变化对其经济增长质量的影响更具有针对性和合理性。为了初步判断技术寻求型ODI规模变化对经济增长质量的作用机制，首先，对各样本模型中采用的所有变量进行描述性统计，检验结果见表5.26。其次，绘制出总样本中技术寻求型ODI规模与经济增长质量各指标的散点图，观察两者之间的关系，如图5.2 ～ 图5.5所示①。

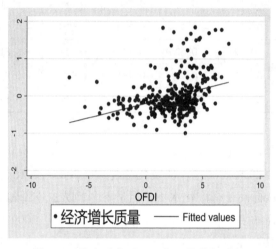

图 5.2   技术寻求型 ODI 与经济增长质量

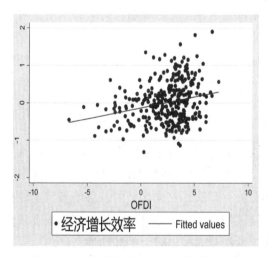

图 5.3   技术寻求型 ODI 与经济增长效率

①   图中的技术寻求型ODI规模采用对数形式，此处只是观察技术寻求型ODI规模变化与经济增长质量各指标之间的大致变化关系，因此取对数不影响相关趋势。

表 5.26　解释变量描述性统计指标

变量	全样本					东部地区				
	样本数	平均值	标准差	最小值	最大值	样本数	平均值	标准差	最小值	最大值
ODI	360	2.601	2.375	-5.315	7.373	132	3.890	1.971	-5.315	7.373
Innov	360	9.098	1.607	4.369	12.506	132	10.070	1.569	5.298	12.506
Hc	360	2.151	0.145	1.753	3.822	132	2.231	0.179	2.020	3.822
Open	360	0.320	0.391	0.032	1.721	132	0.676	0.461	0.096	1.721
Nr	360	0.422	0.412	0.062	2.525	132	0.303	0.210	0.071	1.023
Ind	360	0.414	0.087	0.286	0.802	132	0.463	0.115	0.323	0.802
TFP	360	1.001	0.256	0.499	1.984	132	1.002	0.273	0.597	1.872

变量	中部地区					西部地区				
	样本数	平均值	标准差	最小值	最大值	样本数	平均值	标准差	最小值	最大值
ODI	96	2.484	1.634	-3.263	5.613	132	1.649	2.207	-4.053	4.792
Innov	96	9.096	1.017	7.107	11.018	132	8.126	1.400	4.369	11.081
Hc	96	2.150	0.068	1.884	2.249	132	2.072	0.098	1.753	2.228
Open	96	0.114	0.037	0.047	0.198	132	0.114	0.068	0.032	0.411
Nr	96	0.306	0.275	0.089	1.642	132	0.634	0.546	0.062	2.525
Ind	96	0.378	0.052	0.286	0.554	132	0.391	0.043	0.304	0.514
TFP	96	0.967	0.235	0.496	1.789	132	0.993	0.234	0.559	1.752

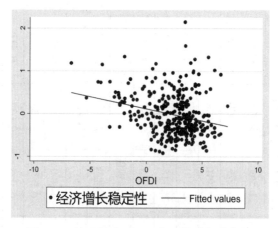

图 5.4　技术寻求型 ODI 与经济增长稳定性

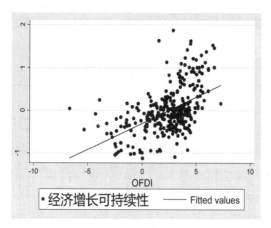

图 5.5　技术寻求型 ODI 与经济增长可持续

观察总样本中技术寻求型 ODI 规模与经济增长质量的散点图可得出以下结论。第一，技术寻求型 ODI 规模与经济增长质量指标之间存在正相关关系，且存在顶部发散现象，即技术寻求型 ODI 规模与经济增长质量处于较高水平时，数据分布较为发散。由此判断，技术寻求型 ODI 规模增加对经济增长质量的提高具有正向效应，但其系数显著性则需进一步检验。第二，技术寻求型 ODI 规模与经济增长效率指标之间存在显著的正相关关系，且集中于拟合线分布，预期技术寻求型 ODI 规模的系数显著为正。第三，技术寻求型 ODI 规模与经济增长稳定性指标之间存在负相关关系，当经济增长稳定性指标处于较高水平时，数据分布发散，因此，须进一步检验结果的显著性。第四，技术寻求型 ODI 规模变化对经济增长可持续性指标表现出强烈的正向效应，由此，预期技术寻求型 ODI 规模的作用系数显著为正。

二、实证结果与分析

为了探讨我国技术寻求型 ODI 规模对我国经济增长质量的区域差异性特征，以及分析技术寻求型 ODI 通过不同渠道对经济增长质量产生的影响，同时论证 2008 年金融危机和 2013 年上海自由贸易试验区建立对我国经济及技术寻求型 ODI 产生的重要影响，本小节将在式(5.15) ~ 式(5.18) 的基础上，分别从分区域、分渠道和分时间这三个角度进行实证分析。

(一) 分区域检验结果

由表 5.27 可知，分析核心解释变量：第一，从全样本中可以看出，技术寻求型 ODI 规模变化对经济增长质量提高产生负向效应，但效果不显著，与前文推断相违背。考虑 TFP 与技术寻求型 ODI 规模的连乘项后发现，连乘项系数显著为正，说明技术寻求型 ODI 规模变化对经济增长质量的作用效果受生产率的影响，即在控制生产率因素的作用下，技术寻求型 ODI 规模的增加能够显著提高经济增长质量，此结论与前文预期一致。第二，东部地区分样本结果显示，技术寻求型 ODI 规模变化对该地区经济增长质量的影响不显著，但具有负向趋势。观察连乘项发现，在控制生产率因素的作用下，东部地区技术寻求型 ODI 规模的增加对该地区经济增长质量的提高发挥积极的促进作用。第三，中部地区分样本结果显示，技术寻求型 ODI 规模变化对该地区经济增长质量提高的促进作用不显著，即使控制生产率因素的作用，这种促进作用也不明显。第四，西部地区分样本结果显示，技术寻求型 ODI 规模的系数估计值显著为负，连乘项系数估计值显著为正，说明在控制生产率因素的作用下，西部地区增加技术寻求型 ODI 投入能够有效地提高其经济增长质量。整体而言，在未考虑生产率因素时，各样本中技术寻求型 ODI 规模的增加都不能有效地提高经济增长质量。只有在控制生产率因素的作用下，增加技术寻求型 ODI 的投入，才能显著提高经济增长质量。

分析控制变量可知：第一，全样本中，创新对经济增长质量发挥积极的促进作用，说明经济增长质量会随着专利数量的增加而提高。但在子样本中，创新对经济增长质量的变化具有显著的差异性：东部地区创新的系数估计值显著为正，中部地区显著为负，西部地区则不显著为正，这是因为专利分为发明专利、实用新型专利和外观专利，对于发明专利和实用新

表 5.27　普通 OLS 检验结果

变量	全样本		东部		中部		西部	
	(1)	(2)	(3)	(4)	(5)	(6)	(7)	(8)
ODI	-0.005	-0.027	-0.032	-0.069	0.014	-0.025	-0.026**	-0.072***
	(0.703)	(0.158)	(0.341)	(0.783)	(0.466)	(0.437)	(0.032)	(0.004)
ODI×TFP		0.032**		0.043*		0.042		0.048**
		(0.032)		(0.064)		(0.226)		(0.012)
Innov	0.043**	0.044**	0.104**	0.095*	-0.058**	-0.056**	0.039	0.038
	(0.049)	(0.045)	(0.036)	(0.067)	(0.041)	(0.031)	(0.245)	(0.237)
Hc	0.154	0.150	0.094	0.067	0.244	0.200	0.307	0.323
	(0.288)	(0.297)	(0.653)	(0.748)	(0.445)	(0.529)	(0.338)	(0.302)
Open	0.680***	0.679***	0.393***	0.388***	0.693	0.625	0.891	0.796
	(0.000)	(0.000)	(0.001)	(0.001)	(0.215)	(0.261)	(0.802)	(0.333)
Nr	0.128**	0.128	0.493***	0.520**	0.188**	0.190**	-0.043	-0.044
	(0.039)	(0.738)	(0.041)	(0.038)	(0.020)	(0.018)	(0.564)	(0.533)
Ind	1.528***	1.528***	2.997***	2.913***	-0.045	-0.135	-0.287	-0.412
	(0.000)	(0.000)	(0.000)	(0.000)	(0.907)	(0.729)	(0.609)	(0.460)
C	-1.623***	-1.620***	-2.099***	-2.061***	-0.371	-0.328	-1.222	-1.194*
	(0.000)	(0.000)	(0.001)	(0.002)	(0.605)	(0.646)	(0.069)	(0.071)
R^2	0.6723	0.6755	0.6616	0.6692	0.2176	0.2365	0.1278	0.1458
Wald 检验	294.43	300.41	92.23	74.85	24.76	27.25	11.74	15.00
N	360	360	132	132	96	96	132	132

注：***、**、*分别表示 1%、5%、10%的显著性水平，小括号内为系数对应的 P 值。

型专利而言，能够对经济增长质量的提高做出贡献，但是，外观专利对于经济增长质量的提高作用有限，甚至可能由于投入大量的人力、物力而影响经济增长质量的提高。第二，在所有样本中，人力资本系数估计值不显著，但具有正向趋势，可能是由于我国人力资本对经济增长质量的影响存在门槛效应，只有当人力资本达到一定水平时，这种正向趋势的作用效果才会显著。第三，全样本和东部地区子样本中，对外开放度与经济增长质量之间存在显著的正相关关系，中、西部地区作用效果不明显，说明对外开放度只有超过一定的阈值，才能对经济增长质量发挥积极的促进作用。第四，除西部地区外，要素禀赋的系数估计值显著为正，说明自然资源禀赋对经济增长质量的影响并不确定，可能还与地区的产业结构相关，例如西部地区有丰富的自然资源，但是，过度依赖资源禀赋会造成产业结构的僵化，从而不利于西部地区经济增长质量的提高。第五，产业结构的系数特征表现不一，在全样本和东部地区子样本中显著为正，在中、西部地区子样本中不显著为负，这是因为东部地区以及我国整体上第三产业发展水平较高，中、西部地区较低，因此，产业结构对经济增长质量的影响具有差异性，从中可以推断出，产业结构对经济增长质量的影响也具有门槛效应。

(二) 分渠道检验结果

为了进一步考察技术寻求型 ODI 规模变化对经济增长质量的作用机制以及生产率因素在各渠道中发挥的作用，接下来，我们将通过考察经济增长质量的分解指标，即以经济增长效率、经济增长稳定性和经济增长可持续性三个分类指标为被解释变量进行对比分析，考察地区技术寻求型 ODI 规模变化和生产率作用差异形成的原因，见表 5.28。

按照经济增长效率分组检验，技术寻求型 ODI 规模的系数估计值不显著为负，说明技术寻求型 ODI 规模的增加对经济增长效率的提高具有阻碍作用，该结论与图中的分析相悖。然而，在控制生产率因素后，连乘项的系数估计值显著为正，我们有理由相信，技术寻求型 ODI 规模的增加能够促进经济增长质量的提高。

按照经济增长稳定性分组检验，技术寻求型 ODI 规模变化对经济增长稳定性具有正向效应的趋势。在控制生产率因素的作用下，技术寻求型 ODI 规模变化与经济增长稳定性之间呈显著的负相关关系。也就是说，生产率因素影响了技术寻求型 ODI 规模变化对经济增长稳定性的作用效果。

按照经济增长可持续性分组检验，技术寻求型 ODI 规模的系数估计值为 - 0.007，通过 5% 的显著性水平检验，说明技术寻求型 ODI 规模变化

表 5.28 总样本分渠道检验结果

变量	Effi		Stab		Sustain	
	(9)	(10)	(11)	(12)	(13)	(14)
ODI	-0.009	-0.137***	0.016	0.024	-0.007**	-0.014
	(0.588)	(0.000)	(0.279)	(0.251)	(0.038)	(0.299)
ODI×TFP		0.148***		-0.008**		0.007*
		(0.000)		(0.044)		(0.094)
Innov	0.042	0.045*	-0.145***	-0.145***	0.061***	0.059***
	(0.110)	(0.066)	(0.000)	(0.000)	(0.004)	(0.005)
Hc	0.446**	0.448**	-0.055	-0.053	0.003	0.006
	(0.031)	(0.023)	(0.722)	(0.734)	(0.979)	(0.955)
Open	0.615***	0.619***	-0.028	-0.029	0.387***	0.382***
	(0.000)	(0.000)	(0.751)	(0.745)	(0.000)	(0.000)
Nr	0.097	0.102	-0.172**	-0.176**	0.044	0.045
	(0.165)	(0.124)	(0.043)	(0.039)	(0.501)	(0.487)
Ind	-0.437	-0.424	2.496***	2.471***	0.120	0.125
	(0.239)	(0.228)	(0.000)	(0.000)	(0.638)	(0.624)
C	-1.354***	-1.391***	0.409	0.416	-0.727***	-0.723***
	(0.004)	(0.002)	(0.279)	(0.272)	(0.005)	(0.005)
R^2	0.2667	0.3403	0.3883	0.3858	0.6378	0.6355
Wald 检验	128.37	181.60	68.82	67.55	42.43	40.95
N	360	360	360	360	360	360

注：***、**、*分别表示 1%、5%、10%的显著性水平，小括号内为系数对应的 P 值。

会明显阻碍经济增长的可持续性。但是，在控制生产率因素的作用下，连乘项的系数估计值为 0.007，在 10% 的显著性水平下通过检验，说明技术寻求型 ODI 规模变化对经济增长可持续性的作用效果受到生产率因素的影响，即控制生产率因素的作用后，技术寻求型 ODI 规模变化与经济增长可持续性之间呈正相关关系。

（三）分时间检验结果

由前文分析可知，经济增长质量及其分类指标均具有明显地区性和异质性趋势，各样本中技术寻求型 ODI 规模变化经济增长质量及其分类指标的作用效果具有明显的差异性。为了克服样本的异质性问题，本节在进行地区分样本考虑的同时，对时间进行样本分割。考虑到 2008 年金融危机和 2013 年上海自由贸易试验区建立对我国经济及对外投资产生了重要影响，本小节选取 2005—2008 年、2009—2012 年、2013—2016 年三个时间区间，进一步分析三大区域对外投资在各渠道中的作用，结果见表 5.29。

从 2005—2008 年的数据看，在未控制生产率因素的作用下，对比三大区域的系数特征可以发现，该时期三大区域技术寻求型 ODI 规模变化对经济增长质量的提高都没有显著影响，东、中部地区具有正向效应趋势，西部地区具有负向效应趋势。从分类指标看，技术寻求型 ODI 规模对三大区域的效率均表现出显著的负向作用，对稳定性和可持续性则没有显著影响。在控制生产率因素的作用下，三大区域技术寻求型 ODI 规模变化对经济增长质量的影响依旧不显著，但是影响趋势均发生了逆转。对比两种情况下的结果，可以对 2005—2008 年的相关结论进行推断：第一，生产率因素能够影响技术寻求型 ODI 对经济增长质量及其分类指标的影响方向；第二，东部地区经济增长可持续性在综合评价体系中的影响力较强，经济增长效率和经济增长稳定性对经济增长质量的贡献相对较弱；第三，中、西部地区均无法确定何种分类指标的影响力最强，但可以确定的是经济增长效率指标对经济增长质量的贡献弱于其他两个分类指标的综合作用。这些结论与前文的测度结果分析一致，也十分符合我国区域经济发展特点。

从 2013—2016 年的数据看，三大区域在未控制生产率因素的条件下，其技术寻求型 ODI 规模变化对经济增长质量的作用呈现不同特点。总体看来，东、西部地区有负向效应，而中部地区具有正向效应；对分类指标进行分析，技术寻求型 ODI 规模扩张仅对中部地区经济增长效率表现出正向作用，此外还能增强西部地区经济增长的稳定性及可持续性，而对于东部地区的分类指标的影响均呈现负向作用，但其负向作用正逐渐递减。

表 5.29　分地区分时间段检验结果

变量	东部		中部		西部	
	ODI	ODI×TFP	ODI	ODI×TFP	ODI	ODI×TFP
2005—2008 年						
Quality	0.068 (0.519)	-0.012 (0.916)	0.009 (0.764)	-0.079 (0.488)	-0.001 (0.995)	0.020 (0.808)
Effi	-0.013*** (0.000)	0.343*** (0.000)	-0.037*** (0.000)	0.279** (0.005)	-0.017*** (0.000)	0.301*** (0.001)
Stab	-0.017 (0.788)	0.029 (0.626)	-0.007 (0.763)	0.022 (0.816)	-0.008 (0.804)	0.009 (0.924)
Sustain	0.090 (0.165)	-0.043 (0.475)	-0.017 (0.408)	0.134 (0.261)	-0.011 (0.746)	0.044 (0.625)
2009—2012 年						
Quality	-0.117* (0.061)	0.032 (0.241)	-0.037** (0.038)	0.098** (0.010)	-0.264** (0.013)	0.136* (0.059)
Effi	-0.192*** (0.000)	0.246*** (0.000)	-1.298*** (0.000)	0.522*** (0.000)	-0.126** (0.044)	0.649*** (0.000)

续表

变量	东部		中部		西部	
	ODI	ODI×TFP	ODI	ODI×TFP	ODI	ODI×TFP
Stab	0.034 (0.635)	0.028 (0.381)	0.096* (0.059)	-0.093* (0.054)	0.100 (0.135)	-0.100 (0.149)
Sustain	-0.099** (0.016)	-0.002 (0.909)	-0.014 (0.645)	0.008 (0.820)	0.045 (0.154)	-0.035 (0.390)
2013—2016 年						
Quality	-0.093 (0.132)	0.047** (0.033)	0.025 (0.558)	0.011 (0.740)	-0.004 (0.839)	0.040 (0.133)
Effi	-0.266* (0.078)	0.194*** (0.000)	0.077 (0.561)	0.089 (0.446)	-0.029 (0.621)	0.358*** (0.000)
Stab	-0.013 (0.798)	0.000 (0.978)	-0.006 (0.668)	-0.077 (0.353)	0.003 (0.842)	0.021 (0.169)
Sustain	-0.016 (0.557)	0.005 (0.558)	0.068 (0.128)	0.062* (0.071)	0.003 (0.773)	0.019 (0.101)

注：由于表格形式所限，因此未在此处汇报其他控制变量；为了方便对比，ODI 所在列的系数估计值为模型（1）的结果，ODI×TFP 所在列的系数估计值为模型（2）的结果；其余的同表。

在控制生产率因素的作用下，三大区域技术寻求型 ODI 规模变化对经济增长质量的影响趋势发生了显著转变。技术寻求型 ODI 规模对所有分类指标的影响方向发生了逆转，且相较于同样在控制生产率因素作用下的 2009—2012 年的数据，各区域技术寻求型 ODI 规模变化对于经济增长质量的正向作用进一步提升。这可能是因为：第一，技术寻求型 ODI 对经济增长质量的影响可能因各区域生产率进步状况的影响而存在较大差异，在控制该影响因素之后，可对比发现东部地区技术寻求型 ODI 对经济的反哺效应更为明显；第二，东西部地区经济增长效率对经济增长质量的贡献较强，经济转型升级已成为全国范围内各区域发展的必然趋势，在经济新常态以及政府政策的引领支持下，各区域继续扩大技术寻求型 ODI 规模，对于经济增长质量的影响已开始逐步显现出良好的发展态势。

（四）实证结果的综合分析

分区域检验说明，技术寻求型 ODI 规模变化对经济增长质量的作用效果存在区域异质性。其中，西部地区的技术寻求型 ODI 扩增显著抑制经济增长质量的改善，而在东部地区，其作用效果表现为不显著的负向趋势，在中部地区作用不显著。结合现实，本章认为此中原因可能是：第一，当西部地区的技术寻求型 ODI 规模扩增时，能够用于促进本地区经济增长的物质资本向外流出；第二，在东部地区已经对西部地区产生一定"虹吸"效应并导致劳动力与原材料流入东部地区的情况下，这一资本流出将对西部地区的本土经济增长质量产生消极影响；第三，各地区之间的经济基础本身存在差异。从东部、中部地区来看，物质资本向国外的流出对本土企业的研发投入造成"挤出"，因而与技术寻求型 ODI 渠道的知识溢出所能带来的积极作用产生"抵消"，从而表现出不显著的作用效果。与东、中部地区相比，西部地区的基础建设在完善程度上相对落后，且当地企业处于生产率低下状态的基数较大，这在一定程度上表征了西部技术吸纳能力的相对弱势，从而由技术寻求型 ODI 渠道获得的溢出难以促进经济增长质量提高。此外，控制生产率的调节效应后，各地区影响系数都显著为正。这说明，在分离地区生产率本身所表征的技术模仿吸纳能力所带来的影响后，技术寻求型 ODI 扩增对经济增长质量在各区域都显著促进了经济增长质量的改善。

针对技术寻求型 ODI 规模变化对经济增长质量的作用，本章将其分解为经济增长效率、经济增长稳定性和经济增长可持续性三个渠道分别检验。在控制生产率调节效应的作用后，结果表明技术寻求型 ODI 规模的扩增对经济增长效率、经济增长可持续性两方面都存在显著的促进作用，而对经济增长稳定性存在明显负向作用。其中原因可能是，一方面，技术寻求型ODI也使母国公司通过子公司获得了东道国的管理知识、技术分享等知识溢出，对经济增长效率起到积极作用；另一方面，在海外建设的公司与研究机构等，需嵌入当地的创新网络落户于东道国R&D聚集地，这将使母公司的发展受到更多因素的影响。例如，东道国内的经济波动或子公司难以获得技术优势以在当地站稳脚跟，都将增大母公司所受的风险，这也相应地提高了母国的经济增长不稳定性。

分地区分时间检验则说明，不同时间样本内，技术寻求型ODI规模变化对经济增长质量提高的贡献大多集中于对增长效率的提高，且控制生产率调节效应后其作用效果得到了增强。其中原因可能是，其一，由于经济增长质量存在继承性趋势，随着时间的推移，这一趋势并未改变。金融危机后，世界经济格局的调整以及上海自由贸易试验区给中国技术寻求型ODI带来机遇。其二，一些原本具有技术优势的海外企业受危机波动较大，出现资产缩水等现象，从而提高了国内企业进行海外并购的可能性，这也使得吸纳国外先进技术并将其转化到国内更加具有可操作性，因而对经济增长效率的促进作用得到提升。其三，经济受挫后，部分国家对多元化投资更为倡导，亟须获得海外投资，以激发本国陷入低迷的经济，放宽的投资限制使得我国企业在当地建立子公司的难度得到缓解。接着，通过子公司进行海外融资或将母公司的闲置资本对外输出，并由其与母公司之间的价值转移渠道将利润向母国输送，由子公司反哺使得母公司不仅获得技术知识溢出，还获得了资金反馈以投入深层次研发，进而提高经济增长效率。进一步分析，在不考虑生产率作用时，三大区域的技术寻求型ODI扩增都抑制了增长质量提高，其中对西部地区的消极影响最大，中部次之，东部居末，这足以说明：不立足于本土市场需求的深度挖掘而转向对外投资，可能会加大经济发展的负重，从而不利于经济增长质量的改善；中、西部地区经济基础不坚实且人口向东部流出，而东部地区依靠密集的人口，拥有可观的消费需求，从而企业存在继续研发创新并转化为产品的动机，因此东部经济增长质量受技术寻求型ODI扩增的消极作用最小。此外，考虑区域本身的生产率作用时，技术寻求型ODI扩增在中、西部地区都显著改善了经济增长质量，在东部地区也为正向促进趋势，但不显著，其中中部地区所受促进作用最大。联系现实，原因可能是，中部地区受东部地区辐射，且能够更为便利地从西部地区获得劳动力、原材料，这都使得该地区内企业进行技术寻求型ODI后，母公司依然拥有充足的可利用要素资源且发展机遇较多，此外，还能够获得逆向知识溢出促进技术优势的形成，这都为经济增长质量的提升做出贡献。

三、本节小结

为了探讨国内企业"走出去"所进行的技术寻求型 ODI 能否给经济增长质量带来改善，本章选取 2005—2016 年我国各省份数据分别进行分区域、分渠道、分时间的检验，得到如下结论：① 技术寻求型 ODI 规模变化对经济增长质量的影响作用存在区域异质性；② 控制生产率调节效应的作用后结果表明，技术寻求型 ODI 规模的扩增显著促进了经济增长效率、经济增长可持续性，而对经济增长稳定性存在明显负向作用；③ 纳入金融危机发生以及上海自由贸易试验区建立时间点进行分析后则发现，技术寻求型 ODI 规模变化对于经济增长质量提高的贡献大多集中于对增长效率的提高，且技术寻求型 ODI 扩增对三大区域都有积极作用，并且中部地区所受影响最大。

上述结论表明，技术寻求型 ODI 的规模扩增对于我国的良性经济增长具有促进作用，因而应当推动国内企业"走出去"，通过设立海外子公司、研究机构或实行海外并购等方式，融入发达国家创新网络，并由此获得技术知识溢出，提高本国经济增长质量。此外，应当在"走出去"中嵌入政府作用模块，妥善发挥政府的干预、引导作用，在尊重市场规则的前提下，帮助企业完善品牌建设，以推动世界品牌的建立，并对市场秩序、竞争秩序进行规范，建立知识产权保护机制，以限制本土企业恶性竞争，从而促进经济良性稳定地增长。

第五节   技术寻求型 ODI 与经济增长质量：
门槛效应检验①

一、研究设计

（一）基准模型及说明

本章第四节第一部分借助基础计量模型，分别从不同区域、不同渠道

---

①   本部分内容的相关研究成果发表于《上海商学院学报》2017 年第 5 期。

以及不同时点分析，阐明技术寻求型ODI的规模扩增对我国经济的良性增长具有促进作用，因而应当推动国内企业"走出去"。随着我国"走出去"战略的实施，中国经济与世界经济的内在联系越来越紧密，虽然进行技术寻求型ODI行为的企业愈发增多，但是对处于不同水平的经济增长质量、技术寻求型ODI规模以及TFP的企业，其技术寻求型ODI对经济增长质量的影响不同。因此，本章将基于第四节的基础面板模型(式(5.15))和偏效应模型(式(5.16))，对经济增长质量、技术寻求型ODI规模以及TFP进行分组，检验不同分组情况下，技术寻求型ODI对经济增长质量的影响。

上述基础模型可以分析不同条件下技术寻求型ODI对经济增长质量产生的不同影响。结合上文理论基础进一步分析，可见技术寻求型ODI对经济增长质量的影响可能并非为传统的线性关系，而是非线性的，即当某个或某几个相关变量突破某一阈值后，技术寻求型ODI对经济增长质量的边际作用系数将变得更大或更小，甚至其作用方向会相反。因此，本章将选择门槛模型进行深入研究。

(二) 门槛模型的设定

为了初步确定上述推测的合理性，本章将进一步分析技术寻求型ODI对经济增长质量影响的非线性关系。由第四章可知，TFP对国家经济增长以及对外投资存在较强的影响力，因此本章以生产率为门槛变量，研究在开放经济条件下，这种双重偏向冲击是否会因为生产率要素在发展过程中位置的差异而强化或减弱？现有ODI的相关研究表明，技术寻求型ODI多发生在一些经济发展水平和生产率较高的发达国家以及部分发展较好的发展中国家。可能的原因是，只有当东道国本身的经济水平和生产率达到一定水平之后，技术寻求型ODI才可能促进经济增长质量的发展。Borenztein(1998)形象地把这一现象称为"门槛效应"。对此，本章采用Hansen(1999)基于非线性计量方法发展的门槛回归模型，对该问题进行分析。本章以劳动生产率、全要素生产率、技术效率变化以及技术进步为门槛变量，利用门槛回归模型考察技术寻求型ODI规模对经济增长质量的影响。根据式(5.15)，本章设定技术寻求型ODI偏效应的单一、双重和多重(三重)模型，分别为：

$$\ln Eco_{it} = \alpha_0 + \alpha_1 \ln ODI_{it} + \alpha_2 \ln Innov_{it} + \alpha_3 \ln Hc_{it} +$$

$$\alpha_4 \ln Open_{it} + \alpha_5 \ln Nr_{it} + \alpha_6 \ln Ind_{it} +$$

$$\gamma_1 \ln ODI_{it} I(q_{it} \leqslant \varphi) + \gamma_2 \ln ODI_{it} I(q_{it} > \varphi) + \varepsilon_{it} \tag{5.19}$$

$$\ln Eco_{it} = \alpha_0 + \alpha_1 \ln ODI_{it} + \alpha_2 \ln Innov_{it} + \alpha_3 \ln Hc_{it} + \alpha_4 \ln Open_{it} + \\ \alpha_5 \ln Nr_{it} + \alpha_6 \ln Ind_{it} + \gamma_1 \ln ODI_{it} I(q_{it} \leqslant \varphi_1) + \\ \gamma_2 \ln ODI_{it} I(\varphi_1 < q_{it} \leqslant \varphi_2) + \gamma_3 \ln ODI_{it} I(q_{it} > \varphi_2) + \varepsilon_{it} \tag{5.20}$$

$$\ln Eco_{it} = \alpha_0 + \alpha_1 \ln ODI_{it} + \alpha_2 \ln Innov_{it} + \alpha_3 \ln Hc_{it} + \alpha_4 \ln Open_{it} + \\ \alpha_5 \ln Nr_{it} + \alpha_6 \ln Ind_{it} + \gamma_1 \ln ODI_{it} I(q_{it} \leqslant \varphi_1) + \\ \gamma_2 \ln ODI_{it} I(\varphi_1 < q_{it} \leqslant \varphi_2) + \gamma_3 \ln ODI_{it} I(\varphi_2 < q_{it} \leqslant \varphi_3) + \\ \gamma_4 \ln ODI_{it} I(q_{it} > \varphi_3) + \varepsilon_{it} \tag{5.21}$$

其中，i 表示个体，t 表示时间。技术寻求型 ODI 为受到门槛变量影响的解释变量。q_{it} 为门槛变量，鉴于门槛变量外生性的假定，本章中 q_{it} 值均采用相应门槛变量取对数值来表示。φ 为门槛值，$I(\cdot)$ 为指标函数，γ_1、γ_2、γ_3 和 γ_4 分别表示门槛变量在 $q_{it} \leqslant \varphi_1$、$\varphi_1 < q_{it} \leqslant \varphi_2$、$\varphi_2 < q_{it} \leqslant \varphi_3$ 以及 $q_{it} > \varphi_3$ 时解释变量对被解释变量的影响系数，$\varepsilon_{it} \sim iid(0, \sigma^2)$。

二、实证结果与分析

(一) 基准模型估计结果

首先，对各样本变量之间的共线性进行检验，发现所有变量的相关系数均未超过 0.7，初步判断不存在共线性问题。其次，为了精确起见，进一步考察方差膨胀因子 VIF，发现所有变量的膨胀方差因子 VIF 均小于 10，说明本章各变量之间不存在多重共线性问题。最后，为了控制异方差问题，对变量取自然对数。本章使用 LW 检验和 Hausman 检验判断各模型选择何种估计方法，限于文章篇幅，具体过程未在文中汇报，仅在各模型中呈现相关结果。为了系统地检验技术寻求型 ODI 规模变化对经济增长质量的影响，本章除考察全样本的情况外，还对样本进行了分组讨论，即按照经济增长质量高低、技术寻求型 ODI 规模多少和 TFP 大小三个标准进行分样本估计，具体结果见表 5.30。

按照经济增长质量分组进行检验，两组样本技术寻求型 ODI 规模的系数特征有显著的差异性。在本章的样本观察期内，经济增长质量高的地区，其技术寻求型 ODI 规模的系数估计值显著为正，说明扩大该地区技术寻求型 ODI 规模对其经济增长质量提高产生积极的促进作用；经济增长质

表 5.30 全样本与分组样本检验结果

变量	全样本	经济增长质量高	经济增长质量低	ODI 规模大	ODI 规模小	TFP 大	TFP 小
ODI	-0.024	0.005*	-0.002*	0.123**	-0.017	-0.003*	-0.039**
	(0.131)	(0.080)	(0.089)	(0.016)	(0.513)	(0.092)	(0.013)
Innov	0.055**	0.068**	0.066**	0.145***	-0.003	0.151***	0.142***
	(0.038)	(0.032)	(0.014)	(0.001)	(0.957)	(0.005)	(0.002)
Hc	0.329	-1.062***	-0.338	-2.163***	0.115	-1.088*	-0.658*
	(0.148)	(0.001)	(0.127)	(0.000)	(0.783)	(0.022)	(0.079)
Open	0.606***	0.331***	-0.311**	0.221*	-0.328	0.153	-0.252*
	(0.000)	(0.001)	(0.000)	(0.084)	(0.128)	(0.332)	(0.080)
Nr	0.111*	0.085	0.024	0.091	-0.038	0.114	0.062
	(0.095)	(0.306)	(0.692)	(0.459)	(0.743)	(0.387)	(0.580)
Ind	1.757***	0.769*	0.473	2.105***	1.608*	1.285*	2.872***
	(0.000)	(0.075)	(0.243)	(0.002)	(0.062)	(0.069)	(0.000)
C	-2.106***	1.505**	-0.277	1.887**	-0.811	0.393	-0.910
	(0.000)	(0.014)	(0.568)	(0.034)	(0.394)	(0.677)	(0.256)
R^2	0.6531	0.3542	0.2267	0.4899	0.0674	0.3063	0.2082
模型	re	re	re	fe	fe	re	re
Wald 检验	42.62	53.90	26.77	92.67	6.47	25.56	33.28
N	360	154	206	210	150	175	185

注：***、**、* 分别表示 1%、5%、10% 的显著性水平，小括号内为系数对应的 P 值；fe 表示固定效应，re 表示随机效应。

量低的地区，其技术寻求型 ODI 规模的系数估计值显著为负，说明继续扩大该地区的技术寻求型 ODI 规模不利于其经济增长质量的提高。据此可以得出一条符合我国经济发展现实的结论：技术寻求型 ODI 规模变化对经济增长质量的影响与各地区经济增长质量本身的发展水平相关。出现这种现象的原因可能是经济增长质量较高的地区综合能力较强，更易内化由技术寻求型 ODI 渠道引致的技术溢出，从而通过区域内产业集群促就联动发展，有利于整体经济增长质量的稳健提高。相反，经济增长质量较低的地区综合能力较弱，盲目扩大技术寻求型 ODI 规模可能会导致既不能有效内化国外先进技术，又对该地区的本土投资形成"挤出效应"。

　　按照技术寻求型 ODI 规模分组进行检验，技术寻求型 ODI 规模较大的样本，其系数显著为正，技术寻求型 ODI 规模较小的样本，其系数为负，但未通过显著性检验，说明扩大技术寻求型 ODI 规模对经济增长质量的作用效果与各地区技术寻求型 ODI 现有规模相关，在技术寻求型 ODI 规模达到一定水平前，这种作用具有并不明显的阻碍趋势；一旦技术寻求型 ODI 规模超过一定水平，继续扩大技术寻求型 ODI 规模将会显著提高该地区的经济增长质量。究其原因，主要是因为技术寻求型 ODI 规模达到一定水平后会出现资本累积效应，一方面，有能力并购海外品牌并进行资源整合，加快自主品牌国际化进程，从而实现扩大国际市场份额的目的；另一方面，拥有国外技术中心和研发队伍，与东道国企业建立合作研发关系等，提高跨国公司技术竞争力，并通过溢出渠道将这些先进技术溢出到国内，以实现国内技术进步，从而对国内经济增长质量的提高发挥积极的促进作用。

　　按照 TFP 分组进行检验，两组样本技术寻求型 ODI 规模对经济增长质量的影响系数并没有明显差异。整体而言，扩大技术寻求型 ODI 规模会显著抑制该地区经济增长质量的提高。TFP 较大的样本系数估计值为0.003，小于 TFP 较小的样本系数 0.039，说明 TFP 在一定程度上能够影响技术寻求型 ODI 规模的作用效果，且随着 TFP 的提高，技术寻求型 ODI 规模对经济增长质量的负向效应会逐步减小。由此可以推测，TFP 对技术寻求型 ODI 规模的作用效果有影响，并且可能存在"门槛"效应，也就是说，当 TFP 低于"门槛"值，技术寻求型 ODI 规模与经济增长质量之间存在负相关关系；当 TFP 跨过"门槛"值后，扩大技术寻求型 ODI 规模会显著提高经济增长质量。为了检验这种推测是否正确，我们控制 TFP 的作用，即引入 TFP 和技术寻求型 ODI 规模的连乘项，考察技术寻求型 ODI 规模对经济增长质量的直接影响，此时，全样本连乘项系数估计值可能会出

现 4 种结果：① 显著为负；② 不显著为负；③ 显著为正；④ 不显著为
正。若出现第一种情况，说明我们的推断有误。若出现其他三种情况，都
能初步判定我们的推测方向正确，但需要通过门槛回归模型做进一步检
验。其他样本可进行相似判断，不再一一赘述。

（二）偏效应模型估计结果

本小节利用偏效应模型，即在式（5.15）中引入技术寻求型 ODI 规模
与 TFP 的连乘项，在控制 TFP 作用下，进一步考察扩大技术寻求型 ODI 规
模对经济增长质量的作用效果。与式（5.15）回归逻辑一致，对包含技术
寻求型 ODI 规模与 TFP 连乘项的式（5.16）进行检验，检验结果见
表 5.31。

偏效应模型回归结果显示：全样本中技术寻求型 ODI 规模与 TFP 连乘
项对经济增长质量的提高具有显著促进作用，表明扩大技术寻求型 ODI 规
模对经济增长质量的作用效果受各地区出口企业 TFP 的影响，初步证实
我们的推断方向正确。接下来，进一步分析各分样本组的具体情况。首
先，考察经济增长质量样本组的连乘项系数估计特征，发现较高样本组系
数估计值显著为正，较低样本组系数估计值显著为负，说明控制 TFP 作
用后，技术寻求型 ODI 现有规模对技术寻求型 ODI 规模与经济增长质量之
间的关系相较于基础回归估计结果没有发生明显的变化，因此无法检验我
们的结论是否正确。其次，技术寻求型 ODI 规模样本组中连乘项系数估计
值均为正，规模较大的样本通过 1% 的显著性水平检验。从规模较小的样
本可以看出，控制 TFP 作用后，技术寻求型 ODI 规模对经济增长质量的作
用方向发生了改变。最后，TFP 样本组中连乘项系数估计值均显著为正，
控制 TFP 作用后，技术寻求型 ODI 规模对经济增长质量的作用方向发生了
本质性改变，也就是说，在不考虑其他因素影响的情况下，控制 TFP 作
用后，扩大技术寻求型 ODI 规模有利于经济增长质量的提高。因此，从全
样本、经济增长质量较低的样本、技术寻求型 ODI 规模较小的样本以及
TFP 样本组可以初步证实 TFP 对技术寻求型 ODI 规模的作用效果有影响。
此外，对比表 5.30 和表 5.31 发现，式（5.15）中核心解释变量和控制变量
的系数估计特征均与式（5.15）一致，说明模型是稳健的，对推测的检验
可信度较高。

观察控制变量发现，其一，就创新而言，仅技术寻求型 ODI 规模较小
的样本与经济增长质量呈负相关关系，说明创新并非影响该地区经济增长
质量的主要因素。同时，人力资本仅在该地区对经济增长质量的作用具有

表 5.31　全样本与分组样本偏效应检验结果

变量	全样本	经济增长质量高	经济增长质量低	ODI 规模大	ODI 规模小	TFP 大	TFP 小
ODI	-0.116	0.230**	-0.004*	0.165*	-0.175	-0.656***	-0.443**
	(0.820)	(0.024)	(0.095)	(0.012)	(0.197)	(0.006)	(0.018)
ODI×TFP	0.094**	0.231**	-0.006*	0.294***	0.158	0.642***	0.407**
	(0.015)	(0.020)	(0.092)	(0.003)	(0.236)	(0.005)	(0.030)
Innov	0.053**	0.075**	0.067**	0.136***	-0.007	0.155***	0.144***
	(0.044)	(0.020)	(0.014)	(0.002)	(0.908)	(0.003)	(0.002)
Hc	0.312	-1.144***	-0.337	-1.991***	0.016	-1.193**	-0.660*
	(0.171)	(0.000)	(0.130)	(0.000)	(0.970)	(0.013)	(0.079)
Open	0.607***	0.317**	-0.312***	0.212*	-0.295	0.161	-0.295**
	(0.000)	(0.002)	(0.000)	(0.095)	(0.180)	(0.301)	(0.041)
Nr	0.108	0.092	0.024	0.084	-0.035	0.146	0.036
	(0.101)	(0.272)	(0.691)	(0.496)	(0.765)	(0.273)	(0.748)
Ind	1.765***	0.973**	0.473	1.962***	1.624*	1.422**	3.080***
	(0.000)	(0.027)	(0.244)	(0.005)	(0.062)	(0.042)	(0.000)
C	-2.055***	1.539	-0.283	1.654*	-0.585	0.416	-0.894
	(0.000)	(0.013)	(0.565)	(0.062)	(0.550)	(0.656)	(0.265)
R^2	0.6551	0.3761	0.2269	0.5137	0.0639	0.3324	0.2253
模型	re	re	re	re	re	re	re
Wald 检验	54.33	54.79	26.84	99.92	7.79	32.74	38.64
N	360	154	206	210	150	175	185

注：***、**、*分别表示 1%、5%、10%的显著性水平，小括号内为系数对应的 P 值；re 表示随机效应。

正向趋势，即加大该地区人力资本投入力度可能有利于当地经济增长质量提高。其二，对外开放度在各样本组中对经济增长质量的作用具有差异性，只有在经济增长质量较高或技术寻求型ODI规模较大的地区，对经济增长质量发挥积极的促进作用，说明对外开放度对我国各地区经济增长质量的提高作用大小和方向并不统一，与该地区的具体情况相关。其三，从资源禀赋和产业结构来看，整体而言，资源禀赋对经济增长质量的提高效果不显著，产业结构对经济增长质量的提高有显著的促进作用，其作用机制在于单纯地依赖自然资源禀赋容易陷入产业结构僵化陷阱，只有积极迎合全球经济发展潮流，实现产业结构转型升级，才能有利于经济增长质量的提高。

（三）门槛模型估计结果

上文实证表明，TFP的大小影响该地区技术寻求型ODI规模变化对经济增长质量的提高的作用效果，为了分析TFP变动的源泉，本节进一步将TFP分解为技术效率和技术进步①，分别以全要素生产率、技术效率和技术进步为门槛变量，利用门槛回归模型测度三者的具体门槛特征，以此研究技术寻求型ODI规模变化对经济增长质量的作用效果。此外，考虑到我国产业仍属于劳动密集型产业，因此，将劳动生产率纳入分析框架进行对比分析。首先，进行门槛效果检验，确定门槛模型的形式，得到的F统计量和相应的P值，见表5.32。

表 5.32　门槛效应检验

变量	符号	门槛数量	门槛检验	门槛值	95% 置信区间
劳动生产率	LP	单一门槛	13.589***(0.000)	0.527	[0.482, 0.647]
		双重门槛	4.004*(0.067)	0.603	[0.562, 0.612]
		三重门槛	0.287(0.700)	0.771	[0.589, 0.791]
全要素生产率	TFP	单一门槛	17.382**(0.033)	0.732	[0.714, 1.047]
		双重门槛	4.261*(0.057)	1.489	[1.006, 1.496]
		三重门槛	0.000(0.103)	1.549	[1.262, 1.632]

① 对于 TFP 的分解，本书采用王姗姗、屈小娥（2011）的定义："技术进步是保持投入组合不变下产出的额外增长率，不仅包括技术、工艺的创新和引进，也包括制度改革带来的红利。技术效率衡量生产单元是否达到技术与规模同时有效，可进一步分解为纯技术效率和规模效率。其中纯技术效率反映在现有条件下行业创新的投入产出水平，规模效率衡量决策单元是否处于最适规模，规模效率一般随生产过程的变化呈'倒 U 型'变化。"

续表

变量	符号	门槛数量	门槛检验	门槛值	95% 置信区间
技术进步	TD	单一门槛	36.358***(0.000)	0.951	[0.786, 1.020]
		双重门槛	12.543***(0.010)	1.154	[1.147, 1.154]
		三重门槛	−22.489(0.770)	1.562	[1.361, 1.697]
技术效率	TE	单一门槛	3.928**(0.019)	0.945	[0.846, 1.069]
		双重门槛	2.560(0.113)	1.133	[1.001, 1.152]
		三重门槛	0.640(0.103)	1.562	[1.072, 1.612]

注：***、**、* 分别表示在 1%、5%、10% 的显著性水平上拒绝原假设。

　　门槛效应检验表明，劳动生产率、全要素生产率以及技术进步的双重门槛效果通过了显著性检验，技术效率的单一门槛通过了 5% 的显著性检验，因此劳动生产率、全要素生产率以及技术进步符合双重门槛模型，技术效率应当使用单一门槛回归模型。各门槛变量对应的门槛值以及 95% 置信区间见表 5.32。

　　按照劳动生产率和全要素生产率的影响途径进行门槛检验，结果见表 5.33。第一，劳动生产率可分为高水平($LP > 0.603$)、中等水平($0.527 < LP \leqslant 0.603$)和低水平($LP \leqslant 0.527$)，当地区劳动生产率水平过高或过低时，技术寻求型 ODI 规模系数均显著为负，说明该地区技术寻求型 ODI 规模的增加都将不利于经济增长质量的提高。只有当劳动生产率水平处于中等水平时，该地区技术寻求型 ODI 规模的增加才能有效地提高经济增长质量。本章认为原因可能是，过低的劳动生产率意味着本土企业生产效率的低下，侧面体现了技术水平的相对落后，不利于对于技术寻求型 ODI 逆向技术溢出的学习吸纳，故而呈现出对经济增长质量的负向作用。再者，就对外投资类型而言，水平型技术寻求型 ODI 相较更能够获得逆向技术溢出，此时进行技术寻求型 ODI 行为的企业主要在海外销售市场所在国建立研发设计中心等，一味提高劳动生产率，无法形成本国的要素优势，反而会有落入"比较优势陷阱"的风险，因此对于经济增长质量的提高产生抑制作用。第二，当 TFP 水平较低时($TFP \leqslant 0.799$)，技术寻求型 ODI 规模的增加对经济增长质量的提高存在显著的阻碍作用。随着 TFP 水平的不断提高($0.799 < TFP \leqslant 1.265$)，技术寻求型 ODI 规模的增加对经济增长质量提高的反向作用越来越不明显，并且，当 TFP 超过一定水平后($TFP > 1.265$)，技术寻求型 ODI 规模的系数为 0.038，在 5% 的显著性水平下通过检验，说明技术寻求型 ODI 规模的增加将明显有利于经济增长质量的提高。全要素生产率处于高水平，也即本国自主创新能力与生产效率都进入了较高水平阶段。此时，国内进行技术寻求型 ODI 行为的企业更具技术优势，能够更好地在海外进行市场扩张，相应地也增大了获得逆向技术溢出的可能性，同时，高水平的全要素生产率也表征了本土具有较好的学习吸纳能力，有助于逆向技术被学习吸收，从而对经济增长质量的提高起到显著积极作用。

表 5.33　门槛模型估计结果

变量	劳动生产率	全要素生产率	技术进步	技术效率
Innov	0.094**	0.144***	0.094**	0.143***
	(0.037)	(0.000)	(0.025)	(0.000)
Hc	− 0.888**	− 0.407	− 1.113***	− 0.375
	(0.038)	(0.245)	(0.006)	(0.292)
Open	− 0.155	− 0.078	− 0.156	− 0.030
	(0.198)	(0.502)	(0.163)	(0.796)
Nr	0.043	0.238*	0.042	0.192
	(0.703)	(0.058)	(0.687)	(0.132)
Ind	2.940***	2.425***	3.095***	2.366***
	(0.000)	(0.000)	(0.000)	(0.000)
区间 1	− 0.027**	− 0.044*	− 0.019**	− 0.025
	(0.027)	(0.058)	(0.033)	(0.259)
区间 2	0.027**	− 0.021	0.070***	− 0.061**
	(0.026)	(0.320)	(0.001)	(0.031)
区间 3	− 0.026**	0.038**	0.031**	
	(0.228)	(0.015)	(0.013)	
C	− 0.058	− 1.435**	0.351	− 1.443**
	(0.943)	(0.046)	(0.646)	(0.048)
R^2	0.1869	0.2158	0.2255	0.2090
F 统计量	4.24	4.78	6.20	4.35
N	360	360	360	360

注：区间 1 ~ 区间 3 为不同门槛区间技术寻求型 ODI 变量的系数。

进一步按照全要素生产率分解后的影响途径进行门槛检验，第一，当技术进步处于较低水平时（$TD \leq 0.951$），技术寻求型 ODI 规模的增加不利于经济增长质量的提高。随着技术的不断进步（$0.951 < TD \leq 1.154$），这种不利影响将会发生扭转，此时技术寻求型 ODI 规模的系数显著为正（系数值为 0.07）。但是，一旦技术进步水平超过 1.154，技术寻求型 ODI 规模的系数值将减小到 0.031，说明技术进步水平达到 0.951 后，技术进步能够扩大技术寻求型 ODI 规模变化对经济增长质量提高的影响，并且，随着技术进步水平的进一步提高（超过 1.154），这种扩大作用将会变小。产生这一现象的原因可能是，技术进步在未达到阈值时的不断提升，能够将技术寻求型 ODI 对于经济增长质量提高的消极作用逆转为正向积极作用，同时，通过技术寻求型 ODI 渠道逆向溢出吸纳学习所得的技术在本国技术进步水平达到一定基础条件时才能够促进经济增长质量的稳健提升。此外，超过阈值后，源自学习吸纳技术寻求型 ODI 对象所在国企业而来的技术进步，将因为本国自主创新的缺失而表现出对提高经济增长质量的积极作用降低。第二，技术效率水平较低时（$TE \leq 0.945$），技术寻求型 ODI 规模的系数为负，但未通过显著性检验。当技术效率水平超过 0.954 时，技术寻求型 ODI 规模的系数值为 -0.061，在 5% 的显著性水平下通过检验，说明较低的技术效率（$TE \leq 0.945$）使得技术寻求型 ODI 规模变化与经济增长质量提高之间的关系不明显，而较高的技术效率（$TE > 0.945$）使得技术寻求型 ODI 规模变化与经济增长质量提高之间存在显著的负相关关系[①]。结合现实，本章认为，较高的技术效率在技术寻求型 ODI 情境下体现为对来自发达国家的逆向技术溢出的高效应用，虽反映了本土企业较好的学习吸纳能力，但长远来看也表现出本土企业对研发投入、自发技术创新的忽视，从而不利于经济增长质量的提高。

总的来说，TFP 对 ODI 规模变化提升经济增长质量的调节作用具有双门槛效应，在不同劳动生产率和全要素生产率的门槛区间内，ODI 规模对经济增长质量的影响具有非线性特征。首先，劳动生产率越高，ODI 规模变化越阻碍经济增长质量的提升。这是由于中西部地区的剩余劳动力向东部地区转移，在整体上会表现出生产率提高，然而高技能劳动力与高素质管理人员依然处于供给不足的状态，此时若一味提高劳动生产率，只是在使低技能劳动力向饱和状态靠近，无法促进形成本国的要素优势，反而会有落入"比较优势陷阱"的风险，因此对经济增长质量的提高产生抑制作

---

① 这种现象与预期相违背，原因可能是我国各地区的技术效率均处于较低水平。

用。其次，全要素生产率越高，一方面，意味着本国自主创新能力与生产效率都进入了较高水平阶段。此时，国内进行ODI行为的企业更具技术优势，能够更好地在海外进行市场扩张，相应地也增大了获得逆向技术溢出的可能性。另一方面，全要素生产率的提高也表征了本土具有较好的学习吸纳能力，有助于逆向技术被学习吸收，从而对经济增长质量的提高起到显著积极作用。最后，全要素生产率可以进一步分解为技术进步和技术效率，当本国技术水平较低时，一方面，由于没有足够的技术积累和吸收能力来承接逆向技术溢出；另一方面，源自学习吸纳ODI对象所在国企业而带来的技术进步，将因为本国自主创新的缺失而表现出对提高经济增长质量的积极作用降低。但随着本国技术进步的提升，学习能力的增强，能够有效地消化吸收学习国外先进的技术，从而促进经济增长质量的稳健提升。

（四）实证结果的综合分析

首先，ODI规模变化对经济增长质量具有显著的负向影响，而且地区的现有ODI规模和TFP水平都能影响ODI规模变化对经济增长质量的作用。其原因可能在于我国的对外直接投资起步较晚，规模比较小，产业、区域分布不够合理。ODI的逆向技术溢出效应还比较小，没有真正发挥出作用。ODI规模扩大能提升经济增长质量，原因可能是ODI规模达到一定水平后会出现资本累积效应，一方面，有能力并购海外品牌并进行资源整合，加快自主品牌国际化进程，从而实现扩大国际市场份额的目的；另一方面，拥有国外技术中心和研发队伍，与东道国企业建立合作研发关系等，提高跨国公司技术竞争力，并通过溢出渠道将这些先进技术溢出到国内，以实现国内技术进步，从而对国内经济增长质量的提高发挥积极的促进作用。地区TFP越小，ODI规模变化会阻碍经济增长质量的提升。TFP较小，表明该地区的技术水平和吸收能力低，技术溢出中能有效吸收的是与自身技术差距较小的、技术含量较低的知识和技术，因而不能提升各地区的经济增长和技术进步。

其次，TFP对ODI规模变化提升经济增长质量具有积极的调节作用，而且这种积极作用随着地区经济增长质量提高、ODI规模扩大和TFP的增大而变大。出现这种现象的原因可能是对外投资企业通过到发达国家投资，学习和获取当地先进技术资源，能迅速提升自身技术水平并进一步传导回国内，导致国内产业技术和生产率的进步，引起资源配置效率的提高，并最终带来经济增长质量的提升。地区经济增长质量越高，其综合能力越强，更易内化由技术寻求型 ODI 渠道引致的技术溢出，从而通过区域内产业集群促进联动发展，有利于整体经济增长质量的稳健提高。相反，经济增长质量较低的地区，其综合能力较弱，盲目地扩大 ODI 规模可能会导致既不能有效内化国外先进技术，又对该地区的本土投资形成"挤出效应"。地区的 TFP 越大，表明该地区的技术水平相对较高，企业模仿学习能力较强，技术转移与扩散效应大，ODI 扩大对经济增长质量的提升作用越明显。

最后，由本章第五节可知，在劳动生产率和全要素生产率变量的约束下，技术寻求型 ODI 规模变化对我国经济增长质量具有较为复杂的非线性影响，且这种影响存在一定的差异。因此，为了进一步探讨这种差异性，本部分将基于两个门槛的不同维度，进一步探析技术寻求型 ODI 规模影响经济增长质量的空间样本分布特征。

在劳动生产率门槛条件下，研究样本多集中在第二门槛区间和第三门槛区间，表明当劳动生产率处于中高水平时，全国大部分地区的技术寻求型 ODI 规模扩张对经济增长质量的影响力度处于 0.527 ~ 0.603 的水平，但是负向的影响强度会随劳动生产率的提高而有所下降。此外，中西部地区由于受到历史和地理因素的制约，工农业基础薄弱且人力资源落后，部分地区仍处于较低的劳动生产率水平。虽然在该门槛区间内技术寻求型 ODI 规模扩张对于经济增长质量的影响力度为正，但是该系数不显著，并且维持较低的劳动生产率水平，以保证技术寻求型 ODI 规模扩张促使经济增长质量的提高，这并不是一个可持续发展的长远之策。因此，对于处在较低劳动生产率水平的中西部欠发达地区来说，积极吸纳东部地区转移的资金、技术和人才，同时注重本地教育水平的提升，以改善劳动生产率水平并摆脱低效生产的假象和困境，尽快赶上东部发展的脚步；而对于已跨越了第三门槛值的东部发达省市来说，一方面，要发挥优势承担起帮助中西部发展的重任；另一方面，更要率先突破现状，达到在较高的劳动生产率水平上技术寻求型 ODI 规模扩张对经济增长质量的正向影响作用。

而在全要素生产率门槛条件下，研究样本主要分布于第二门槛区间，即多数地区的技术寻求型 ODI 规模扩张对经济增长质量的影响力度还较小。东部作为全国最有经济活力的地区，其环渤海经济区的中心地带由于具有得天独厚的经济和政治环境，全要素生产率水平已跨越了第三门槛值，此时技术寻求型 ODI 规模扩张对经济增长质量的影响力度已达到 1.489 的较高水平。但我们也看到，部分地区的全要素生产率水平尚处于第一门槛区间，技术寻求型 ODI 规模扩张对经济增长质量产生了负面影响。因此对于东部地区来说，区域经济发展的不平衡性导致全要素生产率水平在各地区间存在较大差异，加快要素升级以及结构优化的步伐，从而激发区域经济发展的内在活力，这已成为东部地区全面提高全要素生产率迫切需要解决的问题；而对于我国中西部地区来说，也应进一步提高全要素生产率水平，早日迈入最优门槛区间，扭转技术寻求型ODI规模扩张制约经济增长质量提高的不利局面，从而强化技术寻求型ODI规模扩张对经济增长质量的显著正向作用。

三、本节小结

在我国"走出去"战略实施背景下，中国经济与世界经济的内在联系越来越紧密，进行技术寻求型ODI行为的企业愈发增多，随之国内经济受到技术寻求型ODI的作用影响也逐渐增大，为了探究这一推动力下的经济增长是否具有可持续性，也即经济增长质量如何，因而本章在第四章相关模型的基础上，采用全样本和按经济增长质量、技术寻求型ODI规模、TFP水平分类的子样本分别进行检验。研究发现：①技术寻求型ODI规模变化对经济增长质量具有一定直接影响，且在经济增长质量高、技术寻求型ODI规模较大的地区，积极作用更显著，而由于逆梯度技术寻求型ODI过程中遭遇的技术差距阻碍等约束，按TFP分类的子样本则表现出技术寻求型ODI抑制经济增长质量提高的现象。②进一步考察TFP对于技术寻求型ODI提高经济增长质量过程的调节效应，发现地区全要素生产率水平的高低对于技术寻求型ODI提高经济增长质量的作用效果存在影响，且在TFP水平更高的地区前述作用效果更强。③为了探究TFP的这一调节效应是否存在门槛特征，将生产率分解为劳动生产率、全要素生产率，以及由全要素生产率分解为技术效率与技术进步，从三方面进行门槛检验，结果发现劳动生产率存在"双门槛"特征，在其中等水平区间内技术寻求型ODI才能有效促进技术水平提高，进行技术寻求型行为的企业若一味提高劳动生产率，将有陷入"比较优势陷阱"的风险；同样，全要素生产率也具有"双门槛"特征，然而作用效果却并不相同，只有在TFP高水平区间内，技术寻求型ODI才能正向促进经济增长质量的提高。④基于劳动生产率和全要素生产率这两个门槛变量的不同维度考察空间样本分布特征，结果表明，全国大部分地区由于经济发展的不平衡性而导致劳动生产率以及全要素生产率水平出现区域差距，现阶段，在此门槛条件下，各地区仍不足以保证技术寻求型ODI的规模扩张能对经济增长质量产生极大的促进作用。

第六章　对外直接投资、逆向技术溢出与经济增长质量实证研究

第一节　ODI 逆向技术溢出与经济增长质量：门槛效应检验[①]

一、计量模型构建

考察在对外直接投资基础上产生的逆向技术溢出对我国经济增长的影响方式是本书的主要任务，故为了尽可能合理且稳健地研究它们之间的作用关系，本书采用以下两个步骤构造分析模型。

第一步，构建基本经验模型，研究 ODI 逆向技术溢出对经济增长质量产生的直接影响。本书首先借鉴 Coe & Helpman(1995)最早提出的用于验证技术获取型 ODI 逆向溢出效应的国际 R&D 溢出模型，使用 R&D 资本存量来衡量 ODI 逆向技术溢出。然后仿照 L-P 模型（Pottelsberghe & Lichtenberg，2001）的做法，对 C-H 模型进行修正，将对经济增长质量产生重要影响的因素，如创新程度、资源禀赋等作为控制变量引入计量方程。最终，设定本书的基础面板数据回归模型如下：

$$Eco_{it} = \alpha_0 + \alpha_1 S_{it}^{ODI} + \alpha_2 Innov_{it} + \alpha_3 Open_{it} +$$
$$\alpha_4 Nr_{it} + \alpha_5 Ind_{it} + \varepsilon_{it} \tag{6.1}$$

其中，Eco 是经济增长质量指标，包括经济增长效率、经济增长稳定性和经济增长可持续性。S_{it}^{ODI} 代表 i 省 t 年通过 ODI 渠道得到的逆向技术溢出，α_i 表示 ODI 逆向技术溢出对经济增长质量的直接影响。$Innov$ 表示创新程度，$Open$ 表示对外开放度，Nr 表示资源禀赋，Ind 表示产业结构，下

[①]　本部分内容的相关研究成果发表于《财经问题研究》2018 年第 10 期。

标 i 和 t 分别表示不同的省份和年份，ε_{it} 为随机项。此外，部分学者(刘琛和卢黎薇，2006)在对外商直接投资与经济增长进行时滞效应的动态分析时，发现在不同途径上外商直接投资对我国经济增长的促进作用存在不同的滞后期；赵娜和张晓峒(2008)的研究表明，外商直接投资可以通过资本积累、技术溢出和产业结构优化等效应促进我国的经济增长，但同样发现外商直接投资对各种不同具体效应的时滞期各不相同。本书受到上述学者的启发，考虑 ODI 逆向技术溢出对我国的经济增长可能也具有时滞效应，因此，在上述模型的基础上，在式(6.1)的右边加入 ODI 逆向技术溢出的滞后项，即可得到动态模型。

第二步，借鉴 Hansen(1999)的门槛回归模型，分析在不同情况下，逆向技术溢出对经济增长质量的门槛效应，其思想是将门槛值作为一个未知变量纳入实证模型，构建解释变量回归系数的分段函数，并对所得到的门槛值及门槛效应进行一系列估计和显著性检验。Borensztein(1998)认为，只有当某个地区的经济发展超越了一定的"门槛"水平，才可能对外商直接投资的技术外溢效应进行充分利用，这就是"门槛效应"。在上述理论的基础上，本书认为，类似于外商直接投资，ODI 的逆向技术溢出效应也具有"门槛效应"特点：只有当 ODI 逆向技术溢出效应超越了"门槛"水平，ODI 才能促进经济增长质量。因此，本书选取 ODI 逆向技术溢出作为门槛变量，构建单一门槛模型，见式(6.2)。

$$Eco_{it} = \alpha_0 + \alpha_1 S_{it}^{ODI} + \alpha_2 Innov_{it} + \alpha_3 Open_{it} + \alpha_4 Nr_{it} + \alpha_5 Ind_{it} + \lambda_1 S_{it}^{ODI} \cdot$$
$$I(ODI_{it} \leq \varphi) + \lambda_2 S_{it}^{ODI} \cdot I(ODI_{it} > \varphi) + \varepsilon_{it} \qquad (6.2)$$

此外，由于在经济增长的过程中，经济增长质量主要包含经济增长的效率和稳定性；从经济增长结果的角度来看，则还需要将经济增长带来的对生态环境的影响等诸多因素考虑在内。所以，本书采取的做法是将经济增长质量指标分解为经济增长效率($Effi$)、经济增长稳定性($Stab$)和经济增长可持续性($Sustain$)三类，以经济增长效率($Effi$)作为被解释变量，在式(6.2)的基础上，设定单一门槛模型，如式(6.3)所示。

$$Effi_{it} = \beta_0 + \beta_1 S_{it}^{ODI} + \beta_2 Innov_{it} + \beta_3 Open_{it} + \beta_4 Nr_{it} + \beta_5 Ind_{it} + \gamma_1 S_{it}^{ODI} \cdot$$
$$I(ODI_{it} \leq \varphi) + \gamma_2 S_{it}^{ODI} \cdot I(ODI_{it} > \varphi) + \varepsilon_{it} \qquad (6.3)$$

在式(6.2)和式(6.3)中，S_{it}^{ODI} 为受到门槛变量影响的解释变量，ODI_{it} 为门槛变量，$I(\cdot)$ 为指示函数，当 $ODI_{it} \leq \varphi$ 时，$I(\cdot) = 1$；当 $ODI_{it} > \varphi$ 时，$I(\cdot) = 0$。λ_1、λ_2 和 γ_1、γ_2 分别表示指示函数的值等于 1 或者 0 时解释变量对被解释变量的影响系数。双重和多重门槛模型均可在式(6.4)的基础上扩展得到。同理，可以得到由经济增长稳定性($Stab$)和经济增长可持续性($Sustain$)作为被解释变量的单一、双重和多重门槛模型。

除了考虑到 ODI 逆向技术溢出可能存在门槛效应，本书还进行了如下两方面尝试。一方面，鉴于部分学者的研究(李梅和柳士昌，2012)表明，对外直接投资在中国省份的逆向技术溢出存在明显的区域差异，故在此基础上，本书将我国划分为东、中、西三大区域，并分别考察 ODI 逆向技术溢出对经济增长效率、经济增长稳定性和经济增长可持续性的门槛效应。另一方面，为了能够较准确地分析 ODI 逆向技术溢出对我国经济增长质量的影响，本书还引入了吸收能力作为门槛变量，结合以往学者选取吸收能力指标的经验，将如国内研发程度、对外开放程度等指标作为门槛变量(尹东东和张建清，2016)。本书选取人力资本(Hc)、研发强度(Rd)和技术差距(Tg)作为影响 ODI 逆向技术溢出对经济增长质量的异质性吸收能力的门槛变量，以人力资本为例，设定如下单门槛变量模型，如式(6.4)、式(6.5)、式(6.6)：

$$Effi_{it} = \mu_0 + \mu_1 S_{it}^{ODI} + \mu_2 Innov_{it} + \mu_3 Open_{it} + \mu_4 Nr_{it} + \mu_5 Ind_{it} +$$
$$\theta_1 S_{it}^{ODI} \cdot I(Hc_{it} \leq \varphi) + \theta_2 S_{it}^{ODI} \cdot I(Hc_{it} > \varphi) + \varepsilon_{it} \qquad (6.4)$$

$$Stab_{it} = \eta_0 + \eta_1 S_{it}^{ODI} + \eta_2 Innov_{it} + \eta_3 Open_{it} + \eta_4 Nr_{it} + \eta_5 Ind_{it} +$$
$$\rho_1 S_{it}^{ODI} \cdot I(Hc_{it} \leq \varphi) + \rho_2 S_{it}^{ODI} \cdot I(Hc_{it} > \varphi) + \varepsilon_{it} \qquad (6.5)$$

$$Sustain_{it} = \varphi_0 + \varphi_1 S_{it}^{ODI} + \varphi_2 Innov_{it} + \varphi_3 Open_{it} + \varphi_4 Nr_{it} + \varphi_5 Ind_{it} +$$
$$\sigma_1 S_{it}^{ODI} \cdot I(Hc_{it} \leq \varphi) + \sigma_2 S_{it}^{ODI} \cdot I(Hc_{it} > \varphi) + \varepsilon_{it} \qquad (6.6)$$

式(6.4)~式(6.6)中，门槛变量为人力资本，对上述式子进行扩展，即可得到双重、多重门槛模型，参照上式，也可以得到选取研发强度、技术差距作为门槛变量的模型。

(一)变量定义与来源说明

本书的样本数据来源于《中国统计年鉴》《中国科技统计年鉴》《中国六十年统计资料汇编》《中国对外直接投资统计公报》以及各省、直辖市的统计年鉴，部分来源于 OECD 的 Factbook。选用的样本期间为 2004—2015年，样本包括我国的 31 个省市自治区，并按照地理分布特征将它们分为东部、中部和西部三大地区。[①]参考已有文献对 ODI 逆向技术溢出与经济

---

① 东部地区包括北京、天津、河北、辽宁、上海、江苏、浙江、福建、山东、广东和海南11 个省份；中部地区包括山西、吉林、黑龙江、安徽、江西、河南、湖北以及湖南 8 个省份；其余省市内蒙古、广西、重庆等 12 个省份属于西部地区。

增长质量的研究，本书对式(6.1) ~ 式(6.6)中的各变量进行了说明，见表6.1。

表 6.1　各变量说明及相关解释

各变量	变量含义	相关解释
Eco	经济增长质量	基于随洪光(2013)的观点，从增长的效率、增长的稳定性和增长的可持续性三大视角选取31项基础指标构建经济增长质量①
$SODI$	ODI 逆向技术溢出	参照李梅和柳士昌(2012)的计算方法，$S_{it}^{ODI} = ODI_t / Y_t S_t$，$ODI_t$表示我国对外直接投资额②，$S_t$ 和 Y_t 分别为研发资本存量与生产总值
Hc	人力资本	沿用 Barro & Lee(1993)提出的劳动力平均受教育年限法
Rd	研发强度	采用国内研发经费支出与生产总值的比值
Tg	技术差距	采用中国的资本密集度与他国的资本密集度之比来测算
$Innov$	创新程度	采用各省每年的 3 种专利批准量与受理数之比来表示
$Open$	对外开放度	公式为：$Open_{it} = (Im_{it} + Ex_{it}) / GDP_{it}$，$Im_{it}$、$Ex_{it}$ 分别表示 i 省 t 年的进口贸易量和出口贸易量
Nr	资源禀赋	采用能源产出(万吨标煤)与国内生产总值(亿元)之比表示
Ind	产业结构	采用第三产业产值与国内生产总值的比值表示

表 6.1 中的变量大致上可以分为被解释变量和解释变量两类，其中解释变量又包括主要解释变量(ODI 逆向技术溢出)、门槛变量(吸收能力指标)和控制变量(创新程度、对外开放、资源禀赋、产业结构)。对于各解释变量，表 6.1 已经对其进行了详细描述，故下文便对被解释变量进行详细介绍。

本书的被解释变量是经济增长质量 Eco。狭义的经济增长质量，是将经济增长质量看作经济增长的效率，即经济活动过程中投入和产出之比(惠康和钞小静，2009)。经济效率越高，经济增长质量就越高。广义的

---

① 受篇幅所限，未将原始数据详细呈现，若需要可向笔者索要。

② 考虑到我国进行对外投资的东道国的经济发展情况，结合各国数据的可得性和有效性，本书选取 35 个 OECD 国家(地区)的数据作为样本。

经济增长质量内涵很丰富，不同的学者有不同的看法。但大多学者也都是从经济增长的不同方面考察经济增长质量，是一种多维度的视角，比如经济增长的稳定性、经济增长的结构和经济增长的可持续性等。随洪光（2013）则将经济增长质量定义为经济增长的效率、稳定性和持续性。依据上述观点，本书最终参照随洪光（2013）学者的做法，选取了 31 项基础指标，从增长的效率、稳定性和可持续性三个角度构建经济增长质量 Eco。

①经济增长效率：改善经济增长质量必须重视经济增长效率的提高，即必须实现要素的投入产出效率的提高。因此，本书选用的评价增长效率的指标分别为要素生产率、生产组织效率及市场效率。在要素生产率这一分项指标中，其中的一个基础指标资本生产率是用各省 GDP 在对应时期内的资本存量中所占比重来测算的。资本存量以 2004 年为基期进行折算，计算公式为：$S_{it} = I_{it} + (1 - \delta)S_{it-1}$。$\delta$ 为折旧率，取值 5%，I_{it} 表示 i 省 t 年固定资本投资。基年的资本存量为 $S_{i2004} = I_{i2004}/(g_i + \delta)$，$g$ 指样本期内各省固定资本投资的年均增长率。此外，全要素生产率（TFP）、技术效率（EC）和技术变动（TC）作为生产组织效率的基础指标，均由 DEAP2.1 软件计算得到。具体过程参照 Fare 等（1994）基于 DEA 的 Malmquist 生产率指数法，将省份作为单个生产决策单位，选取各省折算为 2004 年不变价格的实际 GDP 数据作为产出变量，使用各省的资本存量作为资本投入量，劳动投入量则采用各省年末总就业人数表示。

②经济增长稳定性：一国经济能否长期在相对较高的增长率水平上保持平稳增长，对其经济增长质量的提高至关重要。此处的增长稳定性评价指标分别为产业结构、城乡结构、投资消费结构、金融结构、经济稳定、城乡居民收入、就业波动以及成功分配。其中，用来衡量收入分配差距是否合理，即是否成功分配的基础指标是泰尔指数，其具体的估算方程为：$Dis = \sum_{i=1}^{2} (p_{it}/p_t)\ln((p_{it}/p_t)/(z_{it}/z_t))$，式中，$i$ 分别表示城镇和农村，z_t 表示 t 时期的总人口，p_t 表示 t 时期的总收入。

③经济增长可持续性：经济增长的可持续性是评价经济增长质量不可忽视的因素，高质量经济增长必然是可持续的，降低经济增长的资源和环境代价会相应带来经济增长质量的提高。本书分别选取环境污染、资源消耗、开放程度、公共服务、基础素质和科技创新等六种分项指标衡量增长可持续性。这些分项指标进一步可由一种或两种基础指标来衡量，除了

衡量基础素质的铁路里程、公路里程，以及衡量科技与创新的各地区每年的三种专利批准量可以直接获得，其他基础指标均需要通过简单的计算求得。

（二）面板协整关系检验

本书采用 Pedroni 协整检验方法来检验 ODI 逆向技术溢出与经济增长质量等变量之间是否存在长期均衡关系。Pedroni 协整检验方法基于 Engle-Granger 二步法，其原假设为面板变量之间不存在协整关系。该方法以协整方程的回归残差为基础，通过构造 7 个统计量来检验面板变量间的协整关系，其中的 4 个统计量是用联合组内维度来描述，另外 3 个用组间维度来描述。具体的检验结果，见表 6.2。

表 6.2　面板协整关系的 Pedroni 检验

检验方法			检验结果
Pedroni 基于残差的协整检验	组内统计量　$H_0: \rho = 1$　$H_1: (\rho_i = \rho) < 1$	Panel v-stat	-3.479 (0.100)
		Panel p-stat	5.636 (1.000)
		Panel PP-stat	-10.076^{***} (0.000)
		Panel ADF-stat	-3.454^{***} (0.000)
	组间统计量　$H_0: \rho = 1$　$H_1: (\rho_i = \rho) < 1$	Group p-stat	8.222 (1.000)
		Group PP-stat	-17.566^{***} (0.000)
		Group ADF-stat	-4.183^{***} (0.000)

注：$***$ 表示在 1% 的显著性水平下拒绝原假设而接受备择假设。

表 6.2 为 Eviews 输出的 7 个检验统计量的结果及其伴随概率，可见基于不同类型的检验结果不相一致。Pedroni 指出，每一个标准化的统计量

都渐进服从正态分布，但在检验结果存在差异时，应以 Panel ADF 和 Group ADF 统计量为标准，因为这两个统计量的检验效果更好。而由表 6.2 可知，Panel ADF 统计量和 Group ADF 统计量的伴随概率为 0.000，表明均在 1% 的显著性水平下拒绝了原假设。因此，ODI 逆向技术溢出与经济增长质量等变量之间存在长期稳定的均衡关系。在此基础上，本书将进一步考察 ODI 逆向技术溢出对经济增长质量的影响。

二、基准回归结果分析

本书按全样本和将经济增长质量设定的三个分组标准得到的子样本进行静态估计，又由于 ODI 逆向技术溢出的代理变量为流量概念，为了避免遗漏滞后项而造成估计结果的偏误，这里还将 ODI 逆向技术溢出的滞后一期纳入模型，考察 ODI 逆向技术溢出的时滞效应，结果见表 6.3。全样本和按经济增长效率分样本的静态回归结果表明，对外直接投资逆向技术溢出对经济质量的作用不显著，加入滞后项后，当期和滞后项的作用系数仍不显著。该结果说明，ODI 逆向技术溢出对经济增长质量没有产生明显的提升作用。

按经济增长稳定性分组进行检验，静态回归结果显示 ODI 逆向技术溢出系数显著为负，系数为 -0.047，说明 ODI 逆向技术溢出对经济增长稳定性发挥强烈的负向作用。按经济增长可持续性分组进行检验，静态回归结果显示 ODI 逆向技术溢出对经济增长可持续性发挥强烈的正向作用。加入滞后项后，当期 ODI 逆向技术溢出对经济增长质量的作用有所下降，作用均不再显著。

根据表 6.3 的检验结果，可以初步认为对外直接投资逆向技术溢出对经济增长质量的作用不存在明显的时滞效应，ODI 逆向技术溢出当期作用基本可以反映对增长质量的影响。因此在后文的分析中将剔除 ODI 逆向技术溢出滞后项，主要考察当期 ODI 逆向技术溢出的作用。

（一）讨论一：基于门槛特征的检验

为了进一步检验 ODI 逆向技术溢出对经济增长质量的作用，对门槛模型式(6.2)进行全样本和分组检验。根据 Hansen(1999) 提出的自举法（Bootstap）计算 F 统计量的临界值，自举次数为 300 次。表 6.4 给出各个检验的 F 值、P 值以及置信区间。

表 6.3　分组检验结果（模型式（6.1））

变量	Eco		Effi		Stab		Sustain	
	(1)	(2)	(3)	(4)	(5)	(6)	(7)	(8)
SODI	0.020	0.050	-0.022	-0.049	-0.047***	-0.018	0.045***	0.013
	(1.310)	(1.540)	(-0.970)	(-0.980)	(-2.680)	(-0.500)	(2.870)	(0.040)
L.SODI	/	-0.044	/	0.023	/	-0.026	/	0.037
		(-1.400)		(0.460)		(-0.720)		(1.150)
Innov	0.043***	0.038**	0.061**	0.067**	-0.089***	-0.096***	0.106***	0.116***
	(2.610)	(2.090)	(2.470)	(2.410)	(-4.760)	(-4.650)	(6.380)	(6.350)
Open	0.658***	0.709***	0.786***	0.782***	-0.116	-0.053	0.486***	0.503***
	(8.580)	(8.430)	(6.900)	(6.060)	(-1.340)	(-0.560)	(6.330)	(5.940)
Nr	0.114**	0.066	0.099	0.050	0.042	0.048	-0.078	-0.077
	(2.390)	(1.260)	(1.410)	(0.630)	(0.790)	(0.810)	(-1.640)	(-1.460)
Ind	1.494***	1.527***	-1.204***	-1.391***	4.261***	4.085***	0.331	0.308
	(4.980)	(4.790)	(-2.700)	(-2.840)	(12.590)	(11.220)	(1.100)	(0.960)
_cons	-1.284	-1.234	-0.324	-0.283	-0.890	-0.767	-1.230	-1.323
	(-6.250)	(-5.530)	(-1.060)	(-0.820)	(-3.840)	(-3.010)	(-5.970)	(-5.890)
N	310	279	310	279	310	279	310	279
Wald 检验	542.340	508.420	124.630	100.830	356.840	321.120	572.900	538.310
	[0.000]	[0.000]	[0.000]	[0.000]	[0.000]	[0.000]	[0.000]	[0.000]

注：表中数据由笔者整理。***、**、*分别表示在 1%、5%、10% 的显著性水平上拒绝原假设。$L.SODI$ 表示对外直接投资逆向技术溢出变量的一阶滞后。小括号内为系数对应的 Z 值。方括号内表示 P 值。

表 6.4　分维度 ODI 逆向技术溢出的门槛检验

变量	模型	估计值	置信区间	F 值	P 值	BS 次数
Eco	单一门槛	0.725	[−1.856, 2.104]	12.424***	0.000	300
	双重门槛	2.730	[0.096, 2.990]	2.925***	0.003	300
Effi	单一门槛	1.215	[−1.856, 2.990]	2.980***	0.010	300
Stab	单一门槛	0.731	[−2.517, 2.821]	1.823	0.160	300
	双重门槛	3.600	[3.580, 3.617]	18.410***	0.000	300
Sustain	单一门槛	0.694	[−1.856, 2.990]	1.977	0.155	300
	双重门槛	0.956	[−1.856, 2.990]	7.370**	0.025	300

注：***、**、*分别表示在1%、5%、10%的显著性水平上拒绝原假设。

ODI 逆向技术溢出在全样本的门槛值分别为 0.725、2.730。当 ODI 逆向技术溢出低于 0.725 时，影响强度为负，且通过 5% 显著性水平的检验，说明在第一门槛区间内，ODI 逆向技术溢出对经济增长质量的影响为显著负效应。当 ODI 逆向技术溢出为 0.725 ~ 2.730 时，影响强度由负变为正，说明在第二门槛区间内，ODI 逆向技术溢出对经济增值质量的影响显著正向作用。当 ODI 逆向技术溢出超过 2.730 时，影响强度减弱，说明在第三门槛区间内，ODI 逆向技术溢出对经济增值质量的影响保持显著正向作用，但是影响力度减小。

按经济增长效率分组，ODI 逆向技术溢出通过了单一门槛，门槛值为 1.215。当 ODI 逆向技术溢出跨越门槛值时，系数为负，并且在 10% 的显著性水平下显著。按经济增长稳定性分组，ODI 逆向技术溢出通过了双重门槛，门槛值分别为 0.731、3.600。当 ODI 逆向技术溢出跨越第一个门槛值时，系数为 −0.051，在 5% 的显著性水平下显著；当 ODI 逆向技术溢出跨越第二个门槛值时，系数变为 0.053，出现跳跃式增长。按经济增长可持续性分组，只有当 ODI 逆向技术溢出为 0.694 ~ 0.956 时，其对经济增长可持续性有着显著的负向影响。

通过比较表 6.3 和表 6.5 的 ODI 逆向技术溢出的估计系数发现，二者分别度量的 ODI 逆向技术溢出对经济增长质量以及经济增长质量分指标的影响存在很大差异，从而初步验证了 ODI 逆向技术溢出对经济增长质量有非线性影响，而且进一步得出结论，ODI 逆向技术溢出对不同层面的经济增长质量的影响效果存在较大差异。

表6.5 分维度面板门槛数据模型的估计结果(模型式(6.2))

变量	Eco	$Effi$	$Stab$	$Sustain$
$SODI\_1$	-0.063^{**}	-0.013	0.032	0.019
	(-2.110)	(-0.04)	(0.010)	(0.710)
$SODI\_2$	0.196^{***}	-0.072^{*}	-0.051^{*}	-0.217^{***}
	(3.370)	(-1.710)	(-1.950)	(-2.760)
$SODI\_3$	0.080^{**}	/	0.053^{*}	-0.036
	(2.470)		(1.750)	(-1.2)
R^2	0.561	0.271	0.511	0.456
N	310	310	310	310

注：***、**、*分别表示 1%、5%、10% 的显著性水平。$SODI\_1$ ～ $SODI\_3$ 为不同门槛区间对外直接投资逆向技术溢出($SODI$)变量的系数。

(二)讨论二：基于空间差异的分析

由于地理位置、经济基础和政策倾斜等原因，我国各地区的人力资本、技术差距以及研发强度存在一定的差异，导致区域间形成了不同的吸收能力，使得各区域的ODI逆向技术溢出对经济增长质量的影响存在不均衡现象。因此，ODI逆向技术溢出对经济增长质量的非线性影响可能存在空间差异。本书以我国"七五"规划的三大地区划分为基准，将我国划分为东、中、西三个地区，分别利用经济增长质量的分类指标进行门槛效应检验。由表6.6的检验结果可知，东部和中部地区都通过了双重门槛效应检验，西部地区经济增长效率的分组检验通过了单一门槛，其余都通过了双重门槛效应检验。

表6.6 分区域 ODI 逆向技术溢出的门槛检验

检验	维度	模型	估计值	置信区间	F 值	P 值	BS 次数
东部地区	$Effi$	单一门槛	1.132	$[1.092, 4.569]$	2.515	0.150	300
		双重门槛	2.382	$[1.418, 4.569]$	3.199^{***}	0.000	300
	$Stab$	单一门槛	2.075	$[-0.233, 5.441]$	11.934^{***}	0.000	300
		双重门槛	4.901	$[4.059, 5.248]$	3.085^{***}	0.000	300
	$Sustain$	单一门槛	2.375	$[2.279, 2.402]$	3.123	0.305	300
		双重门槛	5.095	$[4.059, 5.604]$	29.253^{***}	0.000	300

续表

检验	维度	模型	估计值	置信区间	F 值	P 值	BS 次数
中部地区	*Effi*	单一门槛	1.362	[−0.472,2.564]	1.578***	0.000	300
		双重门槛	3.399	[−0.472,3.569]	0.385***	0.000	300
	Stab	单一门槛	1.105	[−0.472,3.569]	4.043	0.130	300
		双重门槛	3.580	[−0.472,4.901]	4.675**	0.043	300
	Sustain	单一门槛	3.558	[1.191,3.655]	35.891***	0.000	300
		双重门槛	2.255	[0.197,2.558]	9.917***	0.000	300
西部地区	*Effi*	单一门槛	1.308	[−3.668,1.354]	3.041	0.153	300
	Stab	单一门槛	0.470	[−2.289,0.503]	2.023***	0.000	300
		双重门槛	0.687	[−4.387,1.490]	8.447***	0.000	300
	Sustain	单一门槛	−2.936	[−3.410,-2.150]	3.640	0.267	300
		双重门槛	1.132	[−0.346,1.369]	28.895***	0.000	300

注：***、**、* 分别表示在 1%、5%、10% 的显著性水平上拒绝原假设。

由表 6.7 的检验结果显示以下结论。① 东部地区。ODI 逆向技术溢出为 1.132～2.382 时，才会对经济增长效率产生明显的负向效应，ODI 逆向技术溢出对经济增长效率的影响呈现"U 型"变化；ODI 逆向技术溢出低于 2.075 时，会显著地阻碍经济增长稳定性发展；当 ODI 逆向技术溢出达到 2.375～5.095 时，会对经济增长可持续性产生显著的正向作用。② 中部地区。中部地区的经济增长稳定性的变化趋势与东部地区基本一致；对于经济增长可持续来说，当 ODI 逆向技术溢出处于第一门槛和第二门槛之间时，其对经济增长可持续的影响将变得积极且明显，并且随着 ODI 逆向技术溢出的持续增加，其对经济增长可持续的正向影响进一步扩大。③ 西部地区。ODI 逆向技术溢出对经济增长的分类指标的影响结果明显不同于东部和中部地区。具体来说，ODI 逆向技术溢出对经济增长效率影响的检验结果与全国层面的检验结果基本一致，ODI 逆向技术溢出对经济增长效率有着较为明显的负向非线性影响；就经济增长稳定性而言，当 ODI 逆向技术溢出处于第一门槛和第二门槛之间时，其对经济增长稳定性的作用方向发生逆转，由不显著的负向作用变为显著的促进作用；对于经济增长可持续来说，只有当 ODI 逆向技术溢出处于第一门槛和第二门槛之间时，其对经济增长可持续的影响才是积极显著的。综上所述，该结果不仅证实了 ODI 逆向技术溢出对经济增长质量的非线性影响，而且进一步验证了该

表 6.7　分区域面板门槛数据模型的估计结果

变量	东部			中部			西部		
	Effi	Stab	Sustain	Effi	Stab	Sustain	Effi	Stab	Sustain
SODI_1	0.069 (0.360)	-0.138* (-1.960)	-0.068 (-1.520)	-0.083 (-1.030)	-0.164*** (-3.440)	0.029 (1.370)	-0.034 (-0.740)	-0.025 (-0.820)	0.031 (1.390)
SODI_2	-0.242** (-2.120)	-0.061 (-1.330)	0.088*** (2.870)	0.008 (0.090)	-0.064* (-1.910)	0.117*** (3.500)	-0.230** (-2.120)	0.615*** (3.610)	0.156*** (5.550)
SODI_3	-0.095 (-1.150)	0.041 (1.000)	0.0415 (1.500)	-0.092 (-0.070)	0.056 (0.690)	0.391*** (3.020)	/	0.087 (1.460)	0.026 (0.060)
R^2	0.292	0.704	0.733	0.617	0.385	0.867	0.115	0.293	0.264
N	110	110	110	110	110	110	120	120	120

注：***、**、*分别表示在 1%、5%、10%的显著性水平上拒绝原假设。L.SODI 表示对外直接投资逆向技术溢出变量的一阶滞后。小括号内为系数对应的 Z 值。方括号内部表示 P 值。

非线性影响具有空间异质性。

（三）讨论三：引入吸收能力的考察

为了考察 ODI 逆向技术溢出作用效果的空间异质性是否是由地区吸收能力异质性决定的，本书进一步基于人力资本、研发强度和技术差距三个维度，考察吸收能力作用于 ODI 逆向技术溢出对经济增长质量的影响。表6.8 是基于吸收能力三个不同维度的门槛变量检验结果，可见人力资本、研发强度和技术差距均通过了双重门槛效应检验。表 6.9 的结果证实了ODI 逆向技术溢出对经济增长质量的非线性影响受到人力资本、研发强度和技术差距的制约。

表 6.8　分吸收能力 ODI 逆向技术溢出的门槛检验

检验	维度	模型	估计值	置信区间	F 值	P 值	BS 次数
人力资本	*Effi*	单一门槛	2.237	[1.753, 2.395]	6.495**	0.023	300
		双重门槛	2.347	[1.753, 2.395]	4.114**	0.017	300
	Stab	单一门槛	2.134	[1.753, 2.395]	8.421**	0.037	300
		双重门槛	2.347	[2.326, 2.381]	11.598***	0.003	300
	Sustain	单一门槛	1.777	[1.753, 1.852]	13.834***	0.003	300
		双重门槛	2.271	[2.271, 2.313]	69.170***	0.000	300
研发强度	*Effi*	单一门槛	0.053	[0.009, 0.158]	5.641***	0.000	300
		双重门槛	0.123	[0.009, 0.158]	3.954**	0.050	300
	Stab	单一门槛	0.105	[0.028, 0.124]	12.526*	0.060	300
		双重门槛	0.130	[0.028, 0.155]	8.031**	0.017	300
	Sustain	单一门槛	0.037	[0.027, 0.052]	7.464*	0.060	300
		双重门槛	0.147	[0.082, 0.155]	22.255***	0.000	300
技术差距	*Effi*	单一门槛	0.009	[0.002, 0.030]	6.065	0.380	300
		双重门槛	0.004	[0.002, 0.030]	5.257***	0.000	300
	Stab	单一门槛	0.002	[0.002, 0.019]	5.630*	0.070	300
		双重门槛	0.025	[0.003, 0.030]	7.182**	0.037	300
	Sustain	单一门槛	0.005	[0.002, 0.030]	10.564**	0.013	300
		双重门槛	0.021	[0.005, 0.028]	15.432***	0.003	300

注：***、**、* 分别表示在 1%、5%、10% 的显著性水平上拒绝原假设。

表 6.9　分吸收能力面板门槛数据模型的估计结果

变量	人力资本			研发强度			技术差距		
	Effi	Stab	Sustain	Effi	Stab	Sustain	Effi	Stab	Sustain
SODI_1	-0.040 (-1.240)	-0.022 (-0.010)	-0.121*** (-4.550)	-0.071 (-0.190)	0.058 (0.290)	0.096*** (4.760)	0.035 (0.740)	-0.150*** (-2.900)	0.067*** (3.180)
SODI_2	0.064 (1.030)	-0.062** (-2.290)	0.094*** (5.510)	-0.067** (-1.980)	-0.064** (-2.200)	0.017 (1.000)	-0.098** (-2.560)	0.037 (0.190)	0.016 (0.800)
SODI_3	0.093 (-1.120)	0.111** (2.140)	0.049 (-1.380)	0.032 (0.690)	0.023 (0.770)	0.108*** (-3.560)	0.040 (-1.010)	0.074** (2.330)	0.039 (-1.490)
R^2	0.291	0.427	0.687	0.312	0.395	0.630	0.305	0.388	0.576
N	310	310	310	310	310	310	310	310	310

注：***、**、* 分别表示在 1%、5%、10% 的显著性水平上拒绝原假设。L.SODI 表示对外直接投资逆向技术溢出变量的一阶滞后。小括号内为系数对应的 Z 值。方括号内部表示 P 值。

① 人力资本。当人力资本门槛值低于 1.771 时，ODI 逆向技术溢出对经济增长可持续性具有负向作用，说明该人力资本水平下 ODI 逆向技术溢出对经济增长质量的影响主要体现在经济增长效率方面，且对经济增长效率的提升具有抑制作用。当人力资本为 1.771 ~ 2.134 时，ODI 逆向技术溢出对经济增长可持续性的影响效应显著为正，当人力资本为 2.134 ~ 2.237 时，ODI 逆向技术溢出对经济增长可持续性的影响效应保持不变，与此同时，ODI 逆向技术溢出对经济增长稳定性表现出显著的负向影响。当人力资本高于门槛值 2.271 时，ODI 逆向技术溢出对经济增长质量的影响主要体现在稳定性，且显著为负。当人力资本门槛值高于 2.347 时，ODI 逆向技术溢出对经济增长稳定性的影响效果表现为显著正向。可见，当人力资本跨越一定的门槛值后，ODI 逆向技术溢出能够显著提高经济增长质量。

② 研发强度。当研发强度门槛值低于 0.037 时，ODI 逆向技术溢出对经济增长可持续性具有正向作用，说明 ODI 逆向技术溢出对经济增长质量的影响主要体现在经济增长可持续性方面，且对经济增长可持续性的提升具有促进作用。当研发强度门槛值为 0.053 ~ 0.123 时，ODI 逆向技术溢出对经济增长效率和经济增长稳定性的影响作用均显示为显著的负向作用。当研发强度门槛值高于 0.147 时，ODI 逆向技术溢出对经济增长可持续性具有显著的正向影响。可见，当研发强度跨越一定的门槛值后，ODI 逆向技术溢出对经济增长质量发挥正向作用。

③ 技术差距。当技术差距门槛值低于 0.002 时，ODI 逆向技术溢出对经济增长可持续性有明显的促进作用，与此同时，ODI 逆向技术溢出对经济增长稳定性表现出显著的负向影响，表明当研发强度处于该水平时，ODI 逆向技术溢出对经济增长质量的作用不唯一。当技术差距门槛值为 0.002 ~ 0.004 时，ODI 逆向技术溢出对经济增长可持续性具有正向作用。当技术差距门槛值为 0.004 ~ 0.005 时，ODI 逆向技术溢出对经济增长效率显示为显著的负向作用，对经济增长可持续具有显著的正向作用。当技术差距门槛值高于 0.025 时，ODI 逆向技术溢出对经济增长质量发挥正向作用。以上结果证实了吸收能力会影响 ODI 逆向技术溢出对经济增长质量的作用效果，且不同吸收能力水平下，对不同层面的经济增长质量的影响也是不一样的。

三、检验结果的解释

①ODI 逆向技术溢出对经济增长质量的作用主要体现在增长稳定性和增长可持续两个方面。当期的 ODI 逆向技术溢出阻碍经济增长稳定性，一

个可能的原因是我国对外直接投资的产业结构与国内产业结构不符，使得我国外部经济与内部经济相脱离，对外直接投资的逆向技术溢出不能提升国内产业结构，进而阻碍经济增长稳定性。同时，当期ODI逆向技术溢出对经济增长可持续性有明显的促进作用，这主要得益于ODI逆向技术对当地知识演化和制度环境的影响。一是当地企业和ODI企业通过竞争效应和产业关联效应等机制对逆向技术进行分享和反馈，以此形成了对知识的改进和突破，能够实现知识本身的增长和积累。二是ODI逆向技术能够带来先进的管理知识和制度要素，通过对当地政策和微观企业的示范作用促进制度的优化，从而促进经济增长可持续的发展。

②ODI逆向技术溢出对经济增长质量的作用存在明显的区域差异。第一，东部和西部地区ODI逆向技术溢出对经济增长效率的提升具有抑制作用。其中可能的一个原因是东部地区的对外投资企业在资金、规模、研发、人才等方面都比中西部地区有优势，吸收能力更强，以此为支撑，东部地区企业更能接触到国外技术前沿，更倾向获取国外的最新技术，因而促进了国内技术前沿向国外技术前沿靠近，但大部分国内企业距离技术前沿会变得更远，技术效率未能得到明显提升（李梅、金照林，2011）。而西部地区以人力资本为代表的技术吸收能力普遍较低，对通过对外投资获取的先进技术或适宜技术无法充分消化吸收和利用，导致ODI逆向技术溢出效应不明显。第二，东部和中部地区ODI逆向技术溢出对经济增长稳定性具有负向作用，而西部地区ODI逆向技术溢出能够明显地促进经济增长稳定性。这可能是因为东中部地区的经济整体发展水平已经较高，对外投资可能对国内投资产生"挤出效应"，在一定程度上抑制国内企业研发活动和创新能力的提高，不利于国内产业结构的升级，从而阻碍经济增长稳定性发展。而西部地区的经济发展水平不如东、中部地区发达，且西部地区进行ODI的企业较少，再加上政府的优惠政策，促进对外来技术的吸收、转移和扩散，实现逆向技术溢出效应，促进区域产业结构和城乡结构的调整。第三，东、中、西部地区的ODI逆向技术溢出都能促进经济增长可持续性发展。部分优秀企业通过ODI在国外设立研发机构或并购拥有核心技术的企业来整合全球资源，获取国外先进技术，通过逆向技术溢出效应传递到母公司，并通过示范效应，带动国内其他企业改进技术，推动技术升级和产业升级，不断升级的技术不但巩固了公共基础服务，还迫使企业寻求更高端的技术，提高了区域的开放程度。

③表征吸收能力的人力资本、研发强度以及技术差距都能影响ODI逆向技术溢出对经济增长质量的作用效果。人力资本水平较低时，人力资

本会阻碍经济增长质量的提升，这是因为人力资本投资相对不足会制约对技术溢出来源地国家的研发成果吸收，因而阻碍技术生产率的提升，从而影响经济增长效率。只有在人力资本达到一定的水平时，才能促进 ODI 逆向技术溢出机制的发挥，说明人力资本处于较高水平，能够更好地学习、识别并吸收国外先进的技术知识，这与李梅（2010）的研究结果相一致。可能是因为跨国母、子公司通过相互之间经常性的研究人员流动，积极主动地促进有关技术信息资源的交流和沟通，促进母国公司技术的进步，从而提高经济增长稳定性。

当研发强度跨越一定的门槛值后，ODI 逆向技术溢出对经济增长质量发挥了正向作用，这是因为技术水平的提高是一个积累过程，随着研发强度的提高，研发资本存量越高，越能推动投资母国对 ODI 逆向技术溢出的吸收。技术差距较小时能够促进 ODI 逆向技术溢出的实现，这就是说若一个地区与发达地区存在一定的技术差距，但是技术势差又不是很大时，则该地区有进一步学习的动力，又有足够的吸收能力去消化吸收先进技术。但是随着技术差距的小幅度上升，ODI 逆向技术溢出对经济增长的影响变得不确定：一方面，对外投资企业通过到发达国家投资，学习和获取当地的先进技术资源，可以大大增强母公司的技术优势和竞争实力，并进而通过示范效应、竞争效应、产业关联提高母国的技术水平；另一方面，随着技术差距小幅度扩大，母国就不能有效地吸收国外先进技术，从而对经济增长产生负向影响。技术差距较大的时候，ODI 逆向技术能够得到很好的溢出，这与 Wang & Blomstrom（1992）的结论相一致，即技术差距越大，技术落后国家的企业学习、模仿先进技术的空间就越大，技术溢出越多。

第二节　ODI 逆向技术溢出与经济增长质量：
异质性分析①

一、研究设计

（一）计量模型构建

前文通过对相关文献的梳理，从理论层面论述了 ODI 逆向技术溢出对

---

① 本部分内容的相关研究成果发表于《山西财经大学学报》2019 年第 2 期。

中国经济增长质量的影响。为了能够进一步从实证层面来考察逆向技术溢出的作用效果，本书将采用以下三个步骤构建计量分析模型。

第一步，建立普通的基准回归模型，以此来检验ODI逆向技术溢出对经济增长质量的直接影响。最早的技术溢出模型是由 Coe & Helpman（1995）构建的国际R&D溢出模型，但该模型对国际逆向技术溢出渠道的解释不够完善，故为了从ODI的角度研究逆向技术溢出效应，Lichtenberg & Pottelsberghe（2001）便首次将作为国际溢出渠道之一的ODI引入该模型，由此得到了L-P模型。因此，为了能够合理地分析ODI逆向技术溢出对经济增长质量的影响，本书在L-P模型的基础上，构建如下回归模型：

$$Eco_{it} = \alpha_0 + \alpha_1 S_{it}^{ODI} + \alpha_2 Innov_{it} + \alpha_3 Open_{it} + \alpha_4 Nr_{it} + \alpha_5 Ind_{it} + \varepsilon_{it}$$

$$(6.7)$$

其中，i代表省份，t代表年份，Eco_{it}代表经济增长质量，由经济增长效率、经济增长稳定性和经济增长可持续性构建得来。S_{it}^{ODI}表示各省份每年通过ODI渠道获得的逆向技术溢出，α_1表示ODI逆向技术溢出对经济增长质量的影响。$Innov_{it}$、$Open_{it}$、Nr_{it}和Ind_{it}分别代表创新程度、对外开放度、资源禀赋和产业结构，ε_{it}为随机干扰项。然而，考虑到通过ODI获得的逆向技术溢出可能需要一段时间才可以完全对我国的经济增长质量产生作用，本书参照陈丽珍和徐健（2013）的做法，在式（6.7）的基础上加入逆向技术溢出的滞后一期变量，检验其是否具有时滞效应。同时，本书对不同投资动机的ODI逆向技术溢出和不同投资目的国ODI逆向技术溢出的经济增长效应也进行了基本回归分析，只需将式（6.7）中的被解释变量改为相应的ODI逆向技术溢出即可。

第二步，构建门槛面板回归模型，从总指标和分指标两个角度研究在不同门槛变量作用下，不同类型ODI逆向技术溢出的门槛效应。在考察某一变量在不同变量的作用下对被解释变量的差异性影响时，一般采用分组回归或交互项连乘的方法，但是分组检验的分组标准难以被有效地确定，而交互项连乘也只能测定单调的变量影响，对于非单调的则无法测定。为了克服这些问题，本书采用 Hansen（1999）提出的门槛回归方法。同时，根据已有研究，东道国的收入水平和市场规模会影响对外直接投资的生产率门槛和生产率的提升（Helpman et al.，2004；蒋冠宏、蒋殿春，2014；尹建华、周鑫悦，2014）。基于此，本书有理由认为不同投资目的国的ODI逆向技术溢出的门槛效应也大不相同。故本书参照前述学者的做法，将投资目的国分为发达国家和发展中国家两类，相应的 ODI 逆向技术溢出即为逆梯度 ODI 逆向技术溢出和顺梯度 ODI 逆向技术溢出，并据此建立门槛模型。设定逆梯度 ODI 逆向技术溢出对经济增长效率、经济增长稳定性和经济增长可持续性的单一门槛模型，如式(6.8) ~ 式(6.11) 所示：

$$Eco_{it} = \alpha_0 + \alpha_1 Innov_{it} + \alpha_2 Open_{it} + \alpha_3 Nr_{it} + \alpha_4 Ind_{it} + \omega_1 DS_{it}^{ODI} \times$$
$$I(DS_{it}^{ODI} \leq \varphi) + \omega_2 DS_{it}^{ODI} \times I(DS_{it}^{ODI} > \varphi) + \varepsilon_{it} \qquad (6.8)$$

$$Effi_{it} = \beta_0 + \beta_1 Innov_{it} + \beta_2 Open_{it} + \beta_3 Nr_{it} + \beta_4 Ind_{it} + \lambda_1 DS_{it}^{ODI} \times$$
$$I(DS_{it}^{ODI} \leq \varphi) + \lambda_2 DS_{it}^{ODI} \times I(DS_{it}^{ODI} > \varphi) + \varepsilon_{it} \qquad (6.9)$$

$$Stab_{it} = \gamma_0 + \gamma_1 Innov_{it} + \gamma_2 Open_{it} + \gamma_3 Nr_{it} + \gamma_4 Ind_{it} + \delta_1 DS_{it}^{ODI} \times$$
$$I(DS_{it}^{ODI} \leq \varphi) + \delta_2 DS_{it}^{ODI} \times I(DS_{it}^{ODI} > \varphi) + \varepsilon_{it} \qquad (6.10)$$

$$Sustain_{it} = \eta_0 + \eta_1 Innov_{it} + \eta_2 Open_{it} + \eta_3 Nr_{it} + \eta_4 Ind_{it} + \theta_1 DS_{it}^{ODI} \times$$
$$I(DS_{it}^{ODI} \leq \varphi) + \theta_2 DS_{it}^{ODI} \times I(DS_{it}^{ODI} > \varphi) + \varepsilon_{it} \qquad (6.11)$$

上式中，$Effi_{it}$、$Stab_{it}$ 和 $Sustain_{it}$ 分别表示经济增长质量的分指标：经济增长效率、经济增长稳定性和经济增长可持续性。$I(\cdot)$ 为指标函数，φ 表示门槛值，括号中的 DS_{it}^{ODI} 表示逆梯度 ODI 逆向技术溢出，它是样本进行内生分组时所依据的门槛变量。以式(6.9) 为例，λ_1 表示门槛变量小于门槛值，即指标函数为 1 时解释变量对被解释变量的影响系数；λ_2 则表示门槛变量大于门槛值时的影响系数。对上式进行扩展，即可得到双重门槛和多重门槛模型，也可得到顺梯度 ODI 逆向技术溢出的门槛检验模型。此外，在现有文献的基础上(张春萍，2012；王恕立、向姣姣，2014)，发现不同投资动机下的 ODI 逆向技术溢出对经济增长质量的影响可能存在差异，所以，本书进一步选取技术寻求型、资源寻求型和市场寻求型 ODI 逆向技术溢出作为门槛变量来研究逆向技术溢出对经济增长质量及其 3 个分项指标的影响，将模型式(6.8) ~ 式(6.11) 稍加修改，即可得到相关模型。

第三步，在上述模型的基础上，加入生产率因素，深入考察 ODI 逆向技术溢出的门槛效应。鉴于对外直接投资和对外直接投资逆向溢出均对我国的全要素生产率有积极的促进作用(霍忻、刘宏，2016；陈强、刘海峰等，2016；梁文化、刘宏，2017)，且二者的关系较为紧密，那么，ODI 逆向技术溢出的经济增长质量效应很有可能受到全要素生产率的影响。为了能够更加深刻地研究 ODI 逆向技术溢出与经济增长质量之间的影响机制，本书将全要素生产率和劳动生产率分别作为门槛变量考察ODI逆向技术溢出的门槛效应。此时的解释变量包括顺梯度、逆梯度、技术寻求型、资源寻求型和市场寻求型ODI逆向技术溢出，以顺梯度ODI逆向技术溢出为例，建立单一门槛模型，如式(6.12)、式(6.13)所示。

$$Eco_{it} = \mu_0 + \mu_1 Innov_{it} + \mu_2 Open_{it} + \mu_3 Nr_{it} + \mu_4 Ind_{it} +$$
$$\tau_1 GS_{it}^{ODI} \cdot I(TFP_{it} \leq \varphi) + \tau_2 GS_{it}^{ODI} \cdot I(TFP_{it} > \varphi) + \varepsilon_{it} \quad (6.12)$$

$$Eco_{it} = \chi_0 + \chi_1 Innov_{it} + \chi_2 Open_{it} + \chi_3 Nr_{it} + \chi_4 Ind_{it} +$$
$$\nu_1 GS_{it}^{ODI} \cdot I(LB_{it} \leq \varphi) + \nu_2 GS_{it}^{ODI} \cdot I(LB_{it} > \varphi) + \varepsilon_{it} \quad (6.13)$$

在式(6.12)、式(6.13)中，GS^{ODI}表示受到门槛变量影响的解释变量，即顺梯度ODI逆向技术溢出，TFP_{it}、LB_{it}分别表示全要素生产率和劳动生产率，均为门槛变量。通过对模型式(6.12)、式(6.13)稍加变形，就可以得到其他模型。

(二)数据来源与变量定义

本书使用的样本数据主要从世界银行(World Bank)数据库、联合国贸发会议数据库(UNCTAD)、《中国对外直接投资统计公报》、《中国统计年鉴》和各省市的统计年鉴中获得，样本期为2005—2016年，除西藏之外，共选取了30个省市自治区。对于东道国的选取方面，本书排除了中国香港、中国澳门、开曼群岛等避税地，从《中国对外直接投资公报》中共选取了49个排名靠前的发达国家和地区以及发展水平较高的发展中国家和地区，即为顺梯度和逆梯度的投资目的国。在张春萍(2012)的基础上进一步分析，本书又将它们划分为发达经济体、资源丰裕经济体和新兴经济体及其他发展中国家三类，分别对应技术寻求型、资源寻求型和市场寻求型对外直接投资东道国。

前述模型式(6.7)～式(6.13)中的变量可以分为被解释变量、核心解释变量、门槛变量和控制变量四大类。其中，被解释变量包括总指标经济增长质量(Eco)，3个分项指标经济增长效率(Effi)、经济增长稳定性(Stab)和经济增长可持续性(Sustain)。本书参照随洪光(2013)的做法，使用主成分分析法，通过3个分项指标的构建来测算经济增长质量指标，具体的基础指标见表6.10。

表6.10　经济增长质量指标体系

方面指数	分项指标	基础指标	代理变量
经济增长效率	要素生产率	资本生产率	GDP/资本存量
		劳动生产率	GDP/从业人数
	生产组织效率	全要素生产率	全要素生产率
		技术效率	技术效率
	市场效率	技术变动	技术变动
		工业化率	非农产业就业人数/总就业人数
经济增长稳定性	产业结构	第二产业比较劳动生产率	第二产业产值比/第二产业就业比
		第三产业比较劳动生产率	第三产业产值比/第三产业就业比
	城乡结构	二元对比系数	农业比较劳动生产率/非农业比较劳动生产率
		二元反差指数	｜非农业产值比重－劳动力比重｜
	投资消费结构	投资率	资本形成总额/GDP
		消费率	最终消费支出/GDP
	金融结构	存款余额占比	存款余额/GDP
		贷款余额占比	贷款余额/GDP
	经济稳定	经济波动率	｜经济增长率变动幅度｜
	城乡居民收入	农村居民家庭恩格尔系数	农村食品支出/消费支出
		城镇居民家庭恩格尔系数	城镇食品支出/消费支出
	就业波动	城镇登记失业率	城镇登记失业率
		劳动者报酬占比	劳动者报酬/GDP
	成功分配	泰尔指数	泰尔指数
经济增长可持续性	环境污染	单位产出污水排放数	工业废水排放总量/GDP
		单位产出固体废弃物排放数	工业废弃物产生量/GDP
	资源消耗	单位地区生产总值电耗	电力消费量/GDP
	开放程度	进出口总额/GDP	进出口总额/GDP
		对外直接投资/GDP	对外直接投资/GDP
	公共服务	一般公共服务支出占比	一般公共服务支出/财政支出
		公共安全支出占比	公共安全支出/财政支出
	基础素质	铁路里程	铁路里程
		公路里程	公路里程
	科技与创新	科学技术支出占比	科学技术支出/财政支出
		各地区每年的三种专利批准量	每年的三种专利批准量

① 被解释变量。在表 6.10 中,需要说明以下几点:a. 资本存量的测算。它以 2005 为基期,计算公式:$S_{it} = I_{it} + (1 - \delta)S_{it-1}$。$\delta$ 指折旧率,取值 5%,I_{it} 表示 i 省 t 年固定资本投资。基年的资本存量为 $S_{it} = I_{i2005}/(g_i + \delta)$,$g$ 指样本期内各省固定资本投资的年均增长率。b. 泰尔指数。其计算公式为:$Dis = \sum_{i=1}^{2} (p_{it}/p_t) \times \ln((p_{it}/p_t)/(z_{it}/z_t))$,$i$ 分别表示城镇和农村,z_t 表示 t 时期的总人口,p_t 表示 t 时期的总收入。

② 核心解释变量。对于全样本中 ODI 逆向技术溢出的测算,本书先依据 L-P(2001)方法计算我国对外直接投资的国外 R&D 溢出,计算公式为:$S_{jt}^{ODI} = \sum (ODI_{it}/Y_{jt})S_{jt}$,其中,$S_{jt}$ 表示我国 t 时期对外投资目标国 j 的 R&D 资本,ODI_{it} 表示我国 t 时期对 j 国的投资存量,Y_{jt} 代表 t 时期 j 国的 GDP。然后,加入各省份的投资权重,得到我国各省份对外直接投资的国外 R&D 溢出,公式为:$S_{it}^{ODI} = S_t^{ODI} \times (ODI_{it}/\sum ODI_{it})$,$ODI_{it}$ 表示 i 地区 t 时期的对外直接投资额。同时,出于稳健性的考虑,本书还采用了另一种测算方法,详见下文。

③ 门槛变量。包括不同类型的 ODI 逆向技术溢出、全要素生产率和劳动生产率。a. 门槛变量中的顺梯度、逆梯度 ODI 逆向技术溢出和技术寻求型、资源寻求型和市场寻求 ODI 逆向技术溢出的计算方法同核心解释变量。b. 全要素生产率。本书主要采用非参数方法中的数据包络分析(DEA)测算全要素生产率,该方法可以将全要素生产率增长分解为技术进步和技术效率变动。具体过程参照 Fare 等(1994)基于 DEA 的 Malmquist 生产率指数法,将省份作为单个决策单位,将各省折算为 2005 年不变价格的实际 GDP 数据作为产出变量,选取各省的资本存量作为资本投入量,采用各省年末总就业人数表示劳动投入量。此外,为了确保 DEA 方法的适用性,本书也使用了随机前沿分析(SFA)法对生产率进行测算,并将该测算结果与 DEA 方法的测算结果进行比较。c. 劳动生产率。采用各省份每年的 GDP(亿元)与就业人数(万人)来表示。

④ 其他控制变量。a. 创新程度,由各省每年的 3 种专利批准量占受理数的比重来表示。b. 对外开放度,计算公式为:$Open_{it} = (Im_{it} + Ex_{it})/GDP_{it}$,$Im_{it}$ 和 Ex_{it} 分别表示 i 省 t 年的进口贸易量和出口贸易量。c. 资源禀赋,由能源产出(万吨标煤)与国内生产总值(亿元)之比表示。d. 产业结构,由第三产业产值与国内生产总值的比值表示。

二、经验检验结果与分析

(一)面板协整关系检验

本书使用的是省级层面的面板数据,故考虑到数据的平稳性,首先,采用 PP-Fisher 检验、ADF-Fisher 检验和 LLC 检验判断数据是否具有平稳性。由检验的结果可知,本书的相关变量都通过了显著性检验,即面板数据具有平稳性。其次,在单位根检验的基础上,本书继续对数据进行协整检验,分析变量之间的协整关系。本书采用基于残差的 Pedroni 协整检验方法对经济增长质量、ODI 逆向技术溢出、创新程度、对外开放度和资源禀赋等变量间的协整关系进行检验,具体的检验结果见表 6.11。

表 6.11　面板协整关系的 Pedroni 检验

检验方法				检验结果
Pedroni 基于残差的协整检验	组内统计量	$H_0: \rho=1$ $H_1: (\rho_i=\rho)<1$	Panel v-stat	-3.955 (1.0000)
			Panel p-stat	5.602 (1.0000)
			Panel PP-stat	$-15.08 ***$ (0.0000)
			Panel ADF-stat	$-6.134 ***$ (0.0000)
	组间统计量	$H_0: \rho=1$ $H_1: (\rho_i=\rho)<1$	Group p-stat	7.836 (1.0000)
			Group PP-stat	$-16.950 ***$ (0.0000)
			Group ADF-stat	$-6.062 ***$ (0.0000)

注: *** 表示在 1% 的显著性水平下拒绝原假设而接受备择假设。

由表 6.11 可知,Pedroni 共构造了 7 个统计量用来检验协整关系,并且不同类型统计量的检验结果不相同。由于本书的样本期是 2005—2016 年,跨度为 12 年,依据 Pedroni(1999)的观点,此时 Group ADF-stat 和 Panel ADF-stat 统计量的检验效果最佳。从表 6.11 可以发现,上述两个统计量的结果均在 0.01 的显著性水平上拒绝了不存在协整关系的原假设,说明经济增长质量、ODI 逆向技术溢出、创新程度、对外开放度和资源禀赋等变量之间存在长期稳定的均衡关系。因此，本书可以进一步研究 ODI 逆向技术溢出对经济增长质量的影响。

（二）基准回归结果分析

①基准回归结果。为考察 ODI 逆向技术溢出对经济增长质量及其分类指标的影响，本书采用 GMM 方法进行回归分析，具体结果见表 6.12。由于该部分计量模型涉及出口市场层面，本书借鉴相关文献的做法，引入创新程度、对外开放、资源禀赋等模型所需的相关变量。表 6.12 中奇数列是未加入 ODI 逆向技术溢出滞后项的结果，偶数列为加入 ODI 逆向技术溢出滞后项的结果。观察可发现：未加入 ODI 逆向技术溢出的滞后项时，ODI 逆向技术溢出对经济增长质量、经济增长可持续性的提升有显著促进作用，对经济增长稳定性的提升产生抑制作用，而对经济增长效率的提升作用不明显；加入 ODI 逆向技术溢出的滞后项后，当期作用系数的显著程度均下降且滞后项的作用系数均不显著。由此表明，ODI 逆向技术溢出对经济增长质量的作用不存在明显的时滞效应，即 ODI 逆向技术溢出的当期作用基本可以反映对经济增长质量的影响，所以下文中不考虑加入滞后项。

在控制变量中，各变量的回归结果均比较稳定，一定程度上说明计量方程设定的合理性。对于经济增长质量而言，创新程度显著为正，说明创新程度的加深对经济增长质量的提高具有促进效应；对外开放显著为正，说明对外开放力度越大的行业经济增长质量提升的空间越大；资源禀赋显著为正，说明资源禀赋的投入有力地促进了地区经济增长质量的提升；产业结构显著为正，说明产业结构的转型升级也会带来经济质量的稳步增长。

②稳健性检验。为保证本书结论的稳健性，本节考虑替换核心变量 S^{ODI} 的测算方式，参考 Bitzer & Kerekes（2008）的观点，做进一步的稳健性检验。与表 6.12 回归估计方法一致，表 6.13 是 ODI 逆向技术溢出对经济增长质量及其分类指标的估计结果。表 6.13 中奇数列 ODI 逆向技术溢出系数和显著性均与表 6.12 中对应指标估计结果基本一致，验证了 ODI 逆向技术溢出与经济增长质量及其分类指标间存在的相关关系。同样，表 6.13 中偶数列 ODI 逆向技术溢出当期及其滞后一期的估计结果与表 6.12 中对应结果基本一致，验证了 ODI 逆向技术溢出对经济增长质量的作用不存在明显的时滞效应。模型中其他变量的估计结果与表 6.12 也基本一致，因此足以证明该部分的计量检验是稳健可靠的。

表6.12 基准检验结果

变量	Eco		Effi		Stab		Sustain	
	(1)	(2)	(3)	(4)	(5)	(6)	(7)	(8)
SODI	0.0357** (2.30)	0.0565* (1.77)	0.0014 (0.06)	0.0577 (1.14)	-0.0807*** (-3.76)	-0.0282*** (-6.65)	-0.0887*** (-5.62)	-0.0570* (-1.79)
L.SODI		-0.0395 (-1.26)		0.0645 (1.30)		-0.0506 (-1.19)		-0.0309 (-1.00)
Innov	0.0287*** (8.94)	0.0314* (1.91)	0.0372 (1.59)	0.0371 (1.42)	-0.0606 (-0.95)	-0.0640 (-0.87)	0.1055*** (7.01)	0.1132*** (6.93)
Open	0.6397*** (9.36)	0.7008*** (9.23)	0.6670*** (6.17)	0.6221*** (5.16)	0.0424 (0.45)	0.0184 (0.18)	0.4759*** (6.84)	0.4884*** (6.48)
Nr	0.1007** (2.21)	0.0647 (1.27)	0.0308 (0.43)	-0.00960 (-0.12)	0.2258*** (3.57)	0.2670*** (3.84)	-0.1562*** (-3.37)	-0.1551*** (-3.05)
Ind	1.6063*** (6.11)	1.6035*** (5.69)	-0.3160 (-0.76)	-0.3470 (-0.77)	3.9596*** (10.85)	3.7925*** (9.90)	-0.6306** (-2.35)	-0.6857** (-2.45)
_cons	-1.2118*** (-7.02)	-1.2232*** (-6.41)	-0.4400 (-1.61)	-0.4030 (-1.33)	-1.0698*** (-4.47)	-1.0027*** (-3.86)	-0.8768*** (-4.99)	-0.9381*** (-4.95)
N	330	300	330	300	330	300	330	300
Wald检验	658.21 [0.0000]	597.12 [0.0000]	117.35 [0.0000]	95.73 [0.0000]	192.11 [0.0000]	183.14 [0.0000]	700.03 [0.0000]	666.83 [0.0000]

注：***、**、*分别表示在1%、5%、10%的显著性水平上拒绝原假设。L.SODI表示对外直接投资逆向技术溢出变量的一阶滞后。小括号内为系数对应的Z值。

表 6.13　稳健性检验结果

变量	Eco		Effi		Stab		Sustain	
	(1)	(2)	(3)	(4)	(5)	(6)	(7)	(8)
Diff-SODI	0.0162** (1.06)	0.0296* (0.94)	0.0125 (0.52)	0.0198 (0.40)	-0.0763*** (-3.61)	-0.0260*** (-7.61)	-0.0300* (-1.86)	-0.0057* (-1.88)
L.SODI		-0.0514 (-0.69)		0.0298 (0.61)		-0.0593 (-1.44)		-0.0185 (-0.59)
Innov	0.0602*** (2.95)	0.0617* (1.84)	0.0252 (0.78)	0.0293 (0.85)	-0.0179 (-0.63)	-0.0160 (-0.55)	0.1733*** (8.06)	0.1769*** (7.90)
Open	0.7139*** (11.97)	0.7228*** (11.00)	0.6738*** (7.18)	0.6520*** (6.23)	0.2434 (2.96)	0.1837 (2.07)	0.6635*** (10.56)	0.6724*** (9.91)
Nr	0.1017** (2.21)	0.0689 (1.35)	0.0280 (0.39)	-0.0148 (-0.18)	0.2479*** (3.91)	0.2925*** (4.22)	-0.1560*** (-3.22)	-0.1586*** (-3.00)
Ind	1.7042*** (6.26)	1.7736*** (6.17)	-0.3680 (-0.86)	-0.4690 (-1.02)	4.2162*** (11.22)	4.1341*** (10.62)	-0.431** (-2.15)	-0.5088* (-1.71)
_cons	-1.4581*** (-7.46)	-1.4923*** (-7.10)	-0.3580 (-1.16)	-0.3080 (-0.92)	-1.3006*** (-4.82)	-1.2914*** (-4.54)	-1.4166*** (-6.88)	-1.4630*** (-6.74)
N	330	300	330	300	330	300	330	300
Wald 检验	645.88 [0.0000]	598.53 [0.0000]	117.71 [0.0000]	94.07 [0.0000]	190.43 [0.0000]	188.30 [0.0000]	619.79 [0.0000]	594.83 [0.0000]

注：***、**、*分别表示在 1%、5%、10% 的显著性水平上拒绝原假设。L.SODI 表示对外直接投资逆向技术溢出变量的一阶滞后。小括号内为系数对应的 Z 值。

表 6.14　基于不同投资动机和目的国的检验

变量	基于不同投资动机				基于不同投资目的国			
	Eco	Effi	Stab	Sustain	Eco	Effi	Stab	Sustain
$SODI\_1$	0.5482 (0.16)	0.0164*** (7.19)	-0.0674*** (-3.12)	-0.0442*** (-2.73)				
$SODI\_2$	0.0102** (-2.19)	0.1667*** (7.46)	0.2185*** (3.39)	0.1195*** (7.64)				
$SODI\_3$	0.0419*** (8.39)	0.1347 (1.28)	-0.0593*** (-8.44)	0.5874 (1.14)				
DS_{ii}^{ODI}					0.0565* (1.77)	-0.0198 (-0.19)	-0.0260*** (-6.61)	0.1028** (2.51)
PS_{ii}^{ODI}					0.2357** (2.07)	0.0665*** (7.46)	-0.0685*** (-3.28)	-0.1288*** (-3.45)
$Innov$	0.2804* (1.90)	0.0314 (1.50)	-0.1372*** (-2.95)	0.1153*** (6.00)	0.4314* (1.93)	0.0256 (0.80)	-0.0342*** (-5.87)	0.1877*** (8.95)
$Open$	0.6393** (9.38)	0.6636*** (6.84)	-0.0223 (-0.45)	0.4658*** (6.88)	0.1872*** (8.21)	0.6745*** (6.73)	-0.2498*** (-2.82)	0.5843*** (8.86)

续表

变量	基于不同投资动机				基于不同投资目的国			
	Eco	Effi	Stab	Sustain	Eco	Effi	Stab	Sustain
Nr	0.0999** (2.20)	0.0235 (0.36)	0.3257*** (3.57)	-1.2548*** (-3.32)	0.0647 (0.29)	0.0284 (0.39)	0.2441*** (3.81)	-0.1431*** (-3.00)
Ind	1.5931*** (6.07)	-0.4808 (-1.17)	3.1588*** (10.84)	-0.2336** (-2.41)	1.6035*** (7.61)	-0.3634 (-0.82)	4.1551*** (10.60)	-0.1584* (-0.54)
_cons	-1.2009*** (-6.97)	-0.3402 (-1.39)	-1.0581*** (-4.46)	-0.7769*** (-5.22)	-1.2232*** (-8.32)	-0.3402 (-0.65)	-1.3686*** (-2.94)	-2.3906*** (-6.90)
N	330	330	330	330	330	330	330	330
Wald检验	664.01 [0.0000]	126.86 [0.0000]	188.24 [0.0000]	664.09 [0.0000]	651.82 [0.0000]	117.71 [0.0000]	183.23 [0.0000]	654.39 [0.0000]

注:SODI_1,SODI_2和SODI_3分别表示技术寻求型、资源寻求型和市场寻求型 ODI 逆向技术溢出,DS_{it}^{ODI} 和 PS_{it}^{ODI} 则表示逆梯度和顺梯度 ODI 逆向技术溢出。

③基于不同投资动机和目的国检验。此外，关于不同类型 ODI 逆向技术溢出的经济增长效应，本书也对其进行了基本回归分析，结果见表 6.14。由前文可知，ODI 逆向技术的滞后作用不显著，故此处不再添加滞后项。观察可知，首先，由基于不同投资动机的结果发现，技术寻求型 ODI 逆向技术溢出对经济增长质量、经济增长效率具有显著的促进作用，而对经济增长稳定性和可持续型则具有明显的阻碍作用；资源寻求型 ODI 逆向技术溢出则对经济增长质量以及各分项指标均具有显著的促进作用；市场寻求型 ODI 逆向技术溢出能够促进经济增长质量、经济增长效率和经济增长可持续性，但是对经济增长稳定性却产生显著的负向作用。其次，由基于不同投资目的国的结果可知，逆梯度和顺梯度 ODI 逆向技术溢出均能显著提升经济增长质量，同时，逆梯度 ODI 逆向技术溢出对经济增长的可持续性也具有显著的正向作用，而顺梯度 ODI 逆向技术溢出对经济增长效率也具有明显的促进作用。

(三)讨论一：基于投资目的国差异的分析

受国内经济结构转型升级压力的驱动，我国对外直接投资出现了"二元"特征(隋月红，2010)，即一方面迫切需要对发达国家投资，以模仿吸收先进技术，而另一方面，也需要对发展中国家投资，建立技术合作联盟，以谋求自主创新能力的提高。鉴于以上分析，本书将基于投资目的国差异，从顺梯度与逆梯度角度分别设置门槛变量，并将经济增长指标分解为经济增长的效率、稳定性和可持续性，以深入探讨对外直接投资逆向技术溢出在"二元"特征下对国内经济增长质量的作用。

结合表 6.15、表 6.16 来看，逆梯度情况下，对发达国家投资获得的逆向技术溢出对经济增长质量的影响会在跨越第二门槛值后达到最优，而小于该门槛值，逆向技术溢出效应呈显著的抑制作用；对分指标进行分析，当逆梯度 ODI 逆向技术溢出处于第二门槛区间时，对母国经济增长效率和稳定性的影响将变得积极而明显，对经济增长可持续性的积极影响将在第三门槛区间才能实现，但效果并不显著。顺梯度情况下，对发展中国家投资而获得的逆向技术溢出只有在第二门槛区间内才能发挥显著的正向作用，而大于第一门槛值或第三门槛值，逆向技术溢出效应会呈显著抑制经济增长质量的提升；观察分指标结果可知，顺梯度投资的逆向技术溢出对经济增长效率、稳定性和可持续性的积极作用分别在第一门槛区间、第二门槛区间和第三门槛区间内实现。

表 6.15　不同投资目的国门槛检验

检验	维度	模型	估计值	置信区间	F 值	P 值	BS 次数
逆梯度	Eco	单一门槛	2.392	[−2.777, 3.617]	3.833**	0.033	300
		双重门槛	4.901	[−2.777, 4.901]	5.266***	0.007	300
	Effi	单一门槛	3.559	[−1.283, 6.254]	5.206*	0.080	300
		双重门槛	3.667	[−0.346, 5.505]	2.982***	0.010	300
	Stab	单一门槛	3.783	[2.965, 3.874]	15.507**	0.023	300
		双重门槛	3.993	[0.696, 6.254]	12.120***	0.010	300
	Sustain	单一门槛	4.375	[−1.283, 6.254]	3.582	0.333	300
		双重门槛	5.342	[4.322, 6.006]	14.271***	0.000	300
顺梯度	Eco	单一门槛	−2.289	[−2.777, 3.617]	14.111**	0.033	300
		双重门槛	4.901	[4.569, 4.901]	3.355*	0.083	300
	Effi	单一门槛	−5.854	[−6.183, 1.483]	3.075*	0.090	300
		双重门槛	−5.488	[−8.601, 2.035]	6.985***	0.000	300
	Stab	单一门槛	−6.352	[−7.270, 1.088]	43.644***	0.000	300
		双重门槛	−2.061	[−2.414, −1.825]	4.317**	0.043	300
	Sustain	单一门槛	−5.909	[−1.880, 0.754]	4.599*	0.100	300
		双重门槛	−0.574	[−7.270, 0.443]	22.631***	0.000	300

注：***、**、*分别表示在1%、5%、10%的显著性水平上拒绝原假设。

总体对比看来，基于不同目的国的 ODI 技术外溢会在经济增长质量及其各方面发挥不同的作用，逆梯度 ODI 逆向技术溢出对经济增长质量的影响较为明显地表现在效率和稳定性方面，而顺梯度 ODI 逆向技术溢出则对经济增长可持续性的作用相对突出。

(四)讨论二：基于不同投资动机的分析

对外投资的"二元路径"下，ODI 投资动机的差异直观表现为投资目的国的不同，但从本质上看，投资的动机不外乎寻求自然资源、市场和效率。刘海云和聂飞(2015)认为，顺梯度 ODI 动机是为了寻求资源，而逆梯度 ODI 动机则为寻求技术。基于此，本节将对外直接投资划分为技术

表 6.16 不同投资动机的门槛系数结果

投资动机	维度	SODL_1		SODL_2		SODL_3		特征值	
		系数	t 值	系数	t 值	系数	t 值	R^2	N
逆梯度	Eco	-0.0528*	-1.93	-0.0919**	-2.31	0.0977***	4.07	0.1608	330
	Effi	-0.0820**	-2.34	0.0572**	2.07	-0.1028***	-2.98	0.0299	330
	Stab	-0.0804***	-4.11	0.0600**	2.13	-0.0561**	-2.50	0.1595	330
	Sustain	-0.0070	0.70	-0.0036	-0.14	0.0096	1.29	0.0340	330
顺梯度	Eco	-0.0603*	-1.76	0.0881**	2.16	-0.0679**	-2.48	0.0425	330
	Effi	0.0147	0.50	-0.0895**	-2.21	-0.0063	-0.18	0.2880	330
	Stab	-0.0052	-0.28	0.0233	1.16	-0.1090***	-3.25	0.3510	330
	Sustain	-0.0263*	-1.90	-0.0034	-0.22	0.1930***	3.91	0.5760	330

注:SODL_1、SODL_2 和 SODL_3 分别表示第一区间、第二区间和第三区间。

寻求型、资源寻求型和市场寻求型，并分别以这三种不同投资动机下获取的 ODI 逆向技术溢出作为门槛变量，测度逆向技术溢出对经济增长质量分指标影响的具体门槛特征(结果见表 6.17)。可以看出，技术、资源及市场寻求型的双重门槛值均通过了显著性检验。

表 6.17　不同投资动机的门槛检验

检验	维度	模型	估计值	置信区间	F 值	P 值	BS 次数
技术寻求	Eco	单一门槛	1.725	[−1.856, 2.104]	12.424***	0.000	300
		双重门槛	2.730	[0.096, 2.990]	2.925***	0.003	300
	Effi	单一门槛	2.804	[−0.619, 2.958]	3.954***	0.000	300
		双重门槛	3.043	[−4.031, 6.916]	7.106***	0.000	300
	Stab	单一门槛	2.458	[−1.279, 2.909]	15.005**	0.020	300
		双重门槛	4.787	[3.451, 5.934]	12.432**	0.017	300
	Sustain	单一门槛	2.482	[−1.904, 5.934]	1.854	0.270	300
		双重门槛	4.954	[4.594, 5.934]	17.761***	0.003	300
资源寻求	Eco	单一门槛	31.132	[31.092, 40.569]	2.515	0.150	300
		双重门槛	42.382	[41.418, 44.569]	3.199***	0.000	300
	Effi	单一门槛	41.253	[30.192, 46.545]	1.708	0.183	300
		双重门槛	52.507	[51.548, 66.931]	17.103***	0.000	300
	Stab	单一门槛	−36.632	[−36.632, 36.056]	1.316	0.357	300
		双重门槛	46.042	[−17.665, 58.290]	8.500**	0.017	300
	Sustain	单一门槛	−36.632	[−36.632, 42.705]	4.349***	0.003	300
		双重门槛	−17.665	[−17.665, 58.290]	15.237***	0.000	300
市场寻求	Eco	单一门槛	1.462	[−0.472, 2.564]	1.578***	0.000	300
		双重门槛	3.319	[−0.472, 3.569]	0.385***	0.000	300
	Effi	单一门槛	−1.853	[−4.271, 5.475]	4.249***	0.000	300
		双重门槛	−1.554	[−4.093, 4.882]	4.466**	0.033	300
	Stab	单一门槛	1.359	[−2.506, 2.781]	11.278**	0.017	300
		双重门槛	2.720	[2.435, 4.716]	13.445***	0.000	300
	Sustain	单一门槛	3.116	[−2.880, 4.716]	8.880***	0.003	300
		双重门槛	3.507	[3.403, 3.871]	23.291***	0.000	300

注：***、**、*分别表示在 1%、5%、10%的显著性水平上拒绝原假设。

对于技术寻求型 ODI 而言，当逆向溢出水平跨越第二门槛值时，对经济增长质量的影响显著为正。就经济增长质量分指标来看，当逆向技术溢出水平低于 2.804 或高于 3.043 时，会显著促进经济增长效率；逆向技术溢出水平只有位于第二门槛区间时，才会对经济增长稳定性产生正向影响；逆向技术溢出水平跨越第一门槛值后，对经济增长可持续性的影响方向由负转正，且影响力度不断增强。对于资源寻求型 ODI 而言，逆向技术溢出对经济增长质量的影响呈"U 型"特征，即位于第二门槛区间时影响显著为负，位于"U 型"曲线两侧时影响为正。而逆向技术溢出对经济增长质量各分类指标的影响也存在其最佳的门槛区间，但总体上看，回归系数较小，表明当前资源寻求型 ODI 逆向技术溢出的作用尚不明显。对于市场寻求型 ODI 而言，逆向技术溢出水平的提升会不断抑制经济增长质量的提高，且位于第二门槛区间时，抑制作用显著。就经济增长质量分指标来看，当逆向溢出水平位于第一、二门槛区间，能够促进国内经济增长效率，但随着溢出水平再度提升，反而呈抑制作用，且市场寻求型 ODI 逆向技术溢出对经济增长稳定性和可持续性的作用分别呈"倒 U 型"及"U 型"特征，但正向作用的系数不太显著，或受限于当前我国市场寻求型 ODI 的行业性质及其投资动机，逆向技术溢出效应确实有限，见表 6.18。

综合以上分析结果，进一步证实了不同投资动机影响着 ODI 逆向技术溢出的作用效果，即多元化的投资动机下我国 ODI 逆向技术溢出对经济增长质量各方面的影响存在较大差异，且影响力度也各有不同。

(五)讨论三：引入生产率效应的考察

现有研究表明，一国能否通过各种国际技术外溢渠道促进本国技术进步，关键在于本国的技术消化与吸收能力。也就是说，地区生产率的高低可能会通过影响消化吸收国际先进技术的能力，对 ODI 逆向技术溢出效应起到调节作用。为了探究生产率在其中的作用效果，本节将分别以全要素生产率与劳动生产率作为门槛变量，依次考察不同投资目的国与不同投资动机下 ODI 逆向技术溢出对经济增长质量的影响。此外，本书还对经济增长质量的三个分类指标分别进行了门槛检验，限于篇幅，此处不予列出。

表 6.19、表 6.20 列出了基于不同投资目的国时，引入生产率效应的门槛检验结果。以全要素生产率作为门槛变量的检验结果显示：顺梯度情况下，当 TFP 水平较低时(TFP≤1.245)，ODI 逆向技术溢出显著促进经济增长质量；随着 TFP 水平的不断提高(1.245<TFP≤1.320)，ODI 逆向

表6.18　不同投资动机的门槛系数结果

投资动机	维度	SODI_1 系数	SODI_1 t值	SODI_2 系数	SODI_2 t值	SODI_3 系数	SODI_3 t值	特征值 R^2	特征值 N
技术寻求	Eco	-0.1641**	-2.11	0.1260***	3.37	0.0739**	2.47	0.5610	330
	Effi	0.1562***	4.81	-0.1428	-3.64	0.1187***	3.28	0.0601	330
	Stab	-0.0641***	-2.98	0.0215	0.70	-0.0392**	-2.45	0.1600	330
	Sustain	-0.0021	-0.12	0.0013	0.05	0.0042	0.44	0.0158	330
资源寻求	Eco	0.3317	0.01	-0.1504*	-1.95	0.1569*	1.75	0.5110	330
	Effi	0.0103***	5.06	-0.0105***	-4.41	0.0105***	3.98	0.0558	330
	Stab	-0.0035*	-1.72	0.0046**	2.34	-0.0029	-1.64	0.1550	330
	Sustain	-0.0011*	-1.83	0.0102***	2.81	0.0011	1.43	0.0164	330
市场寻求	Eco	0.0148	0.71	-0.2297***	-2.76	-0.2718	-1.23	0.4560	330
	Effi	0.0594	1.17	0.2760**	2.49	-0.0206	-0.51	0.0406	330
	Stab	-0.0949***	-2.91	0.0486	1.62	-0.0513*	-1.99	0.1434	330
	Sustain	0.0211	1.08	-0.0181	-0.53	0.0375*	1.88	0.0324	330

注：SODI_1、SODI_2 和 SODI_3 分别表示第一区间、第二区间和第三区间。

技术溢出会抑制经济增长质量的提升，但当 TFP 超过一定水平后（$TFP>$1.320），ODI 逆向技术溢出对经济增长质量具有显著的正向作用。逆梯度情况下，ODI 逆向技术溢出的门槛值分别为 0.610、1.136，当全要素生产率跨越第二门槛值时，逆向技术溢出对经济增长质量的作用方向发生逆转，由负向作用变为显著的促进作用。以劳动生产率作为门槛变量的检验结果显示：顺梯度情况下，劳动生产率划分为如下三个水平，即低水平（$LP\leqslant0.556$）、中等水平（$0.556<LP\leqslant0.691$）和高水平（$LP>0.691$），当地区劳动生产率水平超过 0.556 时，ODI 逆向技术溢出系数由负转正；当劳动生产率水平进一步提升时，ODI 逆向技术溢出对经济增长质量的影响变得积极且显著。而逆梯度下，ODI 逆向技术溢出始终抑制经济增长质量的提升，且负向作用不断增强。为了进一步探究生产率是如何影响不同投资动机下 ODI 逆向技术溢出的作用效果，本书同样以全要素生产率与劳动生产率作为门槛变量，考察技术寻求型、资源寻求型和市场寻求型 ODI 逆向技术溢出对经济增长质量的作用。

表 6.19　不同投资目的国引入生产率效应的门槛检验

检验	维度	模型	估计值	置信区间	F 值	P 值	BS 次数
全要素生产率	顺梯度	单一门槛	1.245	[0.553, 1.789]	1.528	0.250	300
		双重门槛	1.320	[0.553, 1.789]	3.269**	0.013	300
	逆梯度	单一门槛	0.610	[0.598, 0.677]	20.525	0.207	300
		双重门槛	1.136	[0.708, 1.491]	7.963**	0.014	300
劳动生产率	顺梯度	单一门槛	0.556	[0.518, 0.583]	9.449**	0.037	300
		双重门槛	0.691	[0.419, 0.700]	13.731**	0.025	300
	逆梯度	单一门槛	0.588	[0.405, 0.675]	12.312	0.150	300
		双重门槛	0.691	[0.405, 0.700]	7.371**	0.013	300

注：***、**、* 分别表示在 1%、5%、10% 的显著性水平上拒绝原假设。

　　表 6.21、表 6.22 报告了不同投资动机下引入生产率效应的门槛检验结果，观察后发现：在全要素生产率门槛条件下，三类投资动机 ODI 逆向技术溢出对经济增长质量的影响均呈现出"U 型"特征，其中资源寻求型的影响系数较小，甚至并不显著。此外，在劳动生产率门槛条件下，三类投资动机下 ODI 逆向技术溢出对经济增长质量多表现为抑制作用，其中，资源寻求型对外直接投资通过了单一门槛检验，但影响较弱。

表 6.20　不同投资目的国引入生产率效应的门槛系数结果

生产率	投资动机	SODI_生产率 1		SODI_生产率 2		SODI_生产率 3		特征值	
		系数	t 值	系数	t 值	系数	t 值	R^2	N
全要素生产率	顺梯度	0.0651***	3.15	-0.0782**	-2.17	0.0888***	4.12	0.0694	330
	逆梯度	-0.0672***	-4.42	-0.0291	-1.01	0.0257***	3.00	0.1162	330
劳动生产率	顺梯度	-0.0321*	-1.92	0.0143	0.75	0.2440***	2.64	0.0835	330
	逆梯度	-0.0078	-0.43	-0.0332*	-1.78	-0.0768***	-2.96	0.0768	330

注:为了检验结果的稳健性,本节还使用 SFA 方法对全要素生产率进行测算,最终门槛检验结果基本一致,证实了结果的稳健性;***、**、* 分别表示在 1%、5%、10% 的显著性水平上拒绝原假设。

表 6.21　不同投资动机引入生产率的门槛检验

检验	维度	模型	估计值	置信区间	*F* 值	*P* 值	BS 次数
全要素生产率	技术寻求	单一门槛	1.088	[1.068, 1.587]	32.898***	0.000	300
		双重门槛	1.587	[1.323, 1.734]	-27.352***	0.000	300
	资源寻求	单一门槛	0.817	[0.571, 1.778]	2.842***	0.000	300
		双重门槛	1.672	[0.571, 1.778]	12.152***	0.000	300
	市场寻求	单一门槛	1.211	[0.661, 1.428]	11.828*	0.067	300
		双重门槛	1.294	[1.273, 1.428]	4.686**	0.020	300
劳动生产率	技术寻求	单一门槛	0.414	[0.405, 0.675]	10.644***	0.000	300
		双重门槛	0.691	[0.405, 0.700]	7.845***	0.000	300
	资源寻求	单一门槛	0.691	[0.674, 0.693]	20.996**	0.041	300
	市场寻求	单一门槛	0.405	[0.405, 0.676]	0.154	1.000	300
		双重门槛	0.467	[0.444, 0.691]	19.937***	0.000	300

注：***、**、* 分别表示在 1%、5%、10% 的显著性水平上拒绝原假设。

综合不同投资目的国与不同投资动机下的门槛检验结果来看，较高的全要素生产率将有利于 ODI 逆向技术溢出积极效应的发挥；而劳动生产率对发挥 ODI 逆向技术溢出的积极效应作用有限。可能的原因是，地区的 TFP 越大，表明该地区的技术水平相对较高，技术吸收能力与扩散效应大，对经济增长质量的提升作用越明显。而国内劳动力梯度转移是多数地区劳动生产率提高的主要原因，大部分地区高端人才依然存在缺口，这一约束影响了地区对 ODI 逆向技术溢出的吸收和转化能力，并有可能长期使地区产业陷于低端制造，最终对经济增长质量产生不利影响。

第三节　ODI 逆向技术溢出、吸收能力与经济增长质量[①]

一、模型设定

为了尽可能合理且稳健地研究由 ODI 引致的逆向技术溢出效应与经

---

① 本部分内容的相关研究成果发表于《亚太经济》2018 年第 6 期。

表6.22　不同投资动机引入生产率的门槛系数结果

生产率	投资动机	SODI_生产率1		SODI_生产率2		SODI_生产率3		特征值	
		系数	t值	系数	t值	系数	t值	R^2	N
全要素生产率	技术寻求	0.3570***	7.12	-0.3720***	-6.87	0.3860***	7.65	0.2130	330
	资源寻求	0.0007	0.55	-0.0009	-1.66	0.0036*	1.96	0.0589	330
	市场寻求	0.0591***	2.80	-0.0660*	-1.88	0.1240***	4.83	0.0839	330
劳动生产率	技术寻求	0.0442	1.01	-0.0226	-1.09	-0.0779***	-2.62	0.0717	330
	资源寻求	-0.0003	-0.71	-0.0107***	-4.50	/	/	0.1040	330
	市场寻求	0.0794	1.23	-0.1800***	-4.79	-0.0510**	-2.40	0.0424	330

注：为了检验结果的稳健性，本节还使用SFA方法对全要素生产率进行测算，最终门槛检验结果基本一致，证实了结果的稳健性；***、**、*分别表示在1%、5%、10%的显著性水平上拒绝原假设。

济增长质量之间的作用关系，本书采用以下三个步骤分步搭建模型。

第一步，构建计量模型，探究 ODI 逆向技术溢出对经济增长质量产生的直接影响。借鉴 Coe & Helpman(1995)最早提出的验证技术外溢效应的国际 R&D 溢出回归方法，其基本形式为：

$$\log F_{it} = \alpha_i^0 + \alpha_i^d \log S_{it}^d + \alpha_i^f \log S_{it}^f + \varepsilon_{it} \tag{6.14}$$

式(6.14)中，i 表示不同的地区，t 表示时间，F 表示全要素生产率，S_{it}^d、S_{it}^f 分别代表国内外的 R&D 资本存量。在此基础上，Lichtenberg & Potterie(2001)首次把对外直接投资作为溢出渠道引入该模型，以检验逆向溢出效应，但仍使用 TFP 来衡量一国的技术进步。然而，经济增长核算理论中的 TFP 等于产出增长率与全部投入要素增长率加权和的差值，所以使用 TFP 存在一定的弊端，遗漏了多种因素对经济的影响(欧阳艳艳和郑慧欣，2013)。同时，由于本书将探讨 ODI 逆向技术溢出对母国经济增长质量的影响，因此在综合考虑后，将 TFP 融入经济增长质量指标体系，并合理引入控制变量，该部分的经验模型基本形式最终设定如下：

$$\ln Eco_{it} = \beta_0 + \beta_1 S_{it}^{ODI} + \beta_2 Innov_{it} + \beta_3 Open_{it} + \beta_4 Nr_{it} + \beta_5 Ind_{it} + \varepsilon_{it} \tag{6.15}$$

式(6.15)中，Eco 表示经济增长质量指标，S_{it}^{ODI} 代表 i 省 t 年通过 ODI 渠道的逆向技术溢出，$Innov$ 代表创新程度，$Open$ 代表对外开放度，Nr 代表资源禀赋，Ind 代表产业结构，下标 i 和 t 分别表示不同的省份和年份，ε_{it} 为随机项，其中 i 为各省。

第二步，主要考察在控制吸收能力的情况下，ODI 逆向技术溢出又如何影响母国的经济增长质量。翻阅已有文献，有关吸收能力指标的研究也较多，如 Benhabib & Spiegel(1994)的研究表明，人力资本可通过影响国内技术创新效率和学习国外技术的速度来影响技术进步；Findlay(1978)指出，在技术先进国与技术落后国之间存在不同程度的技术差距，但正是由于技术势差导致技术从先进国向落后国外溢；Keller(2001)指出，本国研发投入强度越大，吸收国际技术溢出的效果越好。于是本部分同样在借鉴 L-P 模型的基础上，考虑到人力资本、技术差距和研发强度等因素对逆向溢出的作用，采取引入指标交互项的形式来构建经验模型，设定如下：

$$\ln Eco_{it} = \beta_0 + \beta_1 \times S_{it}^{ODI} + \beta_2 \times Hc \times S_{it}^{ODI} + \beta_3 \times Rd \times S_{it}^{ODI} + \beta_4 \times Tg \times S_{it}^{ODI} + \beta_5 \times Innov_{it} + \beta_6 \times Open_{it} + \beta_7 \times Nr_{it} + \beta_8 \times Ind_{it} + \varepsilon_{it} \tag{6.16}$$

式(6.16)中，Hc 表示人力资本、Rd 表示研发强度，Tg 表示技术差距。$Hc \times S_{it}^{ODI}$、$Rd \times S_{it}^{ODI}$、$Tg \times S_{it}^{ODI}$ 分别验证一地区由于人力资本、技术差距和研发强度等因素存在差距导致 ODI 逆向技术溢出对该地区经济增长质量的影响。

第三步，继续考察在吸收能力作用下，ODI 逆向技术溢出对经济增长质量的门槛效应。门槛变量选取是门槛回归模型建立的基础，以往研究通常结合吸收能力指标，将经济技术水平、环境支持度等指标设为门槛变量（朱陈松等，2015）。本书在前两步的基础上，借助 Hansen（1999）提出的非线性动态面板门槛模型，通过将人力资本、技术差距和研发强度分别设定为影响 ODI 逆向技术溢出对经济增长质量的异质性吸收能力的门槛变量，对该问题进行分析。依据式(6.15)，本书先设定存在"单门槛效应"，故构建 ODI 逆向技术溢出偏向效应的单门槛模型如下：

$$\ln Eco_{it} = \beta_0 + \beta_1 \ln S_{it}^{ODI} + \beta_2 \ln Innov_{it} + \beta_3 \ln Open_{it} + \beta_4 \ln Nr_{it} + \beta_5 \ln Ind_{it} +$$
$$\gamma_1 \ln S_{it}^{ODI} I(q_{it} \leq \varphi) + \gamma_2 \ln S_{it}^{ODI} I(q_{it} > \varphi) + \varepsilon_{it} \tag{6.17}$$

式(6.17)中，S^{ODI} 为受到门槛变量影响的解释变量，q_{it} 为门槛变量，鉴于门槛变量外生性的假定，本书中 q_{it} 值均采用相应门槛变量取对数值来表示。φ 为待估的具体门槛变量值，$I(\cdot)$ 为指标函数，根据面板数据门槛回归理论，φ 越接近真实的门槛水平，回归模型的残差平方和 $S(\varphi)$ 越小，即最优门槛值应为 $\hat{\varphi} = \mathrm{argmin} S(\varphi)$。$\gamma_1$、$\gamma_2$ 分别表示门槛变量在 $q_{it} \leq \varphi_1$ 以及 $q_{it} > \varphi$ 时解释变量对被解释变量的影响系数。此外，双重门槛及多重门槛效应模型均可以在式(6.17)的基础上扩展得到。

(一) 变量定义与来源说明

由于缺失西藏地区的部分数据，本书选取全国 2006—2016 年 30 个省级面板数据为样本，数据均取自《中国统计年鉴》《中国科技统计年鉴》《中国六十年统计资料汇编》《中国对外直接投资统计公报》以及各省、直辖市的统计年鉴。依据已有的对 ODI 逆向溢出与经济增长质量测度的实证文献以及变量之间的因果关系，式(6.15)、式(6.16)中的解释变量可分为如下两类。

① 核心解释变量：ODI 逆向技术溢出 S^{ODI}。为了合理且有效地计算我国利用对外直接投资途径获得的技术溢出，采用公式为：$S_t^{ODI} = ODI_t / Y_t \times S_t$，其中，$ODI_t$ 代表我国对外直接投资额，S_t 和 Y_t 分别代表 t 年国内研发资本存量和生产总值。最终各省从对外投资中获得的逆向溢出按公式 $S_{it}^{ODI} = S_t^{ODI} \times (ODI_{it} / \sum_i ODI_{it})$ 计算，i 为省份。

② 控制变量：包括吸收能力因素(人力资本 Hc、研发强度 Rd 和技术差距 Tg)以及创新程度 $Innov$、对外开放水平 $Open$、资源禀赋 Nr 和产业结

构指标 Ind。

　　a. 吸收能力指标：Hc（人力资本）是影响逆向技术溢出的重要因素，参考 Barro & Lee(1993) 提出的劳动力平均受教育年限方法来近似计算人力资本水平；Rd（研发强度）则使用国内研发经费支出与生产总值之比来测算；本书在衡量 Tg（技术差距）时，采用中国与他国之间的资本密集度之比，即 $Tg_t = (K_t^d/L_t^d)/(K_t^f/L_t^f)$ 来衡量，其中，K_t^f、L_t^f 分别代表东道国的总体固定资本形成总额以及劳动力总人口。

　　b. 其他控制变量：$Innov$（创新水平）采用各省每年的 3 种专利批准量与受理数之比表示；$Open$（对外开放度）的计算公式为：$Open_{it} = (Im_{it} + Ex_{it})/GDP_{it}$，$Im_{it}$、$Ex_{it}$ 分别表示 i 省 t 年的进、出口贸易量；Nr（资源禀赋）对于经济增长质量具有重要的影响，根据数据的可得性，本书采用能源产出（万吨标煤）/ 国内生产总值（亿元）表示；不少文献表示 Ind（产业结构）是影响经济增长质量的重要变量，通常使用第三产业产值与国内生产总值的比值进行衡量。

（二）经济增长质量指标的构建

　　经济质量的增长并非一个单一的概念，最近几年有关中国经济增长质量的研究层出不穷。随洪光(2013) 提出，高质量的经济增长应该是高效率增长模式下稳定且持续的增长，因此本书基于其观点，从增长的效率、稳定性和可持续性三个主要角度构建经济增长质量 Eco，具体评价体系构建见表 6.23，共选取 31 项基础指标。此外，本书采用均值化方法对基础指标的各代理变量进行无量纲化处理，以及使用主成分分析法对基础指标降维，以解决变量的不可通度性，并求得 Eco 的综合指标。

表 6.23　经济增长质量指标体系

方面指数	分项指标	基础指标	代理变量
经济增长效率	要素生产率	资本生产率	GDP/ 资本存量
		劳动生产率	GDP/ 从业人数
	生产组织效率	全要素生产率	全要素生产率
		技术效率	技术效率
	市场效率	技术变动	技术变动
		工业化率	非农产业就业人数 / 总就业人数

方面指数	分项指标	基础指标	代理变量
经济增长稳定性	产业结构	第二产业比较劳动生产率	第二产业产值比／第二产业就业比
		第三产业比较劳动生产率	第三产业产值比／第三产业就业比
	城乡结构	二元对比系数	农业比较劳动生产率／非农业比较劳动生产率
		二元反差指数	｜非农业产值比重－劳动力比重｜
	投资消费结构	投资率	资本形成总额／GDP
		消费率	最终消费支出／GDP
	金融结构	存款余额占比	存款余额／GDP
		贷款余额占比	贷款余额／GDP
	经济稳定	经济波动率	｜经济增长率变动幅度｜
	城乡居民收入	农村居民家庭恩格尔系数	农村食品支出／消费支出
		城镇居民家庭恩格尔系数	城镇食品支出／消费支出
	就业波动	城镇登记失业率	城镇登记失业率
	成功分配	劳动者报酬占比	劳动者报酬／GDP
		泰尔指数	泰尔指数
经济增长可持续性	环境污染	单位产出污水排放数（吨／万元）	工业废水排放总量／GDP
		单位产出固体废弃物排放数(吨／万元)	工业废弃物产生量／GDP
	资源消耗	单位地区生产总值电耗(千瓦小时／元)	电力消费量／GDP
	开放程度	进出口总额／GDP	进出口总额／GDP
		对外直接投资／GDP	对外直接投资／GDP
	公共服务	一般公共服务支出占比	一般公共服务支出／财政支出
		公共安全支出占比	公共安全支出／财政支出
	基础素质	铁路里程	铁路里程
		公路里程	公路里程
	科技与创新	科学技术支出占比	科学技术支出／财政支出
		各地区每年的三种专利批准量	每年的三种专利批准量

其中，需要经过复杂处理的基础指标分别为资本生产率、全要素生产率以及泰尔指数。① 资本生产率采用各省 GDP 与该省相应年份的资本存量之比表示，而对资本存量的估算，仍采用永续盘存法 $S_{it} = I_{it} + (1 - \delta)S_{it-1}$。$S_{it-1}$ 指资本存量的滞后一期，δ 为折旧率并沿用 C-H 模型使用的 5%，I_{it} 指 i 省 t 年实际固定资本形成额，且以基年进行折算。2006 年资本存量为 $S_{i2006} = I_{i2006}/(g_i + \delta)$，$g$ 指样本期内各省固定资本投资的年均增长率。② 全要素生产率(TFP)以及技术效率变动(EC)、技术变化(TC)的计算。虽然目前有多种度量全要素生产率的方法，如索洛余值法、OP 法、LP 法和 DEA 数据包络分析法等，但是 DEA-Malmquist 生产率指数法的应用更为普遍，更加适合我国的数据情况，而且实证结果的偏差较小(李骏等，2017)，故本书利用 DEAP2.1 软件并视省份为单个生产决策单位，对它们进行计算。具体测算时，产出变量选用各省折算为 2006 年不变价格的实际 GDP 数据，资本投入量同样使用各省的资本存量，劳动投入量则采用各省年末总就业人数表示。③ 泰尔指数的估算方程为：$Dis = \sum_{i=1}^{2}(p_{it}/p_t) \times \ln(p_{it}/p_t)/(z_{it}/z_t)$，其中，$i$ 分别表示城镇和农村，z_t 表示 t 时期的总人口，p_t 表示 t 时期的总收入。

(三) 面板数据的协整检验

在面板单位根检验的基础上，本书进一步采用了 Pedroni 协整检验方法，以确定经济增长质量、ODI 逆向技术溢出以及创新程度等变量之间是否存在长期的均衡关系。Pedroni 是针对异质面板数据的协整检验，原假设为变量之间不存在协整关系。它以 Engle-Granger 两步法的回归残差为基础，通过构造 4 个组内统计量和 3 个组间统计量来检验变量之间的协整关系。检验结果见表 6.24。

从表 6.24 的检验结果来看，基于不同类型的检验结果不相一致。而考虑到本书数据的时间跨度仅为 12 年，样本期较小，因此在 Pedroni 检验中主要以 Panel ADF-stat 和 Group ADF-stat 为主要的判断标准，因为它们相较于其他统计量具有更好的小样本性质。表 6.24 中，Panel ADF-stat 和 Group ADF-stat 的伴随概率分别为 0.0004 和 0.0006，均在 1% 的显著性水平上拒绝了原假设，表明经济增长质量、ODI 逆向技术溢出以及创新程度等变量之间存在长期均衡关系。在此基础上，本书将进一步考察 ODI 逆向技术溢出对经济增长质量的影响。

表 6.24 面板协整关系检验结果

检验方法			检验结果
Pedroni 基于残差的协整检验	组内统计量	$H_0 : \rho = 1$ $H_1 : (\rho_i = \rho) < 1$	Panel v-stat	-3.3274 (0.9996)
			Panel p-stat	4.9062 (1.0000)
			Panel PP-stat	-14.8797^{***} (0.0000)
			Panel ADF-stat	-3.3384^{***} (0.0004)
	组间统计量	$H_0 : \rho = 1$ $H_1 : (\rho_i = \rho) < 1$	Group p-stat	7.3666 (1.0000)
			Group PP-stat	-20.1881^{***} (0.0000)
			Group ADF-stat	-3.2357^{***} (0.0006)

注：*** 表示在 1% 的显著性水平上拒绝原假设而接受备择假设。

二、ODI 逆向技术溢出对经济增长质量的直接影响检验

对模型式(6.15)按照全样本和人力资本、研发强度、技术差距三个标准分组的子样本进行基础分析，结果见表 6.25。全样本的检验表明，ODI 逆向技术溢出对经济增长质量具有不显著的提升作用。

按照人力资本分组进行检验，在本书的样本考察期内，两组样本中 ODI 逆向技术溢出的系数存在显著差异性。在人力资本较高的地区，ODI 逆向技术溢出的系数显著为正，在人力资本较低的地区，ODI 逆向技术溢出的系数具有不明显的负向趋势，说明人力资本较高地区的 ODI 企业能够有效地学习、吸收和转化应用东道国先进技术，人力资本较低的地区由于高技术人才匮乏，很难进行 ODI 逆向技术溢出的传导。

按照研发强度分组进行检验，研发强度高的样本组 ODI 逆向技术溢出的系数显著为正，研发强度低的样本组 ODI 逆向技术溢出的系数为正，但未通过显著性检验，说明地区研发强度越高，越能充分学习和吸收东道国先进技术，对母国经济增长质量发挥积极的促进作用。

按照技术差距分组进行检验，ODI 逆向技术溢出的估计系数均显著为正，其中技术差距大的样本组系数值较大，说明随着技术差距的扩大，ODI 逆向技术溢出对经济增长质量的正向效应也随之扩大。由以上检验结

表 6.25　ODI 逆向技术溢出对经济增长质量影响的检验结果

变量	全样本	人力资本高	人力资本低	研发强度高	研发强度低	技术差距大	技术差距小
SODI	0.029	0.034**	-0.029	0.031**	0.010	0.007*	0.003*
	(0.129)	(0.035)	(0.213)	(0.033)	(0.660)	(0.084)	(0.879)
Innov	0.043**	0.010	0.073***	0.066	0.020	0.050	0.050**
	(0.025)	(0.722)	(0.004)	(0.120)	(0.400)	(0.161)	(0.028)
Open	0.595***	0.489***	0.886***	0.517***	0.802***	0.655***	0.602***
	(0.000)	(0.000)	(0.000)	(0.000)	(0.000)	(0.000)	(0.000)
Nr	0.146**	0.038	0.135*	0.122	0.074	-0.040	0.136*
	(0.026)	(0.660)	(0.080)	(0.191)	(0.381)	(0.731)	(0.063)
Ind	1.584***	2.347***	-0.112	1.529***	1.443***	1.818***	0.206
	(0.000)	(0.000)	(0.862)	(0.009)	(0.001)	(0.001)	(0.733)
_cons	-1.320***	-1.246***	-0.928**	-1.439***	-1.063***	-1.390***	-0.827**
	(0.000)	(0.000)	(0.011)	(0.002)	(0.000)	(0.003)	(0.015)
R^2	0.6350	0.6968	0.3738	0.6055	0.6896	0.7187	0.3623
观测值	310	139	171	132	178	105	205
Wald 检验	235.6 [0.000]	305.63 [0.000]	43.78 [0.000]	125.43 [0.000]	215.03 [0.000]	252.96 [0.000]	52.47 [0.000]

注：*、**、***分别表示10%、5%、1%的显著性水平；小括号内为系数对应的 P 值，大括号内为 Wald 检验对应的 P 值。

果可以初步得出一个结论，人力资本、研发强度和技术差距是影响ODI逆向技术溢出作用效果的重要因素，且随着人力资本的提高、研发强度的扩大以及技术差距的增大，ODI逆向技术溢出对经济增长质量的正向效应也会变大。

（一）控制吸收能力作用下，ODI逆向技术溢出对经济增长质量的偏效应检验

对引入人力资本、研发强度、技术差距和ODI逆向技术溢出的连乘项的模型式（6.16）进行检验，考察ODI逆向技术溢出对经济增长质量的偏效应，检验结果见表6.26。全样本中，三种因素与ODI逆向技术溢出连乘项的系数估计均显著为正，且人力资本连乘项系数估计值最大，技术差距次之，研发强度最小。该结果一方面证实了人力资本、研发强度和技术差距是促使技术溢出内化的重要因素；另一方面，说明相较于研发强度和技术差距而言，现阶段我国加大人力资本的投入更易吸收和转化技术溢出，促进经济增长质量的提高。分样本中，就人力资本而言，只有在人力资本较高、研发强度较高或技术差距较小的地区，人力资本的投入对ODI逆向技术溢出吸收和内化才显著，说明人力资本对先进技术的吸收还与该地区的人力资本水平、政府对技术创新的态度以及与先进技术的差距相关。就研发强度而言，只有达到较高水平时，才能促进技术溢出对该地区经济增长质量的正向效应，说明当地政府对技术创新的态度直接影响逆向技术溢出的吸收内化作用。就技术差距而言，在技术差距分样本和研发强度高的分样本中，连乘项的系数估计均显著为正，且技术差距大样本组系数值为0.167，大于技术差距小样本组的0.143，在研发强度弱的分样本中，连乘项系数估计显著为负，进一步证实了随着技术差距的扩大，对先进技术的边际吸收能力就越大，而且还得出吸收能力水平的高低对ODI逆向技术溢出提升经济增长质量存在很大的差异，吸收能力可能对ODI逆向技术溢出的作用效果存在门槛效应。

（二）基于吸收能力作用下，ODI逆向技术溢出对经济增长质量的门槛检验

为了验证人力资本、研发强度与技术差距是否影响ODI逆向技术溢出对经济增长质量的作用效果，分别以这三个指标作为代表影响ODI逆向技术溢出促进经济增长质量的异质性吸收能力的门槛变量，利用门槛回归模型进行检验和估计。

门槛检验结果表明，以人力资本、研发强度和技术差距分别作为门槛变

表 6.26　控制吸收能力后 ODI 逆向技术溢出对经济增长质量的估计结果

变量	全样本	人力资本高	人力资本低	研发强度高	研发强度低	技术差距大	技术差距小
SODI	0.434	−1.460*	−0.369	−0.695**	−0.430	0.433	−0.683***
	(0.310)	(0.053)	(0.207)	(0.027)	(0.197)	(0.317)	(0.006)
Hc * SODI	0.372*	1.457*	0.280	0.473*	0.464	−0.537	0.531**
	(0.059)	(0.070)	(0.319)	(0.085)	(0.192)	(0.217)	(0.029)
Rd * SODI	0.017*	0.033	0.011	0.040*	−0.036	−0.029	0.026
	(0.056)	(0.485)	(0.784)	(0.069)	(0.319)	(0.726)	(0.403)
Tg * SODI	0.065*	0.018	0.057	0.219***	−0.003*	0.167**	0.143***
	(0.093)	(0.841)	(0.294)	(0.001)	(0.094)	(0.023)	(0.006)
Innov	0.014*	0.022	0.042*	−0.002	0.013	0.043	0.023*
	(0.052)	(0.512)	(0.021)	(0.972)	(0.529)	(0.297)	(0.040)
Open	0.596***	0.389***	0.865***	0.374***	0.862***	0.689***	0.566***
	(0.000)	(0.001)	(0.000)	(0.004)	(0.000)	(0.000)	(0.000)
Nr	0.062	0.015	0.095	0.011	0.047	−0.000	0.045
	(0.257)	(0.864)	(0.205)	(0.892)	(0.467)	(0.999)	(0.461)
Ind	1.297***	1.360**	0.017	1.031**	1.188***	1.722***	0.116
	(0.000)	(0.033)	(0.980)	(0.042)	(0.003)	(0.003)	(0.843)
_cons	−1.327**	−3.971*	−0.952	−0.356	−2.044**	0.418	−0.433
	(0.024)	(0.054)	(0.261)	(0.688)	(0.036)	(0.765)	(0.583)
R^2	0.6528	0.7104	0.4028	0.6538	0.6968	0.7245	0.4498
观测值	310	139	171	132	178	105	205
Wald 检验	450.97	318.96	53.85	232.26	388.31	252.45	99.02
	[0.000]	[0.000]	[0.000]	[0.000]	[0.000]	[0.000]	[0.000]

注：*** 表示在 1% 的显著性水平上拒绝原假设而接受备择假设。

量时，ODI 逆向技术溢出的单一门槛和双重门槛至少在 10% 的显著性水平下通过检验，因此，对于不同的门槛变量均采用双重门槛模型继续分析。各门槛模型的 F 统计量、相应的门槛值以及 95% 的置信区间，见表 6.27、表 6.28。

表 6.27 门槛效应检验

检验	维度	模型	门槛检验	门槛值	95% 置信区间
吸收能力	Hc	单一门槛	$5.671^{***}(0.000)$	2.071	$[2.018, 2.182]$
		双重门槛	$7.170^{**}(0.043)$	2.226	$[2.124, 2.226]$
		三重门槛	$0.000(0.270)$	2.131	$[2.124, 2.182]$
	Rd	单一门槛	$6.975^{**}(0.020)$	0.027	$[0.015, 0.070]$
		双重门槛	$3.403^{*}(0.070)$	0.067	$[0.015, 0.116]$
		三重门槛	$-1.026(0.473)$	0.067	$[0.049, 0.118]$
	Tg	单一门槛	$7.080^{**}(0.013)$	0.005	$[0.004, 0.010]$
		双重门槛	$13.795^{**}(0.013)$	0.016	$[0.015, 0.016]$
		三重门槛	$0.000(0.033)$	0.010	$[0.007, 0.011]$

注：门槛检验方法为 F 检验，括号内为相应的 P 值。

表 6.28 ODI 逆向技术溢出对经济增长质量的门槛模型估计结果

变量	人力资本		研发强度		技术差距	
	系数值	P 值	系数值	P 值	系数值	P 值
$Innov$	0.038^{**}	0.049	0.047^{**}	0.014	0.043^{**}	0.028
$Open$	0.501^{***}	0.000	0.613^{***}	0.000	0.651^{***}	0.000
Nr	0.147^{**}	0.030	0.233^{***}	0.003	0.187^{***}	0.006
Ind	1.186^{**}	0.000	1.816^{***}	0.000	1.0126^{**}	0.020
区间 1	-0.027	0.233	0.014	0.582	0.041^{**}	0.014
区间 2	0.022	0.423	0.064^{**}	0.014	-0.041^{*}	0.073
区间 3	0.090^{**}	0.014	0.012	0.618	0.062^{**}	0.037
$\_cons$	-1.118^{***}	0.00	-1.502^{***}	0.000	-1.101^{***}	0.000
R^2	0.6381		0.6320		0.6530	
F 统计量	23.59 $[0.0000]$		32.81 $[0.0000]$		27.14 $[0.0000]$	
样本量	310		310		310	

注：$***$、$**$、$*$ 分别表示 1%、5%、10% 的显著性水平。

按照人力资本进行门槛检验，当人力资本处于较低水平时，技术溢出的系数显著为正，对经济增长质量的提高发挥积极的促进作用。当人力资本水平较低时（$Hc < 2.071$），ODI 逆向技术溢出对经济增长质量的影响不显著，但具有负向效应趋势；随着人力资本水平的不断提高（$2.071 \leq Hc \leq 2.226$），ODI 逆向技术溢出的系数仍不显著，但由负向效应趋势转变为正向效应趋势；当人力资本超过一定水平后（$Hc > 2.226$），对 ODI 逆向技术溢出的不断投入，能够有效地吸收和内化先进技术。

按照研发强度进行门槛检验，当研发强度超过 0.067 或者低于 0.027时，ODI 逆向技术溢出的系数值均为正数，但都未通过显著性检验，只有当研发强度处于 0.027 ~ 0.067 时，该地区 ODI 逆向技术溢出与经济增长质量呈显著的正相关关系。说明只有当研发强度处于适度水平时，研发强度才能充分扮演吸收能力的角色，对 ODI 逆向技术溢出进行吸收和内化，促进该地区经济增长质量的提高。

按照技术差距进行门槛检验，当技术差距较小（$Tg < 0.005$）或者较大（$Tg > 0.016$）时，ODI 逆向技术溢出对经济增长质量的提高具有显著的正向效应，且前者的系数值为 0.041，小于后者的系数值；当技术差距处于中等水平时（$0.005 \leq Tg \leq 0.016$），ODI 逆向技术溢出的系数显著为负。这种结果进一步验证了前文的结论，即随着技术差距的扩大，ODI 逆向技术溢出对经济增长质量的正向效应也随之扩大，区别在于出现了中间过渡期，也就是说，该地区技术水平与东道国技术水平差距的逐步减小不利于 ODI 逆向技术溢出，进而对母国经济增长质量的提高产生负向效应。

以上结果均验证了表征吸收能力的人力资本、研发强度和技术差距会影响 ODI 逆向技术溢出效应的实现，并且得出了一个重要结论，即吸收能力只有处于一个合适的水平时，ODI 逆向技术溢出才能提升经济增长质量，否则会阻碍经济增长质量的提升。

鉴于中国各省市的人力资本、研发强度和技术差距都有显著的不同，这将影响各地区对 ODI 逆向技术溢出的吸收内化能力，进而使得 ODI 逆向技术溢出对经济增长质量的作用方向及作用程度呈现空间异质性。在人力资本门槛条件下，全国大部分省市位于第二门槛区间，这表明虽然只有青海等少部分省市尚未跨越第一门槛值，但大多数省市逆向技术溢出的正向影响力度还较小，其人力资本水平有待进一步提升，以进入最优门槛区间。在研发强度门槛条件下，样本多集中在第一门槛区间，说明此类省市处于研发强度较低水平，对 ODI 逆向技术溢出提升经济增长质量的正向作用并不显著；近半数省市位于第二门槛区间，说明该类省市的研发强度控制在较为适度的范围内，对 ODI 逆向技术溢出的内化作用较为明显。在技术差距门槛条件下，绝大多数省市跨越了第二门槛值，即位于技术差距较大的门槛区间内，ODI 逆向技术溢出正向促进经济增长质量的提升；对比之下，部分中西部省市（如甘肃、四川等）虽越过了第一门槛值，但恰落在中间过渡区间，当下技术差距水平并不利于发挥 ODI 逆向技术溢出的积极效应。

三、检验结果的解释

① 人力资本、研发强度与技术差距所表征的逆向技术溢出吸收对经济增长质量存在直接影响效应。人力资本水平高，意味着劳动者技能得到提升，区域内将存在更多参与国际竞争的劳动力，竞争活力的注入将带来制造创新的动机。此外，企业内的团体互动以及关联产业间的人际互动将会带来知识、技能的分享与流动，并由于"人力资本外部性"产生知识溢出（Lucas，1988），促进技术的扩散，从而使经济增长质量得到提高。而人力资本水平低可能导致 ODI 渠道的技术反馈难以被吸收，因而阻碍经济增长质量的提高。研发强度的巩固将有助于促进其技术创新以及创新型国家战略的实施，通过技术创新提高创新效率、产业研发效率，由企业个体创新联动产业整体协同创新，从而达到经济增长的可持续，提高经济增长质量。此外，技术差距较大或较小都将使其本身的进一步提高显著促增经济增长质量。当存在较大的技术差距时，我国 ODI 企业处于技术劣势，出于技术寻求的目的进行对外直接投资，在东道国建立子公司或研发机构，融入当地 R&D 聚集区域，随着与母公司间的人员流动与产品交流，在获得管理知识与经验的同时，也得到产品结构的优化（茹玉骢，2004），再通过母公司所在的创新网络将此溢出向母国关联产业及上下游扩散，从而促进经济增长质量提高。而较小的技术差距则可能激发我国 ODI 企业与东道国类似企业的竞争，由竞争激励促使改进的发生，从而获得经济增长质量的提高。

② 在控制吸收能力的情况下，三个因素对经济增长质量存在调节效应，且三者中人力资本相较而言对逆向技术溢出的吸收内化贡献最大。偏效应检验发现，地区本身的人力资本水平、研发强度及技术差距，将对技术反馈作用于经济增长质量的效果产生影响。在人力资本高的地区，进一步的人力资本投入将扩大技术溢出对于经济增长质量的促增作用，原因可能是，在信息经济的大环境下，劳动力的数量与创新力都具有关键作用，拥有高技能劳动力的地区再进行人力资本投入，将对本地区的创新活力产生一定激发效果，且高级教育人力资本和健康人力资本能够对经济增长产

生显著有利的空间溢出效应（倪超和孟大虎，2017），从而改善经济增长质量。类似地，在研发强度高的地区进一步进行研发投入，同样能够扩大技术溢出对经济增长质量的促增作用。然而，在研发强度低的地区，技术差距的扩大将抑制上述作用的效果。此中原因可能是，地区内 ODI 企业对研发的轻视，将导致长期内所追求的可持续增长缺少创新助推，若在此条件下技术差距再一次扩大，则将使处于全球价值链底端的 ODI 企业被进一步俘获、控制。地区拥有高人力资本、高研发强度及较小技术差距，往往意味着区域内母国 ODI 企业将能更好地学习、吸纳逆向技术反馈，并且该地区也蕴含着良好的培育创新的环境，这都会对经济增长质量的提升产生正向促进作用。

③ 人力资本、研发强度与技术差距对 ODI 逆向技术溢出都具有双重门槛效应。人力资本在高水平区间内能够显著促进经济增长质量的提升。原因可能是，大力加强人力资本的健康投资、教育投资，将使拥有专业技能的劳动者为产业转型升级做出有力贡献，提升 ODI 逆向技术外溢的吸收效果，对经济增长、创新效率产生促进作用，这与王弟海（2012）、刘东丽和刘宏（2017）等学者的研究结论一致。研发强度在中等水平区间才能够促增经济增长质量，而较低、较高的研发强度都未显示显著促进经济增长质量。结合现实本书认为，ODI 企业参与国际竞争的过程中面临着更紧迫的技术创新压力，此时研发投入的提高不仅有利于其海外竞争力的提高，也有利于造就 ODI 企业中技术领先者的诞生。上文门槛检验则说明，只有在达到一定研发强度后，研发强度的进一步提高才能够显著促进经济增长质量的提升。其中原因或许是，研发创新是一个具有积累性的长期过程，前期的研发投入能够带来一些实践经验，然而对于经济增长质量的作用并不明显，在达到阈值水平后才能产生显著效果。此外，过高的研发投入可能抢占了物质资本投入，从而对 ODI 造成"挤出"，而与其可能带来的正向作用发生抵消，表现为对经济增长质量不显著的作用。过大或过小的技术差距都将使其本身的进一步提高显著促增经济增长质量，而中等水平的技术差距将对经济增长质量的提高存在抑制作用。此中原因可能是，存在过大技术差距的情况下，母国本身的技术基础较差，此时通过 ODI 企业切入全球价值链的低附加值环节，以大量的生产一线制造过程累积现场经验，能够获得隐形的工艺改良及材料改善等知识，此外，东道国的技术创新水平能够正向促进 ODI 逆向技术溢出（姚战琪，2017），从而有效提升母国的经济增长质量；技术差距过小时，ODI 企业的东道国与母国技术水平接近，此时可能存在良性的"同侪效应"，相似的水平易引发更激烈

的竞争，从而产生更强的创新激励，促就经济增长质量的提升；技术差距处于中等水平时，则可能因为母国与东道国之间可观的技术差距导致 ODI 企业的海外竞争力较小，无法形成技术优势，本土吸收技术溢出的能力也较弱，此时便呈现出对经济增长质量的负向影响了。

④在不同吸收能力维度的约束下，ODI 逆向技术溢出对经济增长质量的影响具有空间异质性。首先，大部分省市的人力资本处于中等水平，ODI 逆向技术溢出对经济增长质量的正向作用并不明显，人力资本水平仍有待进一步提高。眼下只有北京、天津、上海等跨越了第二门槛值，位于较高的人力资本水平，可见这些地区通过对教育的投入或对优秀人才的吸引，有力促进了地区劳动力素质水平的提升，形成较高的人力资本，进而能够更好地对逆向技术溢出进行消化、吸收，并转化应用于企业发展与产业升级上。其次，部分省市已处于研发强度的中等水平，但仍有很多省市位于第一、三门槛区间，对于经济增长质量的促进作用尚未显现。这类地区应注重调整研发支出占比，既将研发水平维持在一定的强度以持续激发创新活力，又保证不挤占其他资本投入，以发挥 ODI 逆向技术溢出的最大效益。最后，大多数省市与东道国的技术差距较大，ODI 逆向技术溢出对经济增长质量提振作用显著。说明技术寻求型 ODI 利于国内企业嵌入国际研发创新体系，加快技术获取效率与产品更新速度，能够从发达国家技术领先企业的区位网络中吸收技术外溢带来的正向外部性（刘宏和张蕾，2012）。但同时也要看到随着技术差距的逐步缩小，可能由于国际间竞争的加剧，对经济增长的促进作用转而为负，只有当技术差距缩小到一定范围内，伴随地区吸收能力的增强，才能充分利用先进技术与管理经验，持续促进经济的高质量发展。

第四节　ODI 逆向技术溢出效应的区域差异研究

一、ODI 逆向技术溢出效应的模型设定与检验①

（一）模型框架与变量说明

本书主要借助 Coe & Helpman（1995）提出的国际溢出模型（CH 模

---

① 本部分内容的相关研究成果发表于《世界经济与政治论坛》2019 年第 4 期。

型），并在此基础上尝试引入人力资本吸收能力和对外直接投资逆向技术溢出两个主要变量。CH 模型的表达形式如下所示：

$$\ln F_{it} = \alpha_{0i} + \alpha_{1i}\ln S_{it}^d + \alpha_{2i}\ln S_{it}^{f(CH)} + \varepsilon_{it} \qquad (6.18)$$

其中，$i = 1，2，3，\cdots，n$，代表不同的国家；F_{it} 是第 i 国在 t 期的全要素生产率；S_{it}^d 是 i 国在第 t 期的国内研发资本存量；α_{0i} 为常数；α_{1i} 和 α_{2i} 分别代表 i 国的国内研发资本存量和国外研发溢出对本国全要素生产率的弹性；$S_{it}^{f(CH)}$ 代表用 CH 方法计算出的通过贸易路径溢出到 i 国的国外研发资本存量，公式为 $S_{it}^{f(CH)} = \sum_{i \neq j} (Im_{ijt}/Im_{it})S_{jt}^d$，其中 Im_{ijt} 为 i 国在 t 期从 j 国进口的总额；S_{jt}^d 则为 t 时期 j 国的国内研发资本存量；ε_{it} 是随机干扰项。

伴随 CH 模型的不断完善，对外直接投资和人力资本吸收能力等也作为影响一国全要素生产率的重要因素引入该模型。本书考虑多方面因素，最终将该模型扩展为如下形式：

$$\ln TFP_{it} = \beta_0 + \beta_1\ln RD_{it} + \beta_2\ln ODI_{it} + \beta_3\ln FDI_{it} + \beta_4\ln Hc_{it} +$$
$$\beta_5\ln RGDP_{it} + \beta_6 RDGDP_{it} + \beta_7 Open_{it} + \varepsilon_{it} \qquad (6.19)$$

本书研究样本为 2003—2016 年中国 29 个省市的面板数据。由于西藏的数据严重缺失，因此将其剔除，且"四川"的数据为四川和重庆两省的数据之和。书中各类数据均由历年《中国统计年鉴》《中国对外直接投资统计公报》《中国劳动统计年鉴》《国际统计年鉴》《中国主要科技指标数据库》以及各省市统计年鉴整理所得，部分数据取自国研网。本书使用的变量相关说明列于表 6.29。

表 6.29　各变量含义、预期符号及相关解释

变量	含义	预期符号	变量相关说明
TFP	环境约束下的绿色生产率	不确定	产出增长率超过要素投入增长率的部分。在考虑环境因素的情况下①，采用 DEA Malmquist 生产率指数法计算
RD	国内研发存量技术溢出	+	采用永续盘存法计算，以 1999 年为基期，单位为万美元

① 全要素生产率定义为 $TFP = Y/(K^\alpha L^\beta)$；所谓考虑环境因素，就是在利用 DEA 方法计算 TFP 时加入"坏产出"的成分，包括二氧化硫（SO_2）和化学需氧量（COD）的排放量。

续表

变量	含义	预期符号	变量相关说明
ODI	对外直接投资逆向技术溢出①	+	计算过程中使用到的各国 R&D 存量指标，计算方法与计算国内 R&D 存量相似
FDI	外商直接投资逆向技术溢出	+	使用当年 FDI 流量来衡量②，单位为万美元
Hc	人力资本吸收能力	+	采用 Barro & Lee(1993)提出的各地区受教育年限(小学、初中、高中、大学等)的加权平均值来衡量
RGDP	经济发展水平	+	人均 GDP 的绝对值
RDGDP	研发投入创新能力	+	采用历年的 R&D 支出占 GDP 的比重来表示
Open	对外开放度	+	主要是通过对 FDI 的正向效应来促进中国全要素生产率的提高

(二) 估计结果的有效性检验

本书首先分析对外直接投资逆向技术溢出对绿色生产率的发展是否存在显著的影响，具体实证分析结果列于表 6.30。通过对比不难发现，从回归结果的显著性来看，采用差分 GMM 和系统 GMM 方法要比 OLS 方法好得多。首先，使用 OLS 方法回归时，模型 1 在仅考虑国内研发存量技术溢出、ODI 逆向技术溢出和 FDI 技术溢出这三种溢出途径时，ln*ODI* 的估计系数不显著；模型 2 加入了新的控制变量，结果显示 ln*ODI* 的回归系数显著，但国内研发存量技术溢出、经济发展水平等指标的回归系数均未通过显著性检验。其次，使用差分 GMM 方法进行回归时，模型 1 和模型 2 中各变量均通过了显著性水平检验，说明三类技术溢出均会对绿色生产率产生影响。观察表 6.30 后四行可知，两模型均通过了 *Wald* 检验，同时 *Sargan* 检验结果说明本书所选择的工具变量是合理的。而模型 1 中的 *AR*(1) 大于 0.05，说明差分方程中误差项存在自相关，因此我们更倾向于使用模型 2。再次，使用系统 GMM 方法回归时，该方法下的模型 2 中被

---

① 考察中国对外投资的主要去向，结合各国研发存量以及数据限制，本书选取澳大利亚、加拿大、丹麦、法国、德国、匈牙利、爱尔兰、意大利、日本、韩国、荷兰、波兰、西班牙、瑞典、英国和美国 16 个 OECD 国家进行考察。

② 公式为 $S_t^{ff} = \sum_j (FDI_{jt}/Y_{jt}) S_{jt}$ 和 $S_{it}^{ff} = S_t^{ff} \times FDI_{it} / \sum_i FDI_{it}$。

解释变量的滞后项 L. ln*TFP* 回归系数不显著，这说明 L. ln*TFP* 与 ln*TFP* 没有显著的关系，根据经验分析可知该回归结果并不合理，且预期的国内研发存量技术溢出系数符号与实际测算相反。综上，本书认为用差分 GMM 估计模型 2 更为有效。

表 6.30　OLS 与 GMM 估计结果

变量	OLS		差分 GMM		系统 GMM	
	模型 1	模型 2	模型 1	模型 2	模型 1	模型 2
L. ln*TFP*			-0.110^{***}	-0.218^{***}	-0.072^{***}	0.013
			(0.000)	(0.000)	(0.000)	(0.462)
ln*RD*	0.012	0.072	0.027^{***}	0.181^{***}	-0.052^{***}	-0.101^{***}
	(0.755)	(0.281)	(0.000)	(0.000)	(0.000)	(0.000)
ln*ODI*	-0.003	0.008^{**}	0.002^{***}	-0.056^{**}	0.011^{***}	0.005^{***}
	(0.664)	(0.034)	(0.000)	(0.010)	(0.000)	(0.000)
ln*FDI*	0.035^{*}	0.067^{***}	0.064^{***}	0.100^{***}	0.0707^{***}	0.117^{***}
	(0.094)	(0.008)	(0.000)	(0.000)	(0.000)	(0.000)
ln*Hc*		-0.030^{**}		-0.082^{***}		-0.042^{***}
		(0.028)		(0.000)		(0.000)
ln*RGDP*		-0.069		-0.154^{***}		0.100^{***}
		(0.181)		(0.000)		(0.000)
RDGDP		-15.634		-17.410^{**}		-10.848
		(0.131)		(0.020)		(0.186)
Open		-0.068^{***}		-0.085^{***}		-0.086^{***}
		(0.001)		(0.000)		(0.000)
Constant	-0.381	-0.460	-0.805^{***}	-0.945^{***}	0.175^{***}	-0.110
	(0.408)	(0.416)	(0.000)	(0.000)	(0.000)	(0.224)
Wald 卡方	—	—	5514.55 [0.00]	13811.53 [0.00]	21248.57 [0.00]	2795.66 [0.00]
Sargan 检验	—	—	26.391 (0.497)	25.961 (0.521)	25.567 (0.851)	19.725 (0.976)
AR(1)	—	—	-1.768 (0.077)	-3.127 (0.001)	-1.985 (0.047)	-2.433 (0.015)
AR(2)	—	—	-0.558 (0.577)	0.710 (0.107)	-0.032 (0.974)	0.175 (0.861)

注：表中圆括号中的数值为 P 值；*、** 和 *** 分别表示 10%、5% 和 1% 的显著性水平；L. ln*TFP* 表示 ln*TFP* 的滞后一期。

　　表6.30的分析结果表明，影响技术进步的三种渠道，即国内研发存量技术溢出、ODI逆向技术溢出和FDI技术溢出，都能显著影响绿色生产率。那么，人力资本是否能够通过调节技术溢出渠道，进一步影响绿色生产率呢？接下来，将人力资本吸收能力同这三种渠道的交互项引入模型进行分析，具体结果见表6.31。对比OLS、差分GMM和系统GMM的系数回归结果之后，选择差分GMM方法对回归结果进行分析[①]。

　　从表6.31的差分GMM分析结果可以得知，无论是采用模型1还是模型2，$\ln Rd * \ln Hc$、$\ln ODI * \ln Hc$、$\ln FDI * \ln Hc$ 均通过了5%的显著性检验，且符号分别是负、正、正，该结果表明尽管ODI逆向技术外溢对绿色生产率的促进作用不明显，但是经过人力资本吸收能力的调节之后，能够显著地促进绿色生产率的增长。通过人力资本调节后的三种技术溢出渠道中，国内研发存量技术溢出经过调节后，对于绿色生产率影响系数的符号由正变为负，这可能是因为经过人力资本调节后的国内研发存量技术溢出对绿色生产率的影响具有时滞性，在目前经济新常态下表现为国内研发在当期非但没有促进绿色生产率的增长，反而阻碍其发展，当期的研发投入可能在下一期才会对绿色生产率起到显著的正向促进作用（任耀等，2015；方文中和罗守贵，2016）。

　　差分GMM方法下的模型3在加入了人力资本对三种技术溢出渠道调节的情况下，将这三类技术溢出渠道仍保留在模型中，其回归结果同表6.30差分GMM方法下的模型2相比，$\ln FDI$ 的系数不再显著，$\ln ODI$ 系数的显著性和正负号均发生改变（回归系数5%显著下的 -0.056 变为由1%显著下的 0.023）；且无论是 *Wald* 检验、*Sargan* 检验抑或 $AR(1)$ 和 $AR(2)$，均通过检验。由此可以得出初步结论，现阶段中国ODI逆向技术溢出效应对绿色生产率的作用效果在经过人力资本吸收能力调节之后，可以明显促进绿色生产率的发展。

　　考虑到中国地区之间发展具有差异性，由此我们继续研究，讨论这种不确定性是否与区域间发展的差异有关？若区域间发展具有明显区别，那么ODI逆向技术溢出是扩大还是缩小了区域生产率的空间不平衡性？接下来，对上述问题进行分析探讨。

---

　　①　类似于在对表6.30的分析中认为差分GMM方法回归结果更有效，此处表6.31中用OLS和系统GMM进行回归时均存在部分解释变量不显著的情况，据此，还是主要采用差分GMM方法的回归结果进行分析。

表 6.31　稳健性检验

变量	OLS			差分 GMM			系统 GMM		
	模型 1	模型 2	模型 3	模型 1	模型 2	模型 3	模型 1	模型 2	模型 3
L.lnTFP				-0.276*** (0.000)	-0.207*** (0.000)	-0.175*** (0.000)	-0.097*** (0.000)	-0.013* (0.096)	0.014 (0.791)
lnRD			-0.008 (0.840)			0.196*** (0.002)			-0.103** (0.047)
lnODI			-0.067 (0.116)			0.023*** (0.000)			-0.058** (0.045)
lnFDI			0.065 (0.261)			-0.005 (0.917)			-0.105** (0.031)
lnRD*lnHc	-0.003* (0.079)	-0.005** (0.011)	0.000 (0.958)	-0.008*** (0.000)	-0.014*** (0.000)	-0.014** (0.024)	-0.007*** (0.000)	-0.012*** (0.000)	0.002 (0.782)
lnODI*lnHc	0.001 (0.234)	0.002* (0.076)	0.008* (0.093)	0.004*** (0.000)	0.004*** (0.000)	0.010*** (0.000)	0.003*** (0.000)	0.001*** (0.000)	0.008** (0.020)
lnFDI*lnHc	0.005* (0.095)	0.008*** (0.003)	-0.007 (0.323)	0.008*** (0.000)	0.017*** (0.000)	0.014** (0.019)	0.009*** (0.000)	0.016*** (0.000)	0.028*** (0.000)
lnHc			-0.004 (0.959)			-0.020 (0.736)			-0.323*** (0.000)

续表

变量	OLS 模型1	OLS 模型2	OLS 模型3	差分GMM 模型1	差分GMM 模型2	差分GMM 模型3	系统GMM 模型1	系统GMM 模型2	系统GMM 模型3
lnRGDP	0.039 (0.638)	-0.025 (0.500)	0.017 (0.182)		0.015 (0.130)	-0.103*** (0.000)		0.097*** (0.000)	0.125*** (0.000)
RDGDP		-9.092 (0.114)	-0.446 (0.848)		4.030 (0.445)	-18.331* (0.071)		-2.516 (0.708)	2.525 (0.801)
Open		-0.058*** (0.002)	0.017 (0.388)		-0.134*** (0.000)	-0.090*** (0.000)		-0.110*** (0.000)	-0.061*** (0.000)
Constant		0.307 (0.296)	-0.103 (0.876)	0.207*** (0.000)	0.250*** (0.007)	-0.674 (0.285)	0.156*** (0.000)	-0.493*** (0.000)	1.739*** (0.000)
Wald 卡方	—	—	—	86388.14 [0.00]	230802.56 [0.00]	7949.37 [0.00]	10341.53 [0.00]	6153.51 [0.00]	5612.44 [0.00]
Sargan 检验	—	—	—	28.031 (0.409)	26.545 (0.489)	21.495 (0.763)	27.594 (0.773)	25.984 (0.836)	22.497 (0.934)
AR(1)	—	—	—	-2.576 (0.010)	-2.840 (0.005)	-2.989 (0.002)	-2.436 (0.015)	-2.595 (0.010)	-2.843 (0.005)
AR(2)	—	—	—	0.413 (0.679)	0.456 (0.649)	1.239 (0.215)	0.742 (0.458)	0.385 (0.700)	1.246 (0.213)

注：表中圆括号内的值代表 P 值；*、**和***分别表示10%、5%和1%的显著性水平；L.lnTFP 表示 lnTFP 的滞后一期。

二、ODI 逆向技术溢出与区域绿色生产率的趋势分析

(一) 全国层面的影响趋势

上述结果初步表明,对外直接投资逆向技术溢出对绿色生产率的影响具有不确定性,为了进一步分析这种不确定性是否是由经济发展过程中的区域特征性所造成的,本书将全国划分为三大地区进行研究,分析近年来各个地区绿色生产率的发展形势,与此同时探讨 ODI 逆向技术溢出对绿色生产率的影响。

本书样本选取 2002—2016 年中国 29 个省市的面板数据,并采用 DEA 的 Malmquist 生产率指数模型测算绿色生产率、TC 和 EC,具体结果见表 6.32。考虑环境因素时,2002—2016 年绿色生产率每年平均下降 1.23%,技术进步下降 0.92%,技术效率下降 0.31%[①],因此绿色生产率下降的主要原因可以归结为技术进步的下降。此结果表明,中国目前的基础科学仍然较弱,知识流动机制尚不健全,这都是使中国技术下降的原因;而产业发展与技术发展紧密相关,中国的技术水平越低,中国便越难以利用低水平的技术充分利用现有以及未开发的资源(顾乃华,2008; 吴延兵,2008)。

表 6.32　考虑环境因素下全国 Malmquist 指数的均值

年份	EC	TC	TFP	年份	EC	TC	TFP
2002—2003	1.014	0.930	0.944	2009—2010	0.995	0.984	0.979
2003—2004	0.984	1.228	1.208	2010—2011	1.005	0.963	0.968
2004—2005	1.019	0.959	0.977	2011—2012	0.994	0.947	0.942
2005—2006	1.010	0.957	0.967	2012—2013	1.024	0.918	0.940
2006—2007	0.989	1.019	1.008	2013—2014	1.004	0.938	0.942
2007—2008	1.008	0.970	0.978	2014—2015	0.964	1.135	1.093
2008—2009	1.014	1.006	1.019	2015—2016	0.983	0.928	0.912

注:限于篇幅,计算过程和原始数据略,如需要,可向笔者索取。

从各年总体绿色生产率指数的增长下降的情况来看,中国总体绿色生

[①]　此处总的年均增长率即将各年份的 Malmquist 指数加总然后取平均值所得。

产率指数在2002—2016年波动较大，除了2004、2007、2009和2015年的绿色生产率指数大于1，其他年份均呈现负增长。这可能主要是由近年来中国企业的生产状况决定的。自2001年中国加入WTO以来，工业和服务业都呈现出快速增长的势头，但却并未十分注重技术的进步与技术效率的提升，特别是在金融危机后，绿色生产率指数更是大受影响；虽然2013年后出现轻微的回升迹象（绿色生产率指数由0.940提高到1.093），但2016年又出现下降趋势。因此，现阶段中国积极实施结构改革，全面提高社会生产力水平。考虑环境因素时，技术效率上升的趋势较强（大部分年份的EC指数大于1），但是技术进步停滞增长，甚至出现负增长（只有4年的TC指数大于1）。所以总体来看，绿色生产率上升或下降的主导原因是技术进步，这就从另一个方向印证了杨向阳和徐翔（2006）的结论，即技术进步是绿色生产率增长的主要因素。同时，表明中国还存在技术停滞无效率等状况，今后应从技术进步和技术效率两个角度配合改善、提高中国整体的绿色生产率。

2002—2016年中国对外直接投资逆向技术溢出与绿色生产率之间存在一定的关系，从趋势图（如图6.1所示）可以发现：① 从绿色生产率与ODI之间关系的散点分布图来看，绿色生产率的取值主要集中分布于−2～1，表明绿色生产率仍处于较低水平，而且绿色生产率取值集中趋近于某一特定值，这表明随着中国对外投资力度的不断加大，中国的绿色生产率水平基本保持不变；② 从绿色生产率和ODI之间拟合曲线来看，该回归线平稳且基本呈水平变化趋势。上述结果显示出中国目前的对外直

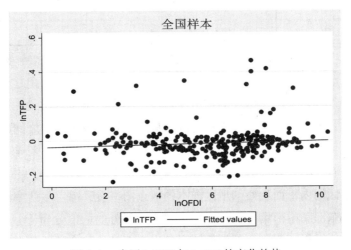

图6.1　全国ln*TFP*与ln*ODI*的变化趋势

接投资逆向技术溢出效应对中国经济和技术的作用尚未产生，且该结果与我们预期的结果之间仍存在差异。

（二）地区层面的影响趋势

中国经济发展的事实表明，各地区存在较大差异，特别是东、中、西部地区资源禀赋、经济基础和创新能力各有不同。为了研究地区之间存在的差异性是否会影响上述结果，本书将全国划分为三大区域，结果（详见表6.33）发现：东部地区的绿色生产率所呈现的数值大于1，而中部和西部地区的绿色生产率所呈现的数值均小于1，也就是中部和西部地区技术效率提升呈现出下降的趋势。中部和西部地区的技术效率在不断提高，东部地区的技术效率增长缓慢。从进步指数来看，只有东部地区的技术进步在不断增长，而技术进步是提高绿色发展效率的主要力量（袁晓玲等，2018）。从上述结果中可见，东部地区各个指数均表明该地区发展情况较好，中、西部地区的技术效率不断得到改进，但是技术进步却不明显。最后，从全国平均水平来看，2002—2016年中国企业生产中，技术效率未呈现明显的增长，全要素生产率和技术进步均下降3%。

表6.33   考虑环境因素下各地区 Malmquist 指数的均值

地区	*EC*	*TC*	*TFP*
东部地区	0.99	1.01	1.01
中部地区	1.00	0.98	0.98
西部地区	1.01	0.97	0.98
全国	1.00	0.97	0.97

注：计算过程和原始数据受篇幅所限而被省略，如需要，可向笔者所要。

为了进一步了解中国不同地区绿色生产率和ODI的相关性，图6.2列出了中国三大地区绿色生产率和对外直接投资逆向技术溢出之间的散点回归情况，可以发现：① 无论是从东部地区样本还是中部地区样本的散点分布图来看，随着ODI的不断投入，绿色生产率取值较集中，主要分布在某一特定区间内，而从西部地区样本的散点图来看，绿色生产率取值分布明显没有东部和中部集中，且绿色生产率大部分的取值分布于 −2 ~ 1。这样的对比结果证明，西部较低的绿色生产率是导致全国绿色生产率较低的主要原因；② 对拟合曲线进行分析，三大地区中，只有东部发达地区

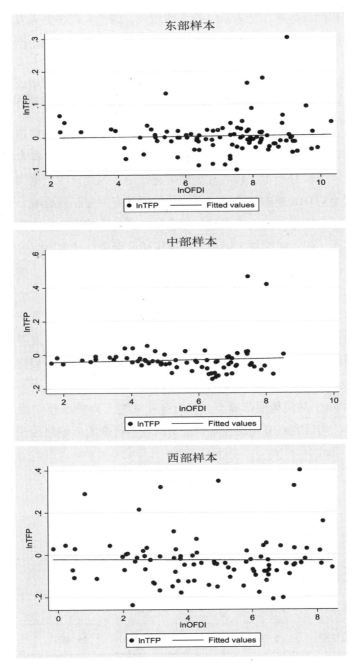

图 6.2　分地区 ln*TFP* 与 ln*ODI* 的变化趋势

的 ODI 逆向技术溢出效应为正向作用，但是，结合三大地区发展情况来看，三条曲线的变化趋势几乎接近水平，表明各个地区的 ODI 逆向技术溢出对其绿色生产率的影响均不明显。因此，可以认为，不论是东部地区，还是中部和西部地区，随着 ODI 投入的加大，绿色生产率并未发生显著变化，即中国三大地区的对外直接投资逆向技术溢出未给绿色生产率带来明显提升。

三、ODI 逆向技术溢出对地区绿色生产率提升不明显的原因解释

结合上文，得到以下结论：目前中国的对外直接投资逆向技术溢出效应还未显现；但是通过人力资本吸收能力调节后，ODI 逆向技术溢出对地区绿色生产率提升产生了较为显著的促进作用。因此，我们认为，人力资本吸收能力对 ODI 逆向技术溢出效应的发挥具有一定正向影响。另外，现阶段 ODI 逆向技术外溢对中国地区绿色生产率的影响在地区之间具有趋同特征。那么，ODI 逆向技术溢出影响中国地区绿色生产率空间差异的内在路径是怎样的？接下来，基于人力资本吸收能力的解释视角，尝试对上述问题进行研究。

根据以往文献以及经验分析，我们认为，地区的人力资本所处发展水平的不同可能会直接影响绿色生产率；不同地区人力资本发展存在差异，因此不同地区的 ODI 逆向技术溢出效应也存在一定的差别，最终导致不同地区的绿色生产率发展水平不一。由此，本书将进一步基于 Hansen(1999) 的门槛回归模型，其门槛变量为人力资本吸收能力，通过考察其特征来研究 ODI 逆向技术外溢对绿色生产率的影响路径和特征，见表 6.34。

表 6.34　门槛模型检验结果

模型	F 值	P 值	临界值		
			1%	5%	10%
单一门槛模型	6.091	0.290	23.056	12.498	10.698
双重门槛模型	5.813***	0.003	3.617	−0.920	−2.807
三重门槛检验	5.965	0.213	20.300	11.404	9.354

注：***、**、* 分别表示在1%、5%、10% 水平下统计显著。

依据表 6.34 列出的结合 Bootstrap 法所呈现的结果发现，仅双重门槛回归模型符合显著性水平检验的条件，因此本书采用双重门槛模型进行分析。本书采用最小残差平方和的方法确定并检验了上述所确定模型的两个

门槛值，LR 图形中的最低点即为本书所呈现的结果。根据计算，得到人力资本吸收能力的双重门槛估计值，为 9.047、9.255，门槛估计值与真实值一致①，且这两个值均通过显著性水平的检验。本书根据实证结果，建立如下双门槛效应模型：

$$\ln TFP_{it} = \beta_0 + \beta_1 \ln RD_{it} + \alpha_1 \ln Hc_{it} \cdot I(\ln Hc_{it} \leq \gamma_1) + \alpha_2 \ln Hc_{it} \cdot$$
$$I(\gamma_1 < \ln Hc_{it} \leq \gamma_2) + \alpha_3 \ln Hc_{it} \cdot I(\ln Hc_{it} > \gamma_2) + \beta_2 \ln ODI_{it} +$$
$$\beta_3 \ln FDI_{it} + \beta_4 \ln RGDP_{it} + \beta_5 RGDP_{it} + \beta_6 Open_{it} + \varepsilon_{it} \qquad (6.20)$$

根据本书所建立的双重回归模型，得出的结果列于表 6.35。$\ln Hc$ 的参数估计值通过了显著性检验，得到的估计值与真实值相同。具体的，当 $\ln Hc$ 小于 9.047，人力资本吸收能力每提高 1 个单位，将促使绿色生产率提升 0.013 个单位；当 $\ln Hc$ 处在 9.047 ~ 9.255 时，人力资本吸收能力提高 1 个单位，会使绿色生产率提高 0.020 个单位；而当 $\ln Hc$ 超过 9.255 时，该系数变为 0.018。这说明，当 $\ln Hc$ 处在区间[9.047，9.255]时，人力资本吸收能力对于绿色生产率的促进作用最强。

表 6.35　门槛值及参数估计结果

变量	门槛值	参数估计值	t 值
$\ln Hc$	$\gamma_1 < 9.047$	0.013*	1.85
	$9.047 \leq \gamma_1 < 9.255$	0.020***	2.62
	$\gamma_1 \geq 9.255$	0.018**	2.17

注：***、**、* 分别表示在1%、5%、10% 水平下的统计显著。

普通面板数据估计方法通常会面临扰动项自相关问题，以及某些回归变量并非严格外生，而是先决变量等问题的困扰。同时，中国的绿色生产率往往具有持续性特征。所以本书借助差分 GMM 法对模型进行分析，并在模型中加入绿色生产率的滞后项。此外，为了解决可能存在的异方差问题的影响，本书采用稳健标准误下的参数估计量，利用系统 GMM 估计法也表明上述所得到的结果通过了 Wald 检验。

本书将中国划分成三大地区来考察 ODI 逆向技术溢出的地区差异性，东、中、西部地区有着各自的人力资本吸收能力值范围，分地区建立的模型如下：

----

① 限于篇幅，未将 LR 图与门槛估计值的结果表格呈现出来，若需要具体的判断方法请向笔者索要。

$$\ln TFP_{it} = \beta_0 + \beta_1 \ln RD_{it} + \alpha_1 \ln ODI_{it} \cdot I(\ln Hc_{it} \leqslant \gamma_1) +$$
$$\alpha_2 \ln ODI_{it} \cdot I(\gamma_1 < \ln Hc_{it} \leqslant \gamma_2) +$$
$$\alpha_3 \ln ODI_{it} \cdot I(\ln Hc_{it} > \gamma_2) + \beta_2 \ln ODI_{it} +$$
$$\beta_3 \ln FDI_{it} + \beta_4 \ln RGDP_{it} + \beta_5 RDGDP_{it} +$$
$$\beta_6 Open_{it} + \varepsilon_{it} \tag{6.21}$$

该模型的回归结果列于表 6.36。由表 6.36 呈列的结果可见，ODI 逆向技术溢出能够促进绿色生产率的增长，这同李梅和柳士昌(2011)、李梅(2012)的分析结论相悖。根据结果可以发现，只有东部和中部地区的 ODI 逆向技术溢出系数符合显著性水平查验的条件，这表明东部地区人力资本吸收能力作用更显著(李梅和柳士昌，2011)，这也说明了中国人才战略在不同地区表现出不同的特征。具体来看，当人力资本处于较低水平时(小于 9.047)，ODI 逆向技术溢出能够促进绿色生产率的发展；当人力资本吸收能力提高时(大于 9.047 而小于 9.225)，相关系数显示为负；当人力资本大于 9.225 时，ODI 逆向技术外溢效应仍可以提升中国的绿色生产率。除了西部地区，其他各系数均通过了 10% 显著性水平检验，而西部地区虽没通过检验，但其 P 值为 0.125，同样具有一定的可信度。

表 6.36　ODI 逆向技术溢出的估计结果(差分 GMM)

变量	全国	东部地区 $\ln Hc \geqslant 9.255$	中部地区 $9.047 \leqslant \ln Hc < 9.255$	西部地区 $\ln Hc < 9.047$
L. $\ln TFP$	-0.216^{*} (0.074)	0.271^{*} (0.087)	0.560^{*} (0.098)	-0.426^{***} (0.000)
$\ln RD$	0.156^{*} (0.060)	-0.164^{**} (0.025)	0.265^{**} (0.011)	0.237^{**} (0.018)
$\ln ODI$	0.022^{*} (0.063)	0.030^{**} (0.013)	-0.186^{**} (0.044)	0.061 (0.125)
$\ln FDI$	0.103^{***} (0.003)	0.152^{**} (0.016)	0.097^{**} (0.036)	0.112^{*} (0.076)
$\ln RGDP$	0.210^{***} (0.003)	0.054^{**} (0.045)	-0.106 (0.321)	0.424^{***} (0.004)

续表

变量	全国	东部地区 lnHc≥9.255	中部地区 9.047≤lnHc<9.255	西部地区 lnHc<9.047
RDGDP	13.559* (0.097)	17.805** (0.048)	−15.734 (0.632)	−7.508** (0.031)
Open	−0.076* (0.086)	0.116** (0.021)	−0.322* (0.072)	−0.546 (0.484)
Constant	−0.0759 (0.217)	−0.523 (0.312)	−3.007* (0.074)	0.283 (0.885)
Wald 卡方	27.07 [0.00]	34.55 [0.00]	44.87 [0.00]	440.16 [0.00]

注：***、**、*分别表示在1%、5%、10%水平下的统计显著；括号中为标准差；L.TFP 表示 TFP 的滞后一期；此处差分 GMM 采用的是 one step，因此未报告 AR(1)、AR(2)检验和 Sargan 检验，下同。

　　从 FDI 技术溢出渠道来看，表6.36结果显示，中国 FDI 也可以促进绿色生产率的增长，尤其对于东部地区来说，由于其技术先进，因此 FDI 的流入会带来正向的技术溢出效应。中、西部地区的技术水平虽然较东部地区而言落后许多，但是 FDI 的流入也为这两个地区带来了正向的促进作用。由此可知，FDI 技术溢出可能也存在某种"门槛条件"或是金融市场等因素，对其效应的发挥具有调节作用，这与李健等（2016）、张欢和徐康宁（2016）的研究结论一致。

　　此外，从国内研发存量技术溢出渠道来看，表6.36还显示了由国内研发存量所产生的技术溢出同样可以显著促进绿色生产率的增长。国内研发存量每增加1%，中国的绿色生产率就会提高0.156%。尽管国内研发存量对不同地区会产生不同的影响，但是这三个地区的结果均为显著。具体来看，人力资本吸收能力较低时（低于9.047），国内研发存量技术溢出对绿色生产率的提升具有促进作用；当人力资本吸收能力提高时（高于9.047但是低于9.225），国内研发存量技术溢出对绿色生产率的提升作用增强；当人力资本吸收能力进一步提高时（高于9.225），国内研发存量技术溢出对中国东部地区的绿色生产率提升具有阻碍作用。这表明，东部地区研发存量技术溢出的阻碍作用明显，这可能是由于中国存在基础科学薄弱、知识流动机制不畅通等问题，而较发达的东部技术投入在目前的水平层级上已相对饱和，盲目地再投入反而使得技术水平下降。最后，本书所选择的控制变量在不同人力资本吸收能力范围（不同地区）内也存在显著的不同，由此可以认为，本书将人力资本吸收能力作为门槛变量有一定的合理性。

第五节　ODI 逆向技术溢出与绿色技术创新提升[①]

一、研究设计

（一）模型设定与变量定义

为了尽可能合理且稳健地检验市场分割对中国企业对外直接投资逆向溢出效应与绿色技术创新之间的作用关系的影响，本书采用以下三个步骤来构建计量模型。

第一步，参照 Coe & Helpman（1995）给出的国际研发技术溢出对绿色技术创新作用的计量模型，以此去考量技术溢出的三种渠道，设计如下基本模型：

$$\ln TFP_{it} = \beta_0 + \beta_1 \ln ODI_{it} + \beta_2 \ln FDI_{it} + \beta_3 \ln Im_{it} + \beta_4 \ln Hc_{it} +$$
$$\beta_5 Open_{it} + \beta_6 RGDP_{it} + \beta_7 RDGDP_{it} + \delta_i + \nu_t + \varepsilon_{it} \quad (6.22)$$

式（6.22）中，TFP_{it} 作为被解释变量，代表地区 i 在 t 年的绿色技术创新，样本包括长江经济带覆盖的 11 个省市。ODI_{it} 代表地区 i 在 t 年通过对外直接投资获取的研发溢出存量，由于中国的对外直接投资统计始于2003 年，因此本书选取的样本期为 2003—2016 年。FDI_{it} 代表外商直接投资；Im_{it} 代表进口贸易渠道获取的研发技术溢出存量；Hc_{it} 代表人力资本水平；$Open_{it}$ 代表对外经济开放程度；$RGDP_{it}$ 代表经济发展水平；$RDGDP_{it}$ 代表国内研发水平；δ_i 和 ν_t 分别指控制了的地区效应和时间效应；ε_{it} 指随机扰动项。另外，为了使数据更具可比性，本书对各变量均取做对数处理，以消除可能存在的异方差。

第二步是建立加入市场分割变量后各解释变量及控制变量对绿色全要素生产率影响变化的计量方程。从研究文献来看，ODI 溢出效应与市场分

[①]　本部分内容的相关研究成果发表于《贵州财经大学学报》2019 年第 4 期。

割对绿色全要素生产率的提升可能存在一定程度的替代作用，所以在回归模型中又引入其交互项。基于此研究思路和方法，本书构建了如下计量模型：

$$\ln TFP_{it} = \beta_0 + \beta_1 \ln ODI_{it} + \beta_2 \ln FDI_{it} + \beta_3 \ln Im_{it} + \beta_4 \ln Hc_{it} + \beta_5 Open_{it} +$$
$$\beta_6 RGDP_{it} + \beta_7 RDGDP_{it} + \beta_8 Segmall_{it} + \beta_9 \ln ODI_{it} \times$$
$$Segmall_{it} + \delta_i + \nu_t + \varepsilon_{it} \tag{6.23}$$

在式（6.23）中，$Segmall_{it}$ 表示市场分割指数。市场分割通过扭曲市场交易成本间接阻碍了企业生产率的提高，因此预测其系数符号为负。进一步地，若 ODI 与市场分割确实互相替代，即市场分割对中国企业对外直接投资具有抑制作用，则交互项估计系数为负值。

第三步是继续考察在不同市场分割水平下，ODI 逆向技术溢出对绿色全要素生产率的门槛效应。本书在前两步的基础上，借助 Hansen（1999）提出的非线性动态面板门槛模型，通过将市场分割指数设定为影响 ODI 逆向技术溢出对绿色全要素生产率的门槛变量，对该问题进行分析。以往研究通常结合吸收能力指标，将经济技术水平、环境支持度等指标设为门槛变量（朱陈松等，2015）。因此，本书还将选择吸收能力指标，即人力资本、对外开放度、经济发展水平以及研发投入分别作为门槛变量，考察在不同吸收能力水平下，ODI 逆向技术溢出对绿色全要素生产率的门槛作用。依据式（6.23），本书先设定存在"单门槛效应"，故构建 ODI 逆向技术溢出偏向效应的单门槛模型，如下：

$$\ln TFP_{it} = \beta_0 + \beta_1 \ln ODI_{it} + \beta_2 \ln FDI_{it} + \beta_3 \ln Im_{it} + \beta_4 \ln Hc_{it} +$$
$$\beta_5 Open_{it} + \beta_6 RGDP_{it} + \beta_7 RDGDP_{it} +$$
$$\beta_8 \ln ODI_{it} \times Segmall_{it} + \alpha_1 \ln ODI_{it} \cdot I(q_{it} \leq \varphi) +$$
$$\alpha_2 \ln ODI_{it} \cdot I(q_{it} > \varphi) + \varepsilon_{it} \tag{6.24}$$

在式（6.24）中，ODI 为受到门槛变量影响的解释变量，q_{it} 为门槛变量，鉴于门槛变量外生性的假定，本书中 q_{it} 值均采用相应门槛变量取对数值来表示。φ 为待估的具体门槛变量值，$I(\cdot)$ 为指标函数，根据面板数据门槛回归理论，φ 越接近真实的门槛水平，回归模型的残差平方和 $S(\varphi)$ 越小，即最优门槛值应为 $\hat{\varphi} = \arg\min S(\varphi)$。$\gamma_1$、$\gamma_2$ 分别表示门槛变量在 $q_{it} \leq \varphi_1$ 以及 $q_{it} > \varphi$ 时解释变量对被解释变量的影响系数。此外，双重门槛及多重门槛效应模型均可以在式（6.24）的基础上扩展得到。

由于各变量间存在因果关系，所以可将式（6.22）~ 式（6.24）中的变量归纳为三大类。

① 被解释变量：绿色技术创新（TFP）。借鉴李梅和柳士昌（2012）等

的做法，本书使用绿色全要素生产率作为度量绿色技术创新的重要指标。通过 DEAP2.1 软件对各省市环境约束下①的绿色全要素生产率指数(MI) 进行测算，之后以各省市为单独生产决策单位，然后经相应变换从 MI 得到 TFP。具体测算时，产出变量和投入变量定义如下：产出变量(Y)，各省期望产出以 2003 年为不变价格折算为实际 GDP 来表示；资本投入量(K)，由永续盘存法计算而得；劳动力投入变量(L)，采用各省市年末就业人员数。以上相关原始数据均来自《中国统计年鉴》。

②主要解释变量：包括中国企业对外直接投资逆向技术溢出、FDI 和 Im。中国企业对外直接投资逆向技术溢出(ODI) 的计算公式为：$S_{jt}^{ODI} = \sum (ODI_{it}/Y_{jt})S_{jt}$，其中，$S_{jt}$ 表示我国 t 时期对外投资目标国 j 的 R&D 资本，ODI_{it} 表示我国 t 时期对 j 国的投资存量，Y_{jt} 代表 t 时期 j 国的 GDP。然后，加入各地区的投资权重，得到我国各地区对外直接投资的国外 R&D 溢出，公式为：$S_{it}^{ODI} = S_t^{ODI} \times (ODI_{it}/\sum_i ODI_{it})$，$ODI_{it}$ 表示 i 地区 t 时期的对外直接投资存量，相关数据选自《中国对外直接投资统计公报》②。此外，由于中国企业对外直接投资的逆向溢出效应提高了本地出口商品的竞争优势，所以预期其系数符号为正。外商直接投资(FDI) 也是本书考察的一个关键因素，使用各省市每年实际利用的外商直接投资数量，选取《中国统计年鉴》中 16 国的贸易额作为代表，按相应年份人民币对美元汇率平均价换算成以人民币为单位进行统计，且以 2003 年为基期进行折算，预测其系数符号为正。进口贸易总值(Im)，由于进口竞争给进口国带来的经济效应，具有不确定性，即进口贸易可能给生产率带来正面或负面效应，所以引入此变量进行探讨，中国与各国之间的进口贸易数据主要来自历年《中国对外经济贸易年鉴》，同样通过当年的中间汇率折算成人民币，再以 2003 年为基期进行平减，预期其与 TFP 指数正相关。

③控制变量，包括 Hc、$RGDP$、$Open$ 和 $RDGDP$。人力资本(Hc)，参考 Barro & Lee(1993) 提出的劳动力平均受教育年限方法来近似计算人力资本水平，且各省市就业人员受教育程度数据均来自《中国劳动统计年鉴》，预测其系数符号为正。人均 GDP($RGDP$)，表示各省市经济发展水

---

① 考虑环境约束就是在利用 DEA 方法计算绿色全要素生产率指数时加入"坏产出"的成分，包括二氧化硫(SO_2) 和化学需氧量(COD) 的排放量。

② 中国对外直接投资的总体研发资本存量主要取自美国、英国、德国、法国、意大利、加拿大、澳大利亚、日本、韩国、丹麦、匈牙利、爱尔兰、荷兰、波兰、西班牙、瑞典，共 16 个国家。

平，在模型中意味着其对于生产效率的作用，以各省市每年的国内生产总值除以每年年末的总人口数得到，数据来自《中国统计年鉴》，预测其与 *TFP* 之间存在正相关关系。经济开放程度（*Open*），先采用主成分分析法分别得到外贸与外资依存度两指标的权重，再依相应准则综合两指标从而求出主成分指标，并且外贸依存度为各省市历年进出口总额占其相应年份的 GDP 比重，外资依存度为占其相应年份的 GDP 中各省市外商直接投资额所占比重，以此衡量经济开放程度，最后根据当年人民币对美元的平均汇率水平将其折算为以人民币为单位，且预期其系数符号为正。国内 R&D 投入占 GDP 比重（*RDGDP*），通过永续盘存法得到长江经济带沿线各省市的研发资本存量后，求出其与当年 GDP 的比值，由于随着资本投入比重的提高，往往会促增生产率，故在此对其系数符号预期为正。

（二）市场分割指标的测算

关于具体测算市场分割指标的实际方法，现存已有详尽研究成果。以"冰川成本"模型（Samuelson，1954）为参照，国内通常采用的办法是利用相对价格去估算市场分割程度，即由于固有交易成本，商品价值在贸易过程中似冰川消融般遭受一定损耗，故即便两地产品市场整合程度很高，相对价格也会在一定的区间波动。若在一定的空间及时间内，同一商品的区际相对价格方差变小，这就说明交易成本有了一定程度的降低，市场分割程度减小。本书在此基础上借鉴陆铭和陈钊（2009）的思路和做法，将 9 类商品零售价格指数[①]作为价格指标，并用其相对价格的一阶差分来估算各省之间的相对价格方差。相对价格指标公式设计如下：

$$\Delta Q_{ijt}^{k} = \ln\left(\frac{P_{it}^{k}}{P_{jt}^{k}}\right) - \ln\left(\frac{P_{it-1}^{k}}{P_{jt-1}^{k}}\right) = \ln\left(\frac{P_{it}^{k}}{P_{it-1}^{k}}\right) - \ln\left(\frac{P_{jt}^{k}}{P_{jt-1}^{k}}\right) \qquad (6.25)$$

在式（6.25）中，i、j 代表不同的相邻省份，ΔQ_{ij}^{k} 代表相邻省商品价格比的自然对数值的一阶差分，P_{it}^{k} 代表 t 时期 i 省 k 类商品的价格。为避免由于区域顺序不同而出现差异，对 ΔQ_{ij}^{k} 采用绝对值，即 $|\Delta Q_{ij}^{k}|$。又因特定商品种类的固定效应 a^{k} 将产生系统偏误，故再在其基础上使用去均值方法消弭偏误。且 a^{k} 仅与商品种类 k 有关，ε_{ij}^{k} 与两地特殊的市场环境相关，则 $|\Delta Q_{ij}^{k}| = a^{k} + \varepsilon_{ij}^{k}$。令 $|\Delta Q_{ij}^{k}| - \overline{|\Delta Q_{t}^{k}|} = (a^{k} - \overline{a^{k}}) + (\varepsilon_{ij}^{k} - \overline{\varepsilon_{ij}^{k}})$，相对

---

① 本书采用 2004—2017 年《中国统计年鉴》中长江经济带 11 个沿线省市的商品零售价格分类指数，主要涵盖 9 类商品，具体包括粮食、鲜菜、饮料烟酒、服装鞋帽、中西药品、书报杂志、文化体育用品、日用品和燃料。

价格变动部分的具体公式为:

$$q_{ijt}^{k} = \varepsilon_{ijt}^{k} - \overline{\varepsilon_{ijt}^{k}} = |\Delta Q_{ijt}^{k}| - \overline{|\Delta Q_{t}^{k}|} \qquad (6.26)$$

最后,以 $Var(q_{ijt}^{k})$ 来代表相对价格中变动部分的方差,表征由市场分割因素所导致的相对价格波动,也即套利区间的大小,其中 q_{ijt}^{k} 主要与地区间市场分割因素和一些随机因素有关联。本书的目的是探究市场分割如何作用于绿色技术创新。因此,本书将相邻地区间指数归并,最终得到各地区市场分割指数。

(三) 样本数据

由于数据缺失和统计口径等原因,所以本书的实证分析最后采用2003—2016 年长江经济带 11 个省市的相关数据①。所有计算 *TFP* 的原始数据均来自《中国统计年鉴》,相比其他使用传统全要素生产率数据来研究本书主题的文献,本书样本使用在环境问题制约下的绿色全要素生产率反映中国长江经济带沿线省市真实的经济发展状况,可能更为合适。

将模型中多个变量相对应的统计性描述陈列于表 6.37,可以看出,长江经济带沿线各省市环境约束下的绿色全要素生产率指数的对数有正有负,且均值为负,最大值为 0.136,最小值为 − 0.138,波动较大,这就意味着各省市的技术水平差距确实存在。中国企业对外直接投资逆向技术溢出的均值的对数为 5.858,最大值与最小值之间的差距很大,可见各省市地方企业对外直接投资获取的技术溢出并不平衡。市场分割指数在样本省市的数值相差无几,因此各省市的市场分割程度大体一致。由于中国企业对外直接投资逆向溢出的预测符号为正,市场分割的预测符号为负,所以它们的交互项的符号尚需验证,若中国企业对外直接投资逆向技术溢出与市场分割并不存在替代关系,则交互项系数为正值。进口贸易溢出效应的绝对值的均值是 FDI 溢出效应对数的均值的 3.28 倍,这表明相对外商直接投资而言,中国主要依靠进口贸易的正向溢出效应,并因此得到生产效率的促进和技术吸收能力的提高。人均 GDP 与人力资本的自然对数的均值分别高达 10.048 和 8.524,表明人均 GDP 及人力资本都是影响中国绿色全要素生产率的重要因素。而中国经济对外开放程度与国内 R&D 投入占 GDP 比重的均值分别仅为 0.401 和 0.003,数值都很小,说明中国对外开放程度较低且国内研发资金投入尚且不足。

---

① 长江经济带东起上海、西至云南,涉及上海、江苏、浙江、安徽、湖北、江西、湖南、重庆、四川、云南、贵州,9 个省 2 个直辖市。

表 6.37　统计性描述

变量	含义	符号预测	平均值	标准差	最小值	最大值
lnTFP	环境因素约束下绿色全要素生产率	不确定	- 0.044	0.045	- 0.138	0.136
lnODI	对外直接投资逆向技术溢出	+	5.858	2.152	- 0.147	10.321
$Segmall$	市场分割指数	-	0.0003	0.0003	0.000	0.0023
ln$ODI \times Segmall$	对外直接投资逆向技术溢出与市场分割指数的交互项	不确定	0.002	0.002	- 0.000	0.012
lnFDI	外商直接投资额	+	6.516	1.405	3.256	9.321
lnIm	进口贸易 R&D 溢出	+	21.381	1.719	16.943	24.852
lnHc	人力资本	+	8.524	0997	6.378	12.187
$Open$	对外开放度	+	0.401	0.450	0.051	3.032
ln$RGDP$	经济发展水平	+	10.048	0.638	8.346	11.442
$RDGDP$	国内研发水平	+	0.003	0.005	0.0002	0.028

二、经验检验结果与分析

(一) 基准回归结果

表 6.38 从长江经济带 11 个省市的样本层面实证检验了绿色全要素生产率的增加中来自企业对外直接投资逆向技术溢出和市场分割的具体表现。首先，由于中国的发展特征，即地区差异性和改革阶段性，故本书选取两阶段最小二乘模型进行回归，采用 ODI 滞后项作为工具变量，在模型 1 中控制了时间效应和地区效应(即回归模型中的 δ_i 和 v_t)。其次，选用逐步回归法对每个模型分别进行回归，模型 1 ~ 模型 5 逐步增加主要解释变量，模型 6 再加入全部控制变量。通过不断加入变量可以发现，模型 1 ~ 模型 6 的 R^2 逐渐增大，说明伴随解释变量个数的增加，回归方程的拟合优度不断得到改善，模型准确度也得到了提升，且模型 6 总体的显著性较好，拟合优度最高。$Anderson$ 正则相关性检验和 $Cragg\text{-}Donald\ Wald\ F$ 统计量结果在 1% 水平上拒绝了"工具变量识别不足"和"弱工具变量"的零假设，说明本书所选取的工具变量具有合理性。

表 6.38 全样本回归结果(2SLS)

变量	模型 1	模型 2	模型 3	模型 4	模型 5	模型 6
$\ln ODI$	0.010*** (0.000)	0.010*** (0.000)	0.010*** (0.000)	0.009*** (0.000)	0.014*** (0.000)	0.009*** (0.000)
$Segmall$		−6.760** (0.045)	−8.683* (0.052)	−12.449** (0.032)	−16.059* (0.076)	−12.647* (0.057)
$\ln ODI \times Segmall$			0.339* (0.094)	1.514** (0.044)	1.514** (0.026)	0.746** (0.012)
$\ln FDI$				0.017*** (0.000)	0.003 (0.630)	0.004** (0.013)
$\ln Im$					0.021*** (0.000)	0.021*** (0.000)
$\ln Hc$						0.009 (0.127)
$Open$						0.024*** (0.005)
$\ln RGDP$						−0.025** (0.025)
$RDGDP$						0.019 (0.985)
常数项	0.013* (0.051)	0.017* (0.051)	0.018* (0.070)	−0.101*** (0.000)	−0.421*** (0.000)	−0.252** (0.021)
F 值(Wald)	[75.83] (0.000)	[26.60] (0.000)	[25.47] (0.000)	[67.36] (0.000)	[81.79] (0.000)	[90.52] (0.000)
Anderson 正则相关性检验	16.090 [0.0000]	13.980 [0.0000]	21.570 [0.0000)	28.990 [0.0000]	18.981 [0.0000]	19.054 [0.0000]
Cragg-Donald Wald F 统计量	12.142 {16.38}	26.539 {16.38}	17.981 {12.38}	19.090 {12.38}	29.012 {22.31}	21.560 {22.31}
R^2	0.210	0.311	0.366	0.379	0.466	0.552
N	138	138	138	138	138	138

注:①表中圆括号内的值为P值,方括号内的值为F值;②*、** 和 *** 分别表示10%、5% 和1% 的显著性水平;③Anderson 正则相关性检验的原假设是"工具变量识别不足",若拒绝原假设,则说明工具变量是合理的;Cragg-Donald Wald F 检验的原假设是"工具变量为弱识别",若拒绝原假设,则说明工具变量是合理的。

根据全样本实证回归结果可以发现如下几点。第一，在各个模型的回归估计结果中，作为核心解释变量的中国企业对外直接投逆向技术溢出与预期符号一致，对绿色全要素生产率具有显著正向作用。这一发现表明，从整体范围来看，现阶段企业生产效率的提升在很大程度上得益于中国企业对外直接投资渠道引致的技术吸收，这与当前中国进入外商投资和对外投资并重的阶段特征相符。第二，在模型 2 ~ 模型 6 中，$Segmall$ 的系数估计值及其显著性统计特征，大体而言，均保持了较好的一致性。$Segmall$ 的系数均显著为负，这表明市场分割对于生产效率的提升存在抑制作用。从整体范围来看，地区之间市场分割度越高，则对技术进步越不利，其原因可能是，企业在市场分割度高的环境内，本土企业受利于当地政府异常优惠的发展政策，进而丧失了进行技术创新以及吸收逆向技术溢出的动力，从而导致在整体范围的产业层面上出现了市场分割度抑制逆向技术溢出的现象。第三，在模型 3 ~ 模型 6 中，交互项 $\ln ODI \times Segmall$ 的系数均显著为正，这样的结果验证了在市场分割的调节作用下，企业可以通过中国企业对外直接投资获取逆向技术溢出，进而提高生产效率。换言之，市场分割在一定程度上对企业吸收中国企业对外直接投资逆向技术溢出具有促进效应，两个因素结合起来对绿色全要素生产率的提高产生了显著影响。第四，从模型 4 ~ 模型 6 的回归结果中可以观察出，通过外商直接投资、进口贸易获取的 R&D 溢出对绿色全要素生产率均具有显著的促进作用，这就表明，现阶段外商直接投资和进口贸易依旧是中国获取国外专业化生产要素、先进知识和领先技术的重要途径。此外，$\ln Im$ 的回归系数大于 $\ln FDI$ 的回归系数，进一步验证了一个基本事实，即大力发展国际贸易，尤其是服务贸易，是实现高质量发展的必要手段。

（二）稳健性检验

异方差和序列自相关等问题往往在面板数据的估计中有一定干扰，又因为生产率往往具有持续性特征。基于以上原因，在此将绿色全要素生产率的滞后项设定为解释变量纳入计量模型。因此，考虑到研究目的和内容，本书将采用系统 GMM 对基准回归结果进行稳健性检验，所得结果列于表 6.39。其中，表 6.39 最后几行列出了主要的模型设定检验结果：$AR(2)$ 统计量检验结果都不显著，这一现象显示其深层原因是模型水平方程误差项并不存在序列相关，而考虑到可能存在的工具变量过度识别问题，本书在此采用 $Sargan$ 检验，其结果显现出对原假设的拒绝，因此选取的工具变量整体有效。

表 6.39　稳健性检验(系统 GMM)

变量	模型 1	模型 2	模型 3	模型 4	模型 5	模型 6
L. lnTFP	0.378***	0.375***	0.376***	0.390***	0.338***	0.410***
	(0.000)	(0.000)	(0.000)	(0.000)	(0.000)	(0.000)
lnODI	0.004***	0.004***	0.004***	0.003***	0.005***	0.002*
	(0.000)	(0.000)	(0.000)	(0.000)	(0.000)	(0.078)
$Segmall$		−1.958**	−2.687*	−1.560**	−2.764*	9.380*
		(0.041)	(0.068)	(0.041)	(0.078)	(0.058)
lnODI × $Segmall$			0.099**	0.079	0.501*	0.959*
			(0.044)	(0.153)	(0.082)	(0.065)
lnFDI				−0.003	−0.010***	−0.006**
				(0.140)	(0.000)	(0.043)
lnIm					0.009***	0.000
					(0.000)	(0.898)
lnHc						0.015***
						(0.000)
$Open$						0.006*
						(0.053)
ln$RGDP$						−0.022***
						(0.000)
$RDGDP$						0.375**
						(0.030)
常数项	−0.009***	−0.008***	−0.008***	0.006	−0.134***	0.111**
	(0.000)	(0.000)	(0.001)	(0.679)	(0.000)	(0.046)
F 值($Wald$)	1268.27	1139.69	814.33	2275.30	3539.68	4381.58
	(0.000)	(0.000)	(0.000)	(0.000)	(0.000)	(0.000)

续表

变量	模型 1	模型 2	模型 3	模型 4	模型 5	模型 6
$AR(1)$	- 1.646 (0.099)	- 1.654 (0.098)	- 1.657 (0.096)	- 1.659 (0.097)	- 1.586 (0.113)	- 1.622 (0.105)
$AR(2)$	- 0.432 (0.666)	- 0.439 (0.661)	- 0.441 (0.659)	- 0.373 (0.709)	- 3.454 (0.730)	- 0.325 (0.745)
$Sargan$	28.509 (0.734)	28.499 (0.734)	28.432 (0.737)	28.337 (0.741)	28.173 (0.748)	22.939 (0.925)

注：①L. $\ln TFP$ 表示 $\ln TFP$ 的滞后一期，括号中的数值为 t 值，***、** 和 * 分别表示在 1% 、5% 和 10% 的水平上变量显著；②$AR(1)$ 和 $AR(2)$ 是对扰动项差分一阶自相关和二阶自相关的检验，GMM 一致性估计要求扰动项不存在自相关，但其一阶差分相关，二阶及以上差分不相关，原假设为"扰动项差分不存在自相关"；③$Sargan$ 检验的零假设是工具变量与残差无相关性，即模型不存在过度识别。

表 6.39 的逻辑与表 6.38 基本一致，从表 6.39 报告的各列回归结果中，本书可以总结出以下几点。第一，在所有各栏的回归估计结果中，滞后一期绿色全要素生产率作为解释变量对当前绿色全要素生产率存在显著正影响，这一结果意味着企业生产效率的"持续性"特征确实存在。第二，在显著性和符号方面，关键解释变量中国企业对外直接投资逆向技术溢出和 $Segmall$ 的回归系数均未发生显明变化，仍为稳健。虽然在模型 6 中 $Segmall$ 的回归系数符号为正且较为显著，但其原因可能是市场分割确保了地方优势资源的内部利用，从而在某种程度上实现了技术进步，提高了生产效率，因此总体上本书依然可以认为市场分割抑制了企业对逆向技术溢出的吸收。第三，两个主要解释变量的交互项 $\ln ODI \times Segmall$ 的系数在模型 3 ~ 模型 6 中显著为正，这一结果既进一步说明了前文检验的稳健性，也表明对于吸收中国企业对外直接投资渠道引致的技术来说，市场分割起着促进作用。换言之，出于有差别的中国企业对外直接投资寻求动机，市场分割与中国企业对外直接投资逆向技术溢出这两方面对绿色全要素生产率的交叉作用是十分复杂的。第四，其他解释变量和控制变量的检验结果与基准回归大体一致，且 $\ln Hc$ 与 $RDGDP$ 的回归系数通过显著性检验，由此推断前文的检验分析稳健。

（三）进一步讨论

改革开放后，中国的经济得到迅速发展，然而仍存在地区差异性这一特征，其中可能有各地区经济实力、地理位置、资源禀赋等问题的原因，ODI 规模以及由此引致的技术吸收也呈现出这一特征，并且较为显著（孔群喜等，2018）。此外，国内各地政府出于增加财税收入、吸引就业的目的，在以长久经济增长为宗旨的基础上地方保护主义盛行，造成市场分割现象愈发明显（张杰和张培丽，2010），基于此，本书认为，需要从地区层面区分 ODI 逆向技术溢出、市场分割对绿色全要素生产率的影响作用。因此，经过前文的回归分析，本书再将 11 个省市的市场细分为上游、中游和下游三个部分①，并分别加以检验，见表 6.40。

表 6.40　分地区样本回归结果

变量	下游		中游		上游	
	2SLS	GMM	2SLS	GMM	2SLS	GMM
L. lnTFP		0.514*** (0.000)		0.114 (0.387)		0.118 (0.384)
lnODI	0.019*** (0.000)	0.009** (0.016)	0.001 (0.733)	-0.001* (0.086)	-0.014*** (0.002)	-0.005** (0.046)
$Segmall$	-20.435* (0.076)	-18.248* (0.086)	45.582** (0.021)	75.541** (0.031)	23.904 (0.925)	26.790** (0.018)
ln$ODI \times Segmall$	2.167* (0.095)	1.954*** (0.001)	-9.687** (0.0.13)	-17.339** (0.046)	-0.692 (0.933)	-2.567** (0.048)
lnFDI	-0.004 (0.680)	0.027* (0.073)	-0.013 (3.000)	-0.004 (0.810)	-0.003 (0.716)	-0.026* (0.061)
lnIm	0.035*** (0.000)	0.007** (0.022)	-0.007 (0.445)	0.002* (0.093)	0.020** (0.014)	0.017* (0.059)
lnHc	0.005** (0.026)	0.013* (0.051)	0.018* (0.040)	-0.008 (0.539)	0.016* (0.081)	0.041*** (0.008)
$Open$	0.018** (0.049)	0.024* (0.082)	-0.039 (0.682)	0.336*** (0.008)	0.207*** (0.005)	0.243** (0.044)

---

① 长江上、中、下游划分为：河源—湖北宜昌为上游；湖北宜昌—江西湖口为中游；江西湖口以下为下游。

续表

变量	下游		中游		上游	
	2SLS	GMM	2SLS	GMM	2SLS	GMM
ln$RGDP$	0.009 (0.554)	0.014 (0.615)	-0.023 (0.355)	0.026 (0.323)	0.0002 (0.988)	-0.051* (0.061)
$RDGDP$	-0.938 (0.266)	0.574** (0.026)	2.990 (0.679)	-39.041*** (0.000)	-2.300 (0.135)	-10.394*** (0.002)
常数项	-0.794*** (0.000)	-0.279 (0.256)	0.239 (0.354)	-0.251 (0.359)	-0.518*** (0.005)	-0.067 (0.822)
$AR(1)$		-1.768 (0.077)		25.961 (0.521)		25.567 (0.851)
$AR(2)$		-0.558 (0.577)		-3.127 (0.001)		-1.985 (0.047)
$Sargan$		26.391 (0.497)		31.531 (0.000)		48.572 (0.000)
$Anderson$ 正则相关性检验	14.981 [0.0000]		23.054 [0.0000]		19.042 [0.0000]	
$Cragg\text{-}Donald$ $Wald\ F$ 统计量	28.012 {22.31}		21.560 {22.31}		18.023 {11.64}	

注：①L. lnTFP 表示 lnTFP 的滞后一期，括号中的数值为 t 值，***、** 和 * 分别表示在 1%、5% 和 10% 的水平上变量显著；②$AR(1)$ 和 $AR(2)$ 是对扰动项差分一阶自相关和二阶自相关的检验，GMM 一致性估计要求扰动项不存在自相关，但其一阶差分相关，二阶及以上差分不相关，原假设为"扰动项差分不存在自相关"；③$Sargan$ 检验的零假设是工具变量与残差无相关性，即模型不存在过度识别。

　　根据表 6.40 中三大地区的实证回归结果可知，各变量对绿色全要素生产率的影响存在着空间差异。首先，在下游市场中，中国企业对外直接投资对绿色全要素生产率的提高存在显著促增作用，而在中、上游市场中，其作用并不明显，这说明中国企业对外直接投资渠道引致的逆向技术溢出对绿色全要素生产率的促进作用在下游地区更为突出。其次，下游地区的 $Segmall$ 显著抑制了绿色全要素生产率的提升，而在中游和上游地区，其作用显著为正或不显著，所以市场分割显著激发了中上游地区的绿色技术创新能力，在下游地区则恰好相反。这可能是因为下游地区相对市场分割表现为程度较深，这就导致了该地区的产业竞争力被削弱，从而导致地区产业升级成为难事，绿色全要素生产率也难以提高，这与盛丹、王永进(2011)的结论相符。相反，中、上游地区的市场分割程度原本处于较低水平，获取的动态比较优势有利于提高地区的绿色技术创新能力。再者，各地区的进口贸易 R&D 溢出、人力资本水平和经济开放程度都对上、中、下游地区的绿色技术创新能力有显著提升作用。此外，在下游地区，经济发展水平成为促进技术创新能力的要素，而在中、上游地区则恰好相反。最后，外商直接投资对技术创新能力的作用表现不显著。

三、原因分析：基于市场分割调节作用的解释

从现实情况来看，由于一些国家或地区可以更好地获取和利用国外的先进技术，并凭借其优良的消化、吸收、创新能力和雄厚的经济技术基础越过经济社会发展的门槛，因此在这些国家发生的对外投资会显著促进技术创新水平的提高。与此同时，还有一部分国家或地区并不能有效地利用国外先进的技术，而且缺乏大量资金进行对外投资，所以这些国家尚不能迈过经济发展的门槛，此时进行对外直接投资甚至可能导致国内企业 R&D 投资产生"挤出"效应，使得本国自身 R&D 能力下降，阻碍技术进步和经济发展。也就是说，对外直接投资的确会引致逆向的技术溢出，但针对这种溢出的吸收能力仍然存在某种程度上的"门槛特征"，当一国或地区的技术消化吸收能力越过某一水平时，企业对外直接投资的逆向溢出效应会呈现跃升性的变化。

为了进一步厘清在市场分割的调节作用下，中国企业对外直接投资逆向技术溢出对绿色全要素生产率的提高产生了怎样的影响，本书对市场分割指数进行了门槛效应检验。首先，确定市场分割指数的门槛个数。由于对门槛的个数并不明确，因此本书采取自抽样检验依次基于单一门槛、双重门槛以及三重门槛的假设进行验证，其结果见表 6.41。根据表 6.41 的结果，本书最终确定后文对市场分割指数的分析将基于双重门槛模型。其次，估计市场分割指数的门槛值。确定了门槛个数之后，本书基于门槛模型分析不同市场分割度条件下的中国企业对外直接投资逆向技术溢出对绿色全要素生产率的影响，其结果见表 6.42，可以确定较小的门槛值是 0.012%，较大的门槛值是 0.019%。据此，可将市场分割指数分为：低水平市场分割指数($Segmall \leqslant 0.012\%$)、中等水平市场分割指数($0.012\% \leqslant Segmall \leqslant 0.019\%$)和高水平市场分割指数($Segmall \geqslant 0.019\%$)。

表 6.41　市场分割指数的门槛模型自抽样检验

模型	F 值	P 值	临界值		
			1%	5%	10%
单一门槛	14.967*	0.060	18.978	15.348	13.402
双重门槛	7.723***	0.000	5.059	3.373	2.501
三重门槛	-9.134***	0.000	-11.101	-14.474	-15.869

注：*、** 和 *** 分别代表10%、5% 和1% 的显著性水平；F 值大于临界值则表示模型拟合效果好。

表 6.42　门槛模型系数结果

门槛变量	市场分割度	人力资本	对外开放度	经济发展水平	研发投入水平
门槛值	0.012% 0.019%	8.872 9.898	0.171 0.360	9.200 9.616	0.001 0.002
$Segmall$		-4.827* (0.082)	-21.485* (0.091)	-20.032** (0.033)	-6.855** (0.027)
$\ln ODI \times Segmall$	0.903** (0.043)	0.005 (0.999)	2.354 (0.482)	1.937** (0.019)	-0.388 (0.905)
$\ln FDI$	-0.005 (0.294)	-0.004 (0.443)	0.001* (0.079)	0.005* (0.081)	-0.006 (0.192)
$\ln Im$	0.023*** (0.000)	0.020*** (0.000)	0.021*** (0.000)	0.022*** (0.000)	0.021*** (0.000)
$\ln Hc$	0.005* (0.077)		0.006** (0.024)	0.006** (0.042)	0.009** (0.042)
$Open$	0.027*** (0.000)	0.019** (0.012)		0.027* (0.076)	0.029*** (0.000)
$\ln RGDP$	-0.012 (0.180)	0.008* (0.081)	-0.012 (0.212)		-0.018** (0.041)
$RDGDP$	0.066** (0.033)	1.600* (0.057)	0.106 (0.898)	0.268*** (0.009)	
$\ln ODI \times I$ $(q \leq \gamma 1)$	0.002** (0.034)	0.002*** (0.005)	0.002 (0.149)	0.005** (0.002)	0.005*** (0.000)

续表

门槛变量	市场分割度	人力资本	对外开放度	经济发展水平	研发投入水平
$\ln ODI \times I$ $(\gamma1 \leqslant q \leqslant \gamma2)$	0.010^{***} (0.000)	-0.012^{***} (0.000)	-0.012^{***} (0.000)	-0.010^{***} (0.002)	-0.012^{***} (0.000)
$\ln ODI \times I$ $(q > \gamma2)$	-0.003^{***} (0.001)	0.009^{***} (0.000)	0.001 (0.378)	-0.003^{**} (0.029)	0.003^{**} (0.028)
常数项	-0.368^{***} (0.000)	-0.319^{***} (0.001)	-0.342^{***} (0.001)	-0.467^{***} (0.000)	-0.300^{***} (0.001)
模型选择	随机效应	随机效应	随机效应	随机效应	随机效应
$F(Wald)$	141.78 (0.000)	162.84 (0.000)	112.02 (0.000)	224.93 (0.000)	146.00 (0.000)
R^2	0.551	0.596	0.510	0.551	0.564
N	154	154	154	154	154

注：*、** 和 *** 分别表示在10%、5% 和1% 水平上显著，括号中为 P 值。为了更直观地表达，此处的 $Segmall$ 门槛值采用百分比的形式。

由表6.42可知，第一，在不同市场分割度水平上，中国企业对外直接投资逆向技术溢出效应不同。当地区的市场分割度较低时，中国企业对外直接投资逆向技术溢出效应显著为正，且每当其提高1%，绿色全要素生产率则显著提升0.002%。随着市场分割度的不断提高，逆向技术溢出对绿色全要素生产率的正向作用依然显著且呈上升态势，但是当市场分割度继续提高，跨越门槛值0.019%时，中国企业对外直接投资逆向技术溢出系数开始下降（从0.010变为-0.003），在1%水平上显著为负。第二，交互项 $\ln ODI \times Segmall$ 的系数较大，在5%显著性水平上的值为0.903，因此可以认为在考虑市场分割调节作用的情况下，中国企业对外直接投资逆向技术溢出对提高生产效率具有促进效应；且其偏效应进一步表明，在不同市场分割度的地区，中国企业对外直接投资渠道带来的逆向技术溢出并不保持一致。此外，本书将其他影响因素，如人力资本、对外开放度、经济发展水平以及研发投入也进行了门槛检验，结果可见表6.42第3~6列，其结果不再赘述。

总体来说，在某地区市场分割度程度较低时，该地区企业对外直接投资对生产率具有正向促进效应；而当某地区的市场分割度原本就处于较高水平，继续提高市场分割程度，就会对经济运行机制造成扭曲，使得市场信号失真，限制区际分工，阻碍区际产业组织效率的提升，从而使得技术进步难上加难，这就意味着，在考虑市场分割度的情况下，中国企业对外直接投资逆向技术溢出对绿色全要素生产率呈现出一种"倒 U 型"的影响效果，这在一定程度上与陆铭和陈钊（2009）的观点不谋而合，即市场分割对逆向技术吸收的影响具有"倒 U 型"的阶段性特征。在地区市场分割程度不高时，市场分割作为地区保护主义的一种形式，在一定程度上促进了地区技术进步，有利于地区的技术吸收；而当地区市场分割程度很高时，市场分割对技术效率形成扭曲，抑制了企业进行创新的动机，降低了产业内竞争活力，割断了吸收逆向技术溢出的渠道。

第七章　中国经济增长质量提升政策建议

第一节　研 究 结 论

一、技术寻求型对外直接投资与经济增长质量

随着综合国力的不断提升，步入新常态的中国经济发展模式更需以提升增长质量和可持续发展为重。在此背景下，中国正"努力开创对外开放新局面"，开展新型开放式经济，加快对外投资方式创新。本书在梳理对外直接投资及经济发展模式的理论基础上，围绕技术寻求型 ODI 促进我国质量型经济增长的作用途径和影响效应展开了详细探讨，并回顾了改革开放以来中国技术寻求型 ODI 的发展背景、现状及影响因素，这为深刻把握当前阶段中国 ODI 和"高质量"经济发展模式的特征和趋势提供了数据支撑和经验支持。然后，又基于现实情形和理论研究构建经济增长质量指标体系，进一步利用投资溢出模型和门槛模型检验了技术寻求型 ODI 对我国经济增长质量的影响，从定量的角度探寻理论研究中的 ODI 作用路径能否促进我国质量型经济发展及其影响程度的大小。通过本书的分析，可以将研究结论归纳为以下 3 个方面。

第一，技术寻求型 ODI 的规模扩增有利于推动我国构建"质量型"经济。理论分析认为，经济发展的根源仍在于质量的提升，而技术寻求型 ODI 推动经济发展的实现条件应当建立在逆向技术溢出能够获得的基础之上，其促进我国经济质量增长的作用机制主要是通过二元特征视角及 IDP 理论视角实现的。实证研究部分通过选取对外直接投资规模和全要素生产率作为主要变量，构建中国技术寻求型 ODI 影响经济增长质量的省际面板模型，路径分析结果表明，在分离地区生产率本身所表征的技术模仿吸纳能力所带来的影响后，ODI 扩增显著促进了经济增长质量的改善，且在

经济增长质量较高、ODI 规模较大的地区，积极作用更为明显。

第二，ODI 规模对影响我国经济增长质量存在区域异质性和时间差异性。一是区域异质性方面，由于各地区之间的经济基础本身存在着差异，而且当西部地区的 ODI 规模扩增时，一些促进本地区经济增长的劳动力与原材料等物质资本向外流出，在东部地区已经对西部产生"虹吸"效应的背景下，资本流出将对西部地区的本土经济增长质量产生消极影响。因而，导致西部地区的 ODI 扩增显著抑制经济增长质量的改善，在中、东部地区，其作用效果实证不显著。二是时间差异性方面，在不同时间样本内，尤其是金融危机发生前，技术寻求型 ODI 对于经济增长质量提升的贡献作用在各个区域并不明显；而在危机发生之后，特别是 2013 年上海自由贸易试验区建立后，中国中、西部地区在 ODI 影响下，明显改善了经济增长质量，东部地区则继续保持正向促进趋势。

第三，生产率在影响 ODI 助推经济质量增长过程中具有"双门槛"特征。进一步通过门槛模型着重分析生产率效应发现，仅当劳动生产率和全要素生产率处于中等水平时，技术寻求型 ODI 的增加才能有效地提高经济增长质量。具体来看，从劳动生产率角度而言，可能是由于过低的劳动生产率意味着本土企业生产效率低下，而一味提高劳动生产率无法形成本国的要素优势，反而容易陷入"比较优势陷阱"，因此抑制了经济增长质量的提高；从全要素生产率角度而言，通过 ODI 逆向溢出渠道利用较高的技术效率更好地吸纳学习时，只有本国技术进步达到一定水平，才足以促进经济增长质量的稳健提升。

二、对外直接投资影响中国经济增长质量的机制

首先，面对近年来国际贸易新格局的变幻与国内全面深化改革新要求，中国随之调整和优化开放型经济的发展目标及运行机制，重视推动构建"质量型"经济。具体来说，第一，ODI 规模的扩增有利于中国发展质量型经济，尤其是利于中国实现经济增长效率及可持续性的提升；第二，ODI 对经济增长质量的积极作用效果可能存在 1 年的时滞，这与 ODI 企业获取他国先进技术与管理经验并反馈到国内，进而转化为本土企业的一部分需要缓冲时间有关；第三，异质性检验发现，相比较而言，东道国经济水平、ODI 企业的分支机构数量以及经营范围都不能有效增强中国经济增长质量的稳定性，但投资发达国家、单分支机构 ODI 和贸易销售型 ODI 对经济增长质量、效率及可持续性均呈现出显著的促进作用；第四，中介效应经验发现，ODI 规模扩增能提升母国企业的人力资本水平和科技研发

强度，并阻碍技术差距的扩大，而且人力资本、研发强度的扩大，以及技术差距的缩小，都能够显著提高我国经济增长质量。

其次，对外直接投资促进了工业企业经济的高质量发展。党的十九大报告指出，开放带来进步，封闭必然落后。在全球经济一体化的背景下，中国要实现发展方式的转变，从速度导向转向质量导向，就需要对外开放。当前，对外投资已成为各国经济发展的强大驱动力，并在一定程度上影响着世界经济格局。基于工业企业的主要研究结论如下：第一，从地区层面来看，滞后一期的 ODI 对经济增长质量具有明显的正向效应，而在考虑创新水平、贸易依存度、资源禀赋等控制变量的情况下，滞后一期的 ODI 仅阻碍了经济增长质量各维度指数中经济增长效率的提升；第二，从企业层面的整体检验结果来看，ODI 显著提高了企业的经济增长质量；第三，进一步分析企业层面数据来看，向发达国家直接投资更有利于经济增长质量指标的优化，这也说明投资发达国家为中国企业的技术进步及经济发展带来了"逆向技术溢出效应"；第四，从 ODI 企业的类型来看，分支机构数量的多寡对于经济增长质量的影响区别较为显著，且实证结果表明，贸易销售型 ODI 能更好地促进企业经济的高质量发展。

最后，在我国"走出去"战略实施下，中国经济与世界经济的内在联系越来越紧密，进行对外直接投资行为的企业愈发增多，随之，国内经济受到 ODI 的作用影响也逐渐增大，为了探究这一推动力下的经济增长是否具有可持续性，也即经济增长质量如何，本书对中国省级地区的数据进行研究发现：①基准回归结果显示，ODI 规模变化对经济增长质量具有显著的负向影响，仅在 ODI 规模较大的地区呈现出显著的积极作用，这可能与我国 ODI 起步较晚，规模比较小，产业、区域分布不够合理有关；②地区全要素生产率水平对于 ODI 提高经济增长质量的作用效果存在调节效应，且在经济增长质量更高、ODI 规模更大、TFP 水平更高的地区前述作用效果更强，原因在于这些地区技术水平相对较高，企业模仿学习能力较强，技术转移与扩散效应大；③在劳动生产率和全要素生产率门槛条件下，ODI 规模变化对经济增长质量存在较为复杂的非线性关系，一味提高劳动生产率反而有可能会落入"比较优势陷阱"，但是在技术进步和技术效率的门槛条件下，全国多数省市亟待提升自主创新水平，当前技术水平仍然较低，以致 ODI 明显阻碍了经济增长质量的提升。

三、ODI 逆向技术溢出的吸收能力有利于提升经济增长质量

首先，在当前中国"推动经济发展质量变革"及"推动形成全面开放新

格局"的要求下，可以看出，扩大对外开放和提升经济增长质量均是政府现阶段的执政重点。因而，探讨导致经济增长质量变化的动因，并进一步思考如何经由技术创新引领对外直接投资保障经济质量型增长就变得格外具有实践意义。本书在借鉴前人的测算方法以及对整体变化趋势判断的基础上，从效率、稳定性、可持续性三方面构建经济增长质量指标并进行数据分析，主要研究结论如下：第一，通过直接影响检验发现，人力资本、研发强度与技术差距这三项吸收能力所表征的 ODI 逆向技术溢出的吸收强度对于提升经济增长质量存在一定程度上的积极作用；第二，通过控制吸收能力的偏效应检验发现，三项吸收能力对 ODI 逆向技术溢出影响经济增长质量的效果存在调节效应，且人力资本相较于研发强度和技术差距而言对 ODI 逆向技术溢出的吸收内化贡献最大；第三，通过门槛检验发现，三项吸收能力对 ODI 逆向技术溢出作用于增长质量的过程中均具有双重门槛特征，当人力资本较高、研发强度适中、技术差距过大或过小时可以更加显著地促增综合经济增长质量。此外，在不同吸收能力维度的约束下，ODI 逆向技术溢出作用于质量型经济增长的区域方向和程度存在着空间异质性。

其次，ODI 逆向技术外溢对我国经济增长质量具有显著的非线性门槛效应。学术界围绕对外直接投资规模的不断扩张如何影响母国经济发展的研究正逐步增多，但这两者之间，尤其是 ODI 对我国质量型经济增长是否存在非线性门槛效应，有关此视角的文献几乎没有。本书通过设定门槛模型，实证检验了对外直接投资经由逆向技术溢出效应对经济增长质量（包括效率、稳定性、可持续性）的影响。本书研究结果表明：①整体看，ODI 逆向技术外溢对我国经济增长质量呈现出显著的非线性门槛效应。在 ODI 逆向技术溢出处于适宜的门槛阶段（[0.725，2.730]）时，可以最大限度地促进经济增长质量水平的提升。②分区域检验 ODI 逆向技术溢出效应作用于经济增长质量时，对经济增长质量三项分类指标的影响效果存在非线性的空间差异性，且作用过程具有一定的"门槛效应"。其中，东、西部地区的 ODI 规模扩张抑制了经济增长效率的提升，东、中部地区不断增长的 ODI 同样抑制了经济增长的稳定性，但三大地区的 ODI 逆向技术溢出均显著促进了经济增长的可持续发展。③考虑到吸收能力指标时，人力资本、研发强度和技术差距三个维度在分别跨越一定的门槛值之后，均会显著促进 ODI 逆向技术溢出的经济质量型增长效应。

再次，中国 ODI 逆向技术溢出效应具有区域差异。具体来说，第一，中国 ODI 逆向技术溢出对区域绿色生产率增长的积极影响尚未显现，但是这一结果会被人力资本吸收能力的调节所改变。此外，通过 FDI 获取的技术溢出与国内研发带来的技术溢出对绿色生产率的提升作用也不可忽视。第二，人力资本吸收能力可以影响 ODI 逆向技术溢出效应，但是这种作用存在一定的"门槛条件"。当人力资本吸收能力处于适宜值(大于 9.047 且小于 9.255)时，才能最大程度地发挥 ODI 逆向技术溢出效应对绿色生产率的积极影响。第三，不同地区的 ODI 逆向技术溢出效应不同。目前只有东部地区的技术溢出效应显著，中、西部地区还未能从 ODI 逆向技术溢出中获益。因此我们得知，人力资本吸收能力较高的发达地区的 ODI 技术逆向外溢效应呈现为积极的促进作用，而中、西部地区并不明显，原因在于后者较低的人力资本吸收能力。

然后，中国企业 ODI 逆向技术溢出有利于绿色技术创新。从中国企业对外直接投资逆向技术溢出、市场分割与绿色全要素生产率之间相互关系和作用机制的研究入手，得到如下有意义的发现。①中国企业对外直接投资逆向技术溢出有利于绿色技术创新，然而在存在市场分割的情况下，交易成本被扭曲，间接地遏制了企业生产率的提高，且经过市场分割的调节作用，中国企业对外直接投资技术溢出与绿色技术创新存在负相关关系，并且对外直接投资与市场分割之间存在此起彼伏的关系。②就分地区而言，市场分割只在中游地区有着明显促增，而在下、上游地区表现为负向作用或不显著，可见市场分割提高我国生产效率的作用大部分聚焦于中游地区，而在下游地区体现为较明显的抑制影响；通过市场分割的调节，中、上游地区对外直接投资产生的技术溢出对于国内技术升级是不利的，然而在下游地区，这种技术溢出却能明显促进技术吸收。③中国企业对外直接投资引致的技术溢出所产生的本土技术升级在表现上有明显"门槛效应"，且以市场分割度为门槛变量时发现，这种技术吸收存在区际差异。当地区的市场分割度较低时，市场分割度对逆向技术溢出效应存在显著推动作用，当市场分割度跨过第一个门槛值时，我国企业对外直接投资带来的技术吸收正向作用于绿色生产效率时直观呈现为上升态势，而当跨越第二个门槛值时，逆向技术溢出系数变为负，也就是以市场分割度为门槛变量的中国企业对外直接投资逆向技术溢出对于绿色全要素生产率作用呈现出一种"倒 U 型"关系；同样地，以人力资本、对外开放度、经济发展水平以及研发投入水平分别作为门槛变量时，各自的对外直接投资逆向技术溢出对于我国绿色全要素生产率的影响程度也存在差异。

最后，ODI 扩增积极推动了中国"质量型"经济的发展。随着资本走出去成为中国"推动形成全面开放新格局"中最重要的步骤，本土企业更应因地制宜地利用特色市场资源及合理配置全球资源，以实现"陆海内外联动、东西双向互济"的开放格局，推进产业迈进价值链中高端，形成完善的产业链条和集聚效应(Brach & Kappel，2009)。本书基于中国向49个排名靠前的发达国家和发展水平较高的发展中国家进行直接投资的统计数据，以及在此基础上进行的影响中国经济增长质量(包括增长效率、稳定性和可持续性)的实证分析，可以看到：第一，ODI逆向技术溢出效应有助于转变中国经济传统发展模式，即从一味追求速度增长转向追求经济效益及质量，同时，其经济增长质量效应不存在明显的时滞，并较为明显地抑制了稳定性和可持续性的提升。第二，相较于顺梯度ODI逆向技术溢出当且仅在适宜的门槛区间范围内才会改善中国的质量型经济增长，逆梯度ODI的经济增长质量效应则在跨过第二门槛值后明显显现。即国内企业向发达经济体"走出去"时继续大力促进ODI逆向技术溢出效应能够优化中国经济增长质量，但反向作用于经济增长效率和稳定性(余官胜、范朋真，2018)；而投资欠发达国家时，一味地注重ODI，则仅利于加强国内经济增长的可持续性。第三，三种投资需求动机下的ODI逆向技术溢出在影响经济增长质量时具有"门槛"特征，且在不同的门槛区间内，其作用效果存在差异性。其中，双重门槛效应检验显示，若处于适宜区间内，技术寻求型ODI对增长质量的正向影响最为凸显，市场寻求型ODI则阻碍了中国经济提质；但在增长效率方面，这两类投资动机分别产生了相反的作用结果。第四，在将提升生产率视为关键因素进而培育经济增长新动力的当下，全要素生产率和劳动生产率有效调节了ODI逆向技术溢出的作用效果，且呈现出非线性特征。尤其是当全要素生产率跨越一定的门槛值之后，尽管投资目的国抑或投资动机有所不同，但ODI扩增都积极推动了中国"质量型"经济的发展。

第二节　政策建议

按照上述各章的行文思路，本书通过理论机制、模型推导、实证检验的一套分析后得出，在经济全球化不断深入的现下，若想充分发挥ODI对促进中国产业升级、技术进步和推动构建质量型增长经济的带动作用，就必须根据上述研究结论为国内企业更好地"走出去"制定相应的政策，并采取有效的措施，使中国对外投资政策得到更加有效、合理的拟定和实施。

一、发挥政府在促进 ODI 发展中的引导作用

第一，进入新时代，政府仍需鼓励和引导中国企业"走出去"，通过整合禀赋资源，融入全球生产网络，改善 ODI 结构，提升企业投资质量及创新能力，从而有效地促进我国质量型经济增长。国内企业在参与技术寻求型 ODI 的过程中将遭受来自东道国同类型企业的激烈挑战，这要求政府推出相应的政策，加强研发投入，在本土市场内通过产业链形成协同创新，助推企业形成技术优势、树立品牌优势，从而实现"走出去"。因此，出于获得可持续经济增长以及稳健经济增长质量的目标，国家需要不断深化改革，使政策更为实际所需，产业发展更符合实际情况，减少无效和低端供给，形成经济增长的新机制，并借助 ODI 对经济增长质量的带动作用，大力发展知识、技能密集产业，以人力、知识、技术资本的提高促进经济增长质量的稳健提升。

第二，在经济全球化不断深入的现下，随着生产成本的上涨与刘易斯拐点的逼近，中国切入全球价值链的既有劳动力优势逐渐消失，国内企业要更好地"走出去"，就意味着：①从中国企业对外投资来看，第一，中国需要推进顺梯度 ODI，与其他发展中国家之间建立互惠投资，将国内产能过剩的部分产业通过 ODI 转移到劳动力成本更低廉的国家，以此将劣势产业分离，为产业结构的优化升级腾移出空间，获得来自东道国的资本反馈，同时，也对当地基础建设提供资金、技术支持，促进实现双边共赢；第二，中国应当增强逆梯度 ODI 的投资规模，有助于防止被价值链上端发达国家进一步俘获、控制，有利于扩展逆向技术溢出渠道，实现价值链攀升，然而，这也意味着本土自主创新能力以及学习吸纳能力仍需着重提高（吕薇，2018）。②就国内而言，首先，部分劳动密集型产业通过 ODI 外迁，昭示着涌入城市的劳动力将分别流向机器无法替代的高技能与低技能岗位，而工业与服务业——作为城市中的经济增长来源，在产业升级的过程中，将对劳动力存在更高的技能要求，这就意味着区域内人力资本投资仍需加强，为了促进可持续的稳定发展以及提高经济增长质量，教育投资将是长久之道；其次，国内企业参与逆梯度 ODI 时将遭受来自东道国同类型企业的激烈挑战，这也要求前期研发投入的加强（史雪娜等，2018；严全治和刘璐，2017），在本土市场内通过产业链形成协同创新，助推企业形成技术优势，从而实现"走出去"。

第三，在新时代需坚定不移地以发展经济增长质量为导向，由于 ODI 不但有利于转移过剩产能开拓国际市场，为国内产业结构转型升级腾挪空

间，且 ODI 逆向技术溢出效应也利于获取发达国家的先进技术。因此，需继续加强政策支持，积极推进中国企业"走出去"的步伐，鼓励逐步建立起由中国主导的全球价值链体系，具体措施如鼓励形成一套服务于中国企业海外投资的规划发展、全面服务及政策管理体系，发挥好政府的引导和支持作用，通过跨国并购海外技术或设立研发中心；鼓励培育一批足以体现中国比较优势、具有国际竞争力的本土大型企业，建立具有强大影响力的国际营销渠道和全球营销体系。与此同时，相关产业的政策重点应向高知识、高技术产业领域倾斜。

二、推动各地区 ODI 因地制宜的可持续发展

第一，针对不同地区应有其独有的特征选择和推行适当的 ODI 策略，以实现 ODI 逆向技术溢出对本区域的积极经济增长质量效应。对于中国经济水平相对较高、研发投资比例较大的东、中部地区来说，可以尝试在广泛开展海外投资基础上，合理选择投资地区，逐步接近国际前沿技术，并根据具体实践要求不断探索有利于提高 ODI 效率的新方法，构建投资经营的新模式。但是，对于经济发展水平相对不高、研发投入相对较低的西部地区来讲，可以充分利用与多国接壤的地缘优势，发挥现有的资源环境条件，针对邻国的经济文化特点和本地区的产业经济情况，制定相应的 ODI 促进政策，并持续加大对西部地区的 ODI 支持力度，扶持地方优势及骨干企业，提升经济实力。

第二，针对中国发展存在区域差异性这一客观存在的现象，政府部门需采取差异化的区域政策。对于经济实力、人力资本吸收能力较强的东部地区，应继续加大其对外投资的力度，给予更多政策上的方便，从而在更大程度上促进东部地区的技术进步和自主创新能力；中、西部地区相对于东部地区而言，经济发展较慢、人力资本吸收能力较弱，所以应该主要培养这两大区域的吸收能力。

第三，针对不同市场分割度的地区而言，其逆向技术溢出效应是不同的，中国政府应注意将中国整体的政府干预控制在一定范围内，借此举措可将从对外直接投资渠道引致而来的技术溢出最大化，并促进整体技术水平的提高。

第四，针对投资企业的发展前景而言，则需同时注重内、外因的影响。企业既利用自身特征和优势、结合其战略目标进行 ODI 决策，也要充分考察东道国的发展状况等差异化特征，避免"跟风式"投资，从而提升企业的核心竞争力，以在激烈的国际市场中占据更为关键的席位。此

外，中国政府还需深化并完善境外投资的相关法律法规，进一步规范企业的投资行为。

三、增强企业 ODI 能力，鼓励技术寻求型 ODI

第一，技术寻求是中国 ODI 的主要动因，即企业通过"走出去"寻求海外市场和先进技术。在这个过程中，一方面，需要减少政府对企业境外投资事项的审批，尽量采用备案制替代审批制，并简化审核事项，缩短流程和时间；另一方面，一味追求短期利益和缺乏治理经验会导致中国企业非理性投资，公司决策者应聚焦能带来长期收益、具有高附加值的知识型资产，规范企业管理，加强技术研发和市场服务，提高产品、服务质量，满足国际化经营对企业的高要求。此外，ODI 企业可以采用以产权为纽带通过各种形式的合作、参股、合资、控股等多层次的联合，与国内跨国公司开展合作，增强我国企业的国际竞争力，优化我国企业对外投资的资源配置。

第二，在实现可持续经济增长以及稳健经济增长质量的过程中，应当借助人力资本对经济增长质量的带动作用，大力发展知识、技能密集的生产者服务业，加强健康投资、教育投资，以增加人力资本投入、提升劳动力质量，保障经济增长质量的稳健提升。在进行企业"走出去"的过程中重视研发投入。技术创新的重要性日益凸显，这提高了经济转型发展的必要技术含量和要求标准，当前亟待通过创新驱动战略逐步形成技术优势，进而引领全面创新，改变被价值链上端国家"俘获"的被动局面，获得参与国际竞争的主动权，同时应当缩小技术差距，以激烈竞争促使创新活力的激发，从而早日迈入创新型国家行列。

第三，还应持续增强吸收能力，促使我国各项吸收能力得以在质量型经济增长过程中真正发挥作用。在人才培养政策方面，弥补市场机制缺陷，逐步消除人力资本错配问题，由要素驱动型转向技术提高型，提升人力资本投资水平；在技术进步政策方面，完善机制的合理性使其既能实现技术供给和技术需求的有效衔接，又可以在技术选择上呈现出更显著的非要素增加性技术进步，优化经济结构；在研发投入政策方面，增强对外投资企业技术创新的财政支持力度，推动我国经济的可持续协调稳定发展。

参 考 文 献

[1] Abdouli M, Hammami S. The Impact of FDI Inflows and Environmental Quality on Economic Growth: an Empirical Study for the MENA Countries [J]. Journal of the Knowledge Economy, 2017, 8(1): 254-278.

[2] Aitken B J, Harrison A E. Do Domestic Firms Benefit from Foreign Direct Investment? Evidence from Panel Data [M]. World Bank Publications, 1994: 1248.

[3] Alonso-Carrera J, Raurich X. Demand-based Structural Change and Balanced Economic Growth [J]. Journal of Macroeconomics, 2015, 46: 359-374.

[4] Araujo J D, Lastauskas P, Papageorgiou C. Evolution of Bilateral Capital Flows to Developing Countries at Intensive and Extensive Margins [J]. Journal of Money, Credit and Banking, 2017, 49(7): 1517-1554.

[5] Barro R J. Quantity and Quality of Economic Growth [J]. Working Papers Central Bank of Chile, 2002, 5(2): 17-36.

[6] Barro R J, Lee J-W. International Comparisons of Educational Attainment [J]. Journal of Monetary Economics, 1993, 32(3): 363-394.

[7] Benhabib J, Spiegel M M. The Role of Human Capital in Economic Development Evidence from Aggregate Cross-country Data [J]. Journal of Monetary Economics, 1994, 34(2): 143-173.

[8] Bitzer J, Kerekes M. Does Foreign Direct Investment Transfer Technology Across Borders? New Evidence [J]. Economics Letters, 2008, 100(3): 355-358.

[9] Bjorvatn K, Eckel C. Technology Sourcing and Strategic Foreign Direct Investment [J]. Review of International Economics, 2006, 14(4): 600-614.

[10] Borensztein E, De Gregorio J, Lee J-W. How does Foreign Direct

Investment Affect Economic Growth? [J]. Journal of International Economics, 1998, 45(1): 115-135.

[11] Bosworth B, Collins S M. Accounting for Growth: Comparing China and India[J]. Journal of Economic Perspectives, 2008, 22(1): 45-66.

[12] Brach J, Kappel R T. Global Value Chains, Technology Transfer and Local Firm Upgrading in Non-OECD Countries[J], 2009.

[13] Braconier H, Ekholm K, Knarvik K H M. In Search of FDI-transmitted R&D Spillovers: a Study based on Swedish Data[J]. Review of World Economics, 2001, 137(4): 644-665.

[14] Branstetter L. Is Foreign Direct Investment a Channel of Knowledge Spillovers? Evidence from Japan's FDI in the United States[J]. Journal of International Economics, 2006, 68(2): 325-344.

[15] Buckley P J, Clegg L J, Cross A, et al.. The Determinants of Chinese Outward Foreign Direct Investment, Foreign Direct Investment, China and the World Economy[M]. Springer, 2010: 81-118.

[16] Busse M, Erdogan C, Mühlen H. China's Impact on Africa—the Role of Trade, FDI and Aid[J]. Kyklos, 2016, 69(2): 228-262.

[17] Cai D-Q, Liu H-J. On the Influential Factors of Reverse Technology Spillover of OFDI in China from the Angle of Institutional Factors of the Host Nations [J]. Journal of Finance and Economics, 2012, 5.

[18] Cai H, Liu Q. Competition and Corporate Tax Avoidance: Evidence from Chinese Industrial Firms[J]. The Economic Journal, 2009, 119(537): 764-795.

[19] Cantwell J, Tolentino P E E. Technological Accumulation and Third World Multinationals [M]. University of Reading. Department of Economics, 1990.

[20] Caves R E. International Corporations: The Industrial Economics of Foreign Investment[J]. Economica, 1971, 38(149): 1-27.

[21] Chakrabarti A. The Determinants of Foreign Direct Investments: Sensitivity Analyses of Cross-country Regressions[J]. Kyklos, 2001, 54(1): 89-114.

[22] Chenery H B. Foreign Assistance and Economic Development, Capital Movements and Economic Development[M]. Springer, 1967: 268-292.

[23] Cheung K-Y, Ping L. Spillover Effects of FDI on Innovation in China:

Evidence from the Provincial Data[J]. China Economic Review, 2004, 15(1): 25-44.

[24] Chou K-H, Chen C-H, Mai C-C. The Impact of Third-country Effects and Economic Integration on China's Outward FDI [J]. Economic Modelling, 2011, 28(5): 2154-2163.

[25] Chow G C, Li K-W. China's Economic Growth: 1952-2010 [J]. Economic Development and Cultural Change, 2002, 51(1): 247-256.

[26] Coe D T, Helpman E. International R&D Spillovers [J]. European Economic Review, 1995, 39(5): 859-887.

[27] Cohen W M, Levinthal D A. Innovation and Learning: the Two Faces of R&D[J]. The Economic Journal, 1989, 99(397): 569-596.

[28] Cohen W M, Levinthal D A. Absorptive Capacity: a New Perspective on Learning and Innovation [J]. Administrative Science Quarterly, 1990: 128-152.

[29] Copeland B R, Taylor M S. North-South Trade and the Environment[J]. The Quarterly Journal of Economics, 1994, 109(3): 755-787.

[30] Cozza C, Rabellotti R, Sanfilippo M. The Impact of Outward FDI on the Performance of Chinese Firms[J]. China Economic Review, 2015, 36: 42-57.

[31] Das K C. Home Country Determinants of Outward FDI From Developing Countries[J]. Margin: The Journal of Applied Economic Research, 2013, 7(1): 93-116.

[32] David A. Inflation Uncertainty, Asset Valuations and the Credit Spreads Puzzle[J]. The Review of Financial Studies, 2008, 21(6): 2487-2534.

[33] Demirbag M, Tatoglu E, Glaister K W. Factors Affecting Perceptions of the Choice between Acquisition and Greenfield Entry: the Case of Western FDI in an Emerging Market [J]. Management International Review, 2008, 48(1): 5-38.

[34] Denzer R, Torres-Bejarano F, Hell T, et al.. An Environmental Decision Support System for Water Issues in the Oil Industry [C]. International Symposium on Environmental Software Systems, 2011: 208-216.

[35] Desai M A, Foley C F, Jr J R H. Foreign Direct Investment and Domestic Economic Activity[J]. Nber Working Papers, 2005.

[36] Dhyne E, Sarisoy Guerin S. Outward Foreign Direct Investment and Domestic Performance: In Search of a Causal Link [R]. NBB Working Paper, 2014.

[37] Driffield N, Chiang P. The Effects of Offshoring to China: Reallocation, Employment and Productivity in Taiwan [J]. International Journal of the Economics of Business, 2009, 16(1): 19-38.

[38] Driffield N, Love J H, Taylor K. Productivity and Labour Demand Effects of Inward and Outward Foreign Direct Investment on UK Industry [J]. The Manchester School, 2009, 77(2): 171-203.

[39] Duarte M, Restuccia D. The Role of the Structural Transformation in Aggregate Productivity [J]. The Quarterly Journal of Economics, 2010, 125(1): 129-173.

[40] Dunning J H. International Production and the Multinational Enterprise [M]. Allen & Unwin, 1981: 175-176.

[41] Dunning J H. Multinational Enterprises, Economic Structure and International Competitiveness [M]. John Wiley & Sons Inc, 1985.

[42] Dunning J H. The Theory of Transnational Corporations [M]. Taylor & Francis, 1993.

[43] Dunning J H, Gilman M. Alternative Policy Prescriptions and the Multinational Enterprise, the Multinational Enterprise in a Hostile World [M]. Springer, 1977: 31-57.

[44] Dunning J H, Lundan S M. Multinational Enterprises and the Global Economy [M]. Edward Elgar Publishing, 2008.

[45] Fan Q, Goetz S J, Liang J. The Interactive Effects of Human Capital and Quality of Life on Economic Growth [J]. Applied Economics, 2016, 48(53): 5186-5200.

[46] Färe R, Grosskopf S, Norris M. Productivity Growth, Technical Progress, and Efficiency Change in Industrialized Countries: Reply [J]. The American Economic Review, 1997, 87(5): 1040-1044.

[47] Feenstra R C, Li Z, Yu M. Exports and Credit Constraints under Incomplete Information: Theory and Evidence from China [J]. Review of Economics and Statistics, 2014, 96(4): 729-744.

[48] Feenstra R C, Romalis J. International Prices and Endogenous Quality [J]. The Quarterly Journal of Economics, 2014, 129(2): 477-527.

[49] Findlay J N. Time and Eternity[J]. The Review of Metaphysics, 1978, 32(1): 3-14.

[50] Firebaugh G. Growth Effects of Foreign and Domestic Investment[J]. American Journal of Sociology, 1992, 98(1): 105-130.

[51] Fosfuri A, Motta M, Rønde T. Foreign Direct Investment and Spillovers through Workers' Mobility [J]. Journal of International Economics, 2001, 53(1): 205-222.

[52] Fukao K, Miyagawa T, Mukai K, et al.. Intangible Investment in Japan: Measurement and Contribution to Economic Growth[J]. Review of Income and Wealth, 2009, 55(3): 717-736.

[53] Girma S, Greenaway A, Kneller R. Does Exporting Increase Productivity? A Microeconometric Analysis of Matched Firms[J]. Review of International Economics, 2004, 12(5): 855-866.

[54] Goh S K, Tham S Y. Trade Linkages of Inward and Outward FDI: Evidence from Malaysia[J]. Economic Modelling, 2013, 35: 224-230.

[55] Gustafsson P, Segerstrom P S. North-South Trade with Multinational Firms and Increasing Product Variety [J]. International Economic Review, 2011, 52(4): 1123-1155.

[56] Hansen B E. Threshold Effects in Non-dynamic Panels: Estimation, Testing and Inference [J]. Journal of Econometrics, 1999, 93(2): 345-368.

[57] Hansen B E. Sample Splitting and Threshold Estimation [J]. Econometrica, 2000, 68(3): 575-603.

[58] Hayami H, Nakamura M, Nakamura A. Wages, Overseas Investment and Ownership: Implications for Internal Labor Markets in Japan[J]. The International Journal of Human Resource Management, 2012, 23(14): 2959-2974.

[59] Heckman J J, Ichimura H, Todd P E. Matching as an Econometric Evaluation Estimator: Evidence from Evaluating a Job Training Programme [J]. The Review of Economic Studies, 1997, 64(4): 605-654.

[60] Helpman E, Melitz M J, Yeaple S R. Export Versus FDI with Heterogeneous Firms[J]. American Economic Review, 2004, 94(1): 300-316.

[61] Herzer D. The Long-run Relationship between Outward FDI and Domestic Output: Evidence from Panel Data[J]. Economics Letters, 2008, 100 (1): 146-149.

[62] Herzer D. Outward FDI and Economic Growth[J]. Journal of Economic Studies, 2010.

[63] Herzer D. The Long-run Relationship between Outward Foreign Direct Investment and Total Factor Productivity: Evidence for Developing Countries[J]. The Journal of Development Studies, 2011, 47 (5): 767-785.

[64] Herzer D, Klasen S. In Search of FDI-led Growth in Developing Countries: the Way Forward[J]. Economic Modelling, 2008, 25(5): 793-810.

[65] Hijzen A, Jean S, Mayer T. The Effects at Home of Initiating Production Abroad: Evidence from Matched French Firms[J]. Review of World Economics, 2011, 147(3): 457.

[66] Holst-Warhaft G. The Rehearsal of Misunderstanding: Three Collections by Contemporary Greek Women Poets: "The Cake" by Rhea Galanaki, "Tales of the Deep" by Jenny Mastoraki, "Hers" by Maria Laina[J]. Journal of Modern Greek Studies, 1999, 17(1): 192-196.

[67] Hsiao F S, Hsiao M-C W. FDI, Exports, and GDP in East and Southeast Asia—Panel Data Versus Time-series Causality Analyses[J]. Journal of Asian Economics, 2006, 17(6): 1082-1106.

[68] Huang S. The Dynamic Effect of FDI on the Growth of Indigenous Firms: the Role of Competition, Technology Diffusion and Capability Accumulation[D]. Rutgers University-Graduate School-Newark, 2012.

[69] Keller R T. Cross-functional Project Groups in Research and New Product Development: Diversity, Communications, Job Stress and Outcomes[J]. Academy of Management Journal, 2001, 44(3): 547-555.

[70] Keynes J M. Fluctuations in Net Investment in the United States[J]. The Economic Journal, 1936, 46(183): 540-547.

[71] Kindelberger C P. American Business Abroad: Six Lectures on Direct Investment[J]. The International Executive, 1969, 11(2): 11-12.

[72] Kiyoshi K. Direct Foreign Investment: a Japanese Model of Multinational Business Operations[J]. London: Croom Helm, 1978.

［73］ Knight J, Gunatilaka R. The Rural-urban Divide in China: Income but not Happiness? ［J］. The Journal of Development Studies, 2010, 46 (3): 506-534.

［74］ Kogut B, Chang S J. Technological Capabilities and Japanese Foreign Direct Investment in the United States［J］. The Review of Economics and Statistics, 1991, 73(3): 401-413.

［75］ Koizumi T, Kopecky K J. Economic Growth, Capital Movements and the International Transfer of Technical Knowledge［J］. Journal of International Economics, 1977, 7(1): 45-65.

［76］ Kojima K. Direct Foreign Investment: a Japanese Model of Multi-National Business Operations［M］. Routledge, 2010: 10.

［77］ Kolstad I, Wiig A. What Determines Chinese Outward FDI? ［J］. Journal of World Business, 2012, 47(1): 26-34.

［78］ Krüger J J. Intrasectoral Structural Change and Aggregate Productivity Development: Robust Stochastic Nonparametric Frontier Function Estimates［J］. Empirical Economics, 2014, 46(4): 1545-1572.

［79］ Lall S, Chen E, Katz J, et al.. The New Multinationals: the Spread of Third World Enterprises［J］, 1983.

［80］ Laszlo, Matyas. Proper Econometric Specification of the Gravity Model ［J］. World Economy, 1997.

［81］ Lee C G. Foreign Direct Investment, Pollution and Economic Growth: Evidence from Malaysia ［J］. Applied Economics, 2009, 41 (13): 1709-1716.

［82］ Lee C G. Outward Foreign Direct Investment and Economic Growth: Evidencefrom Japan ［J］. Global Economic Review, 2010, 39 (3): 317-326.

［83］ Levinsohn J, Petrin A. Estimating Production Functions Using Inputs to Control for Unobservables［J］. The Review of Economic Studies, 2003, 70(2): 317-341.

［84］ Lichtenberg F, De La Potterie B V P. International R&D Spillovers: a Re-examination［R］. National Bureau of Economic Research, 1996.

［85］ Lichtenberg F R. Sources of US Longevity Increase, 1960-1997［R］. National Bureau of Economic Research, 2002.

［86］ Lichtenberg F R, De La Potterie B V P. International R&D Spillovers: a

Comment[J]. European Economic Review, 1998, 42(8): 1483-1491.

[87] Liu X, Buck T, Shu C. Chinese Economic Development, the Next Stage: Outward FDI? [J]. International Business Review, 2005, 14 (1): 97-115.

[88] Lucas Jr R E. On the Mechanics of Economic Development[J]. Journal of Monetary Economics, 1988, 22(1): 3-42.

[89] Luo Y, Tung R L. International Expansion of Emerging Market Enterprises: a Springboard Perspective [J]. Journal of International Business Studies, 2007.

[90] Lyles M, Easterby-Smith M P. The Blackwell Handbook of Organizational Learning and Knowledge Management[M]. Blackwell, 2003.

[91] Maddison A. Measuring the Economic Performance of Transition Economies: Some Lessons from Chinese Experience [J]. Review of Income and Wealth, 2009, 55: 423-441.

[92] Martin P, Rogers C A. Industrial Location and Public Infrastructure[J]. Journal of International Economics, 1995, 39(3-4): 335-351.

[93] Mcdonnell A. Outward Foreign Direct Investment and Human Capital Development[J]. Journal of European Industrial Training, 2008.

[94] Megginson W L, Netter J M. From State to Market: a Survey of Empirical Studies on Privatization[J]. Journal of Economic Literature, 2001, 39 (2): 321-389.

[95] Melitz M J. The Impact of Trade on Intra-industry Reallocations and Aggregate Industry Productivity [J]. Econometrica, 2003, 71 (6): 1695-1725.

[96] Neven D, Siotis G. Technology Sourcing and FDI in the EC: an Empirical Evaluation[J]. International Journal of Industrial Organization, 1996, 14(5): 543-560.

[97] North D C, Institutions I C. Economic Performance [J]. New York, 1990.

[98] Olley G S, Pakes A. The Dynamics of Productivity in the Telecommunications Equipment Industry [R]. National Bureau of Economic Research, 1992.

[99] Orr B. Where will Internet Banking be in Two Years? [J]. American Bankers Association. ABA Banking Journal, 1998, 90(3): 56.

［100］Passakonjaras S. Thailand's Outward Foreign Direct Investment：the Case of the Garment Industry［J］. ASEAN Economic Bulletin, 2012：101-115.

［101］Pedroni P. Critical Values for Cointegration Tests in Heterogeneous Panels with Multiple Egressors［J］. Oxford Bulletin of Economics and Statistics, 1999, 61(S1)：653-670.

［102］Peneder M. Structural Change and Aggregate Growth［J］. Structural Change and Economic Dynamics, 2002, 14：427-448.

［103］Potterie B V P D L, Lichtenberg F. Does Foreign Direct Investment Transfer Technology Across Orders?［J］. Review of Economics and Statistics, 2001, 83(3)：490-497.

［104］Pradhan J P, Singh N. Outward FDI and Knowledge Flows：a Study of the Indian Automotive Ector［J］. Mpra Paper, 2009(1)：156-187.

［105］Razin A, Rubinstein Y, Sadka E. Fixed Costs and FDI：the Conflicting Effects of Productivity Hocks［R］. National Bureau of Economic Research, 2004.

［106］Rivera-Batiz L A, Romer P M. Economic Integration and Endogenous Growth［J］. The Quarterly Journal of Economics, 1991, 106(2)：531-555.

［107］Rosenbaum P R, Rubin D B. Constructing a Control Group Using Multivariate Matched Sampling Methods that Incorporate the Propensity Score［J］. The American Statistician, 1985, 39(1)：33-38.

［108］Saad R M, Noor A, Nor A. Home Countries' Determinants of Outward Foreign Direct Investment(OFDI) in Developing Economies：Malaysian Case［J］. Journal of Prosiding Perkem, 2011, 2(6)：299-307.

［109］Sachs S, Böhi D. How the Society Influences the Firm's Competitive Advantage and the Scope of Managerial Discretion［C］. Proceedings of the International Association for Business and Society, 1995：889-900.

［110］Samuelson P A. The Pure Theory of Public Expenditure［J］. Review of Economics & Statistics, 1954, 36(4)：387-389.

［111］Shapiro M A. The Political Economy of R&D Collaboration：Micro-and Macro-level Implications［M］. University of Southern California, 2008.

［112］Smarzynska Javorcik B. Does Foreign Direct Investment Increase the Productivity of Domestic Firms? In Search of Spillovers Through

Backward Linkages [J]. American Economic Review, 2004, 94 (3): 605-627.

[113] Smarzynska Javorcik B. Does Foreign Direct Investment Increase the Productivity of Domestic Firms? In Search of Spillovers Through Backward Linkages [J]. American Economic Review, 2004, 94 (3): 605-627.

[114] Smith V K, Krutilla J V. Economic Growth, Resource Availability and Environmental Quality [J]. The American Economic Review, 1984, 74 (2): 226-230.

[115] Stevens G V, Lipsey R E. Interactions Between Domestic and Foreign Investment [J]. Journal of International Money and Finance, 1992, 11 (1): 40-62.

[116] Stoian C. Extending Dunning's Investment Development Path: the Role of Home Country Institutional Determinants in Explaining Outward Foreign Direct Investment [J]. International Business Review, 2013, 22(3): 615-637.

[117] Teece D J. Foreign Investment and Technological Development in Silicon [J]. California Management Review, 1992, 34(2): 88.

[118] Tolentino P E. Technological Innovation and Third World Multinationals [M]. Routledge, 2003.

[119] Trade U N C O, Development. World Investment Report 2017: Investment and the Digital Economy [M]. UN, 2017.

[120] Vahter P, Masso J. Home Versus Host Country Effects of FDI: Searching for New Evidence of Productivity Spillovers [J], 2006.

[121] Vennemo H, Aunan K, Lindhjem H, et al.. Environmental Pollution in China: Status and Trends [M]. Oxford University Press, 2009.

[122] Wells Jr L T. The Internationalization of Firms from Developing Countries [M]. Division of Research, Graduate School of Business Administration, Harvard University, 1977.

[123] Yao S, Wang P, Zhang J, et al.. Dynamic Relationship between China's Inward and Outward Foreign Direct Investments [J]. China Economic Review, 2016, 40: 54-70.

[124] Yeaple S R. Firm Heterogeneity and the Structure of US Multinational Activity [J]. Journal of International Economics, 2009, 78 (2):

206-215.

[125] Young A. The Razor's Edge：Distortions and Incremental Reform in the People's Republic of China[J]. The Quarterly Journal of Economics，2000，115(4)：1091-1135.

[126] Zahra S A, George G. Absorptive Capacity：a Review, Reconceptualization and Extension[J]. Academy of Management Review，2002，27(2)：185-203.

[127] 白洁. 对外直接投资的逆向技术溢出效应——对中国全要素生产率影响的经验检验[J]. 世界经济研究，2009(8)：65-69.

[128] 边梦梦，黄汉江. OFDI 经济增长效应的地区差异和门槛效应研究[J]. 中国林业经济，2017(01)：13-17.

[129] 步丹璐，屠长文，罗宏. 产业政策能否缓解市场分割？——基于企业异地股权投资视角的实证研究[J]. 产业经济研究，2017(6)：75-88.

[130] 蔡冬青，周经. 东道国人力资本、研发投入与我国 OFDI 的反向技术溢出[J]. 世界经济研究，2012(04)：76-80，89.

[131] 蔡昉. 如何认识和提高经济增长质量[J]. 科学发展，2017(03)：5-10.

[132] 钞小静，惠康. 中国经济增长质量的测度[J]. 数量经济技术经济研究，2009，26(06)：75-86.

[133] 钞小静，任保平. 中国的经济转型与经济增长质量：基于 TFP 贡献的考察[J]. 当代经济科学，2008(04)：23-29，124-125.

[134] 陈丽珍，徐健. 我国 OFDI 逆向技术溢出效应研究[J]. 商业研究，2013(06)：61-65.

[135] 陈敏，桂琦寒，陆铭，等. 中国经济增长如何持续发挥规模效应？——经济开放与国内商品市场分割的实证研究[J]. 经济学：季刊，2008，7(1)：125-150.

[136] 陈敏，余涛. 中国对外直接投资的出口效应分析[J]. 经济师，2008(11)：64-65.

[137] 陈培如，冼国明，马骆茹. 制度环境与中国对外直接投资——基于扩展边际的分析视角[J]. 世界经济研究，2017(02)：50-61，136.

[138] 陈强，刘海峰，汪冬华，等. 中国对外直接投资能否产生逆向技术溢出效应？[J]. 中国软科学，2016(07)：134-143.

[139] 陈岩. 中国对外投资逆向技术溢出效应实证研究：基于吸收能力的

分析视角[J]. 中国软科学, 2011(10): 61-72.

[140] 陈岩, 马利灵, 钟昌标. 中国对非洲投资决定因素: 整合资源与制度视角的经验分析[J]. 世界经济, 2012(10): 91-112.

[141] 崔娜, 柳春, 胡春田. 中国对外直接投资效率、投资风险与东道国制度——来自"一带一路"沿线投资的经验证据[J]. 山西财经大学学报, 2017, 39(04): 27-38.

[142] 崔岩, 于津平. "一带一路"国家基础设施质量与中国对外直接投资——基于面板门槛模型的研究[J]. 世界经济与政治论坛, 2017(05): 135-152.

[143] 戴翔. 中国企业"走出去"的生产率悖论及其解释——基于行业面板数据的实证分析[J]. 南开经济研究, 2013(02): 44-59.

[144] 戴翔. 服务出口复杂度与经济增长质量: 一项跨国经验研究[J]. 审计与经济研究, 2015, 30(04): 103-112.

[145] 戴小勇, 成力为. 研发投入强度对企业绩效影响的门槛效应研究[J]. 科学学研究, 2013, 31(11): 1708-1716.

[146] 董大全, 黎峰. 对外直接投资、逆向技术溢出与民营企业成长——兼议"一带一路"建设的重点[J]. 世界经济与政治论坛, 2018(1): 159-172.

[147] 杜金涛, 滕飞. 基于吸收能力视角的中国OFDI逆向技术溢出对国内技术进步影响研究[J]. 经济问题探索, 2015(11): 152-158, 185.

[148] 杜宽旗, 王静. 金融发展对OFDI逆向技术溢出效应的影响——基于中国省际面板数据的门槛回归分析[J]. 企业经济, 2016(03): 183-188.

[149] 范金, 姜卫民, 刘瑞翔. 增加值率能否反映经济增长质量?[J]. 数量经济技术经济研究, 2017, 34(02): 21-37.

[150] 方文中, 罗守贵. 自主研发与技术引进对全要素生产率的影响——来自上海高新技术企业的实证[J]. 研究与发展管理, 2016, 28(01): 1-9.

[151] 冯彩, 蔡则祥. 对外直接投资的母国经济增长效应——基于中国省级面板数据的考察[J]. 经济经纬, 2012(06): 46-51.

[152] 冯泰文, 孙林岩, 何哲. 中国劳动力的梯度转移与存变量分析[J]. 人口与经济, 2008(01): 31-36.

[153] 付海燕. 对外直接投资逆向技术溢出效应研究——基于发展中国家

和地区的实证检验[J]. 世界经济研究, 2014(9): 56-61.

[154] 付强, 乔岳. 政府竞争如何促进了中国经济快速增长: 市场分割与经济增长关系再探讨[J]. 世界经济, 2011(7): 43-63.

[155] 傅元海, 叶祥松, 王展祥. 制造业结构变迁与经济增长效率提高[J]. 经济研究, 2016, 51(08): 86-100.

[156] 干春晖, 郑若谷, 余典范. 中国产业结构变迁对经济增长和波动的影响[J]. 经济研究, 2011, 46(05): 4-16, 31.

[157] 葛鹏飞, 黄秀路, 韩先锋. 创新驱动与"一带一路"绿色全要素生产率提升——基于新经济增长模型的异质性创新分析[J]. 经济科学, 2018(01): 37-51.

[158] 顾乃华. 我国服务业发展的效率特征及其影响因素——基于 DEA 方法的实证研究[J]. 财贸研究, 2008(04): 60-67.

[159] 顾雪松, 韩立岩. 区域市场整合与对外直接投资的逆向溢出效应——来自中国省级行政区的经验证据[J]. 中国管理科学, 2015, 23(3): 1-12.

[160] 郭杰, 黄保东. 储蓄、公司治理、金融结构与对外直接投资: 基于跨国比较的实证研究[J]. 金融研究, 2010(02): 76-90.

[161] 韩玉军, 王丽. 中国 OFDI 逆向技术溢出效应的影响因素研究——基于国别面板数据的非线性门槛技术回归[J]. 经济理论与经济管理, 2015(06): 94-105.

[162] 何平, 陈丹丹, 贾喜越. 产业结构优化研究[J]. 统计研究, 2014, 31(07): 31-37.

[163] 何强. 要素禀赋、内在约束与中国经济增长质量[J]. 统计研究, 2014, 31(01): 70-77.

[164] 贺京同, 何蕾. 要素配置、生产率与经济增长——基于全行业视角的实证研究[J]. 产业经济研究, 2016(03): 11-20.

[165] 胡琰欣, 屈小娥, 董明放. 中国对外直接投资的绿色生产率增长效应——基于时空异质性视角的经验分析[J]. 经济学家, 2016(12): 61-68.

[166] 胡艺, 陈继勇. 基于新评价标准的中美经济增长质量比较[J]. 经济管理, 2010, 32(02): 10-17.

[167] 黄静波, 张安民. 中国对外直接投资主要动因类型的实证研究——基于 1982—2007 年的外向投资流向分析[J]. 国际经贸探索, 2009, 25(07): 4-10.

[168] 黄凌云，徐磊，冉茂盛. 金融发展、外商直接投资与技术进步——基于中国省际面板数据的门槛模型分析[J]. 管理工程学报，2009，23(03)：16-22.

[169] 黄凌云，杨雯. 外商直接投资技术溢出效应、吸收能力与经济增长[J]. 经济评论，2007(5)：72-75.

[170] 黄杉，胡慧溢，蒋正蓉. 可持续的经济开发区公共服务体系构建——以浙江省杭州湾经济开发区为例[J]. 特区经济，2007(05)：49-50.

[171] 惠康，钞小静. 经济增长质量研究：一个文献述评[J]. 求索，2010(02)：5-8，23.

[172] 霍忻. 中国 TSFDI 逆向技术溢出对国内技术水平提升影响程度研究——基于溢出机制和影响因素的视角[J]. 世界经济研究，2017(07)：54-63，136.

[173] 霍忻，刘宏. 中国对外直接投资的逆向技术溢出效应[J]. 首都经济贸易大学学报，2016，18(02)：3-10.

[174] 霍忻，刘黎明. 中国对外直接投资发展影响因素与经济增长动态效果探究——基于主成分分析和 VAR 模型的实证分析[J]. 浙江工商大学学报，2017，31(5)：81-94.

[175] 蒋冠宏，蒋殿春. 中国工业企业对外直接投资与企业生产率进步[J]. 世界经济，2014，37(09)：53-76.

[176] 蒋瑛，贺彩银. 中国对外直接投资逆向技术溢出、出口技术复杂度与人力资本——基于面板门槛模型的实证研究[J]. 亚太经济，2016(06)：110-117.

[177] 焦晓松，刘新宇. 基于 OFDI 差异性投资动因的出口贸易结构效应[J]. 广东财经大学学报，2016，31(06)：75-83.

[178] 金中坤，潘镇. 中国地区间 OFDI 规模差异研究——基于企业家精神视角的解释[J]. 企业经济，2015(09)：158-163.

[179] 卡马耶夫. 经济增长的速度和质量[M]. 湖北人民出版社，1983.

[180] 康梅. 投资增长模式下经济增长因素分解与经济增长质量[J]. 数量经济技术经济研究，2006(02)：153-160.

[181] 孔群喜，王晶，王紫绮. 高质量发展阶段中国 OFDI 逆向技术溢出效应研究——基于吸收能力视角的解释[J]. 财经问题研究，2018(10)：105-113.

[182] 孔群喜，王紫绮，蔡梦. 新时代我国现代服务业提质增效的优势塑

造[J].改革,2018(10):82-89.

[183] 李健,付军明,卫平.FDI 溢出、人力资本门槛与区域创新能力——基于中国省际面板数据的实证研究[J].贵州财经大学学报,2016(01):10-18.

[184] 李骏,刘洪伟,万君宝.产业政策对全要素生产率的影响研究——基于竞争性与公平性视角[J].产业经济研究,2017(04):115-126.

[185] 李梅.国际 R&D 溢出与中国技术进步——基于 FDI 和 OFDI 传导机制的实证研究[J].科研管理,2012,33(04):86-92,130.

[186] 李梅,金照林.国际 R&D、吸收能力与对外直接投资逆向技术溢出——基于我国省际面板数据的实证研究[J].国际贸易问题,2011(10):124-136.

[187] 李梅,柳士昌.对外直接投资逆向技术溢出的地区差异和门槛效应——基于中国省际面板数据的门槛回归分析[J].管理世界,2012(01):21-32,66.

[188] 李群峰.OFDI 逆向技术溢出的最佳技术差距区间研究——基于面板门槛模型方法[J].科技管理研究,2015,35(17):202-205,216.

[189] 李杏,钟亮.对外直接投资的逆向技术溢出效应研究——基于中国行业异质性的门槛回归分析[J].山西财经大学学报,2016,38(11):1-12.

[190] 李燕,李应博.OFDI 反向技术溢出对我国经济增长的影响——基于对东盟的实证研究[J].科学学与科学技术管理,2013,34(07):3-11.

[191] 厉无畏,王振.转变经济增长方式研究[M].学林出版社,2006.

[192] 梁文化.中国 OFDI 区位选择决定因素研究——基于 2003—2014 年 28 个经济体面板数据[J].贵州财经大学学报,2017(2):92-99.

[193] 梁文化,刘宏.对外直接投资驱动中国技术进步的机理与实证研究——基于比较视角的分析[J].经济问题探索,2017(02):111-117.

[194] 廖筠,黄灵霞.引入绿色增长潜力的绿色发展指数构建与区域差异研究[J].南京财经大学学报,2018(2).

[195] 林劼.OFDI 反向技术溢出与区域经济增长——基于我国东西部面板数据的实证研究[J].经济研究参考,2014(11):39-44.

[196] 林丽,陆智强.中国经济增长质量与外商直接投资——基于省际动态面板模型[J].科技与管理,2016,18(06):48-54.

[197] 林毅夫, 巫和懋, 邢亦青. "潮涌现象"与产能过剩的形成机制[J]. 经济研究, 2010, 45(10): 4-19.

[198] 刘斌, 王杰, 魏倩. 对外直接投资与价值链参与: 分工地位与升级模式[J]. 数量经济技术经济研究, 2015, 32(12): 39-56.

[199] 刘琛, 卢黎薇. VAR模型框架下外商直接投资时滞效应的动态分析[J]. 数量经济技术经济研究, 2006(10): 101-110.

[200] 刘东丽, 刘宏. 中国对外直接投资对创新能力的影响研究——基于供给侧结构改革视角[J]. 国际商务(对外经济贸易大学学报), 2017(06): 98-108.

[201] 刘海英, 张纯洪. 中国经济增长质量提高和规模扩张的非一致性实证研究[J]. 经济科学, 2006(02): 13-22.

[202] 刘海云, 聂飞. 中国OFDI动机及其对外产业转移效应——基于贸易结构视角的实证研究[J]. 国际贸易问题, 2015(10): 73-86.

[203] 刘宏, 张蕾. 中国ODI逆向技术溢出对全要素生产率的影响程度研究[J]. 财贸经济, 2012(01): 95-100.

[204] 刘洪铎, 曹翔, 李文宇. 双边贸易成本与对外直接投资: 抑制还是促进? ——基于中国的经验证据[J]. 产业经济研究, 2016(02): 96-108.

[205] 刘焕鹏, 严太华. OFDI与国内创新能力关系中的"门限效应": 区域金融发展视角的实证分析[J]. 科研管理, 2015, 36(01): 1-7.

[206] 刘鹏. 中国制造业企业OFDI会造成国内"产业空心化"吗? ——基于异质性企业投资动机的视角[J]. 财经论丛(浙江财经大学学报), 2017, 225(10): 3-10.

[207] 刘世锦. 推动经济发展质量变革、效率变革、动力变革[J]. 中国发展观察, 2017(21): 5-6, 9.

[208] 刘淑琳, 黄静波. 对外直接投资与企业生产率——基于中国上市公司的实证分析[J]. 国际经贸探索, 2011, 27(02): 64-68.

[209] 刘伟全. 中国OFDI逆向技术溢出与国内技术进步研究[M]. 经济科学出版社, 2011.

[210] 刘震. "一带一路"背景下我国企业顺梯度OFDI的经济效应[J]. 经济管理, 2017, 39(12): 24-40.

[211] 卢汉林, 冯倩倩. 我国OFDI逆向技术溢出效应的研究——基于省际面板数据的门槛回归分析[J]. 科技管理研究, 2016, 36(04): 218-223.

[212] 鲁万波，常永瑞，王叶涛. 中国对外直接投资、研发技术溢出与技术进步[J]. 科研管理，2015，36(03)：38-48.

[213] 陆铭，陈钊. 分割市场的经济增长——为什么经济开放可能加剧地方保护？[J]. 经济研究，2009(3)：42-52.

[214] 吕彤. 基于经济增长稳定性的国际投资优化控制[D]. 天津大学，2000.

[215] 吕薇. 新时代中国创新驱动发展战略论纲[J]. 改革，2018(02)：20-30.

[216] 吕越，吕云龙，高媛. 中间品市场分割与制造业出口的比较优势——基于全球价值链的视角[J]. 产业经济研究，2017(5)：51-61.

[217] 毛其淋，许家云. 中国对外直接投资促进抑或抑制了企业出口？[J]. 数量经济技术经济研究，2014(9)：3-21.

[218] 倪超，孟大虎. 人力资本、经济增长与空间溢出效应——基于我国1978—2015年省级面板数据的实证研究[J]. 北京工商大学学报(社会科学版)，2017，32(06)：113-122.

[219] 聂爱云，陆长平. OFDI、市场分割与国际贸易——基于中国省级面板数据的实证研究[J]. 中南财经政法大学学报，2016(02)：115-121.

[220] 聂名华，徐英杰. 对外直接投资逆向技术溢出与全球价值链升级研究进展[J]. 科技管理研究，2016，36(15)：153-158，165.

[221] 欧阳艳艳，郑慧欣. 中国对外直接投资逆向技术溢出的境内地区差异性分析[J]. 国际商务(对外经济贸易大学学报)，2013(01)：85-94.

[222] 潘雄锋，闫窈博，王冠. 对外直接投资、技术创新与经济增长的传导路径研究[J]. 统计研究，2016，33(08)：30-36.

[223] 彭冬冬，谢长安. 中国企业参与东亚垂直专业化分工的生产率溢出效应——基于企业层面微观视角的考察[J]. 财经论丛(浙江财经大学学报)，2016，V206(4)：3-10.

[224] 邱立成，刘灿雷，盛丹. 中国企业对外直接投资与母公司经营绩效——基于成本加成率的考察[J]. 世界经济文汇，2016(05)：60-75.

[225] 任保平. 经济增长质量：经济增长理论框架的扩展[J]. 经济学动态，2013(11)：45-51.

[226] 任耀，牛冲槐，张彤进. "研发中学"对工业绿色全要素生产率的影响研究——基于 PSTR 的修正模型[J]. 经济问题，2015（03）：71-75.

[227] 茹玉骢. 技术寻求型对外直接投资及其对母国经济的影响[J]. 经济评论，2004（02）：109-112，123.

[228] 沙文兵. 对外直接投资、逆向技术溢出与国内创新能力——基于中国省际面板数据的实证研究[J]. 世界经济研究，2012（03）：69-74，89.

[229] 申广军，王雅琦. 市场分割与制造业企业全要素生产率[J]. 南方经济，2015，V33（4）：27-42.

[230] 申俊喜. 工业化中后期技术寻求型对外直接投资的理论分析[J]. 上海经济研究，2008（07）：20-25.

[231] 沈坤荣. 中国经济增长绩效分析[J]. 经济理论与经济管理，1998（01）：3-5.

[232] 沈坤荣，傅元海. 外资技术转移与内资经济增长质量——基于中国区域面板数据的检验[J]. 中国工业经济，2010（11）：5-15.

[233] 沈能，赵增耀. 空间异质性假定下 OFDI 逆向技术溢出的门槛效应[J]. 科研管理，2013，34（12）：1-7.

[234] 盛丹，王永进. 市场化、技术复杂度与中国省区的产业增长[J]. 世界经济，2011（6）：26-47.

[235] 史雪娜，王蒙蒙，熊晓轶. "一带一路"倡议下 OFDI 经济增长效应及差异性影响研究——基于省级面板数据的门槛回归分析[J]. 河南师范大学学报（哲学社会科学版），2018（2）.

[236] 宋勇超. 中国对外直接投资的逆向技术溢出效应研究——理论模型与实证检验[J]. 经济经纬，2015，32（03）：60-65.

[237] 宋跃刚，杜江. 制度变迁、OFDI 逆向技术溢出与区域技术创新[J]. 世界经济研究，2015（09）：60-73，128.

[238] 隋月红. "二元"对外直接投资与贸易结构：机理与来自我国的证据[J]. 国际商务（对外经济贸易大学学报），2010（06）：66-73.

[239] 随洪光. 外商直接投资与中国经济增长质量提升——基于省际动态面板模型的经验分析[J]. 世界经济研究，2013（07）：67-72，89.

[240] 随洪光，刘廷华. FDI 是否提升了发展中东道国的经济增长质量——来自亚太、非洲和拉美地区的经验证据[J]. 数量经济技术经济研究，2014，31（11）：3-20.

[241] 王弟海. 健康人力资本、经济增长和贫困陷阱[J]. 经济研究, 2012, 47(06): 143-155.

[242] 王海军, 宋宝琳. 中国对外直接投资的动因研究——基于市场与资源两种因素的探讨[J]. 西安交通大学学报(社会科学版), 2013, 33(03): 22-27.

[243] 王积业. 关于提高经济增长质量的宏观思考[J]. 宏观经济研究, 2000(1): 11-17.

[244] 王清平, 何超超. 中国对外贸易与投资对国内技术创新的影响维度——基于省际面板数据的实证检验[J]. 河南师范大学学报(哲学社会科学版), 2018, 45(04): 53-58.

[245] 王恕立, 向姣姣. 对外直接投资逆向技术溢出与全要素生产率: 基于不同投资动机的经验分析[J]. 国际贸易问题, 2014(09): 109-119.

[246] 王小鲁, 樊纲. 中国经济增长的可持续性: 跨世纪的回顾与展望[M]. 经济科学出版社, 2000.

[247] 王晓栋. OFDI逆向技术溢出与区域技术创新非均衡发展——基于动态面板数据模型的实证研究[J]. 金融经济, 2017(04): 142-143.

[248] 王欣, 姚洪兴. 长三角OFDI对区域技术创新的非线性动态影响效应——基于吸收能力的PSTR模型检验[J]. 世界经济研究, 2016(11): 86-100, 136-137.

[249] 王勋. 金融抑制与发展中国家对外直接投资[J]. 国际经济评论, 2013(01): 5, 51-60.

[250] 王杨. 中国对外直接投资的逆向溢出和吸收能力研究[J]. 宏观经济研究, 2016(04): 97-105.

[251] 魏东, 王璟珉. 中国对外直接投资动因分析[J]. 东岳论丛, 2005(05): 88-92.

[252] 魏婕, 任保平. 中国各地区经济增长质量指数的测度及其排序[J]. 经济学动态, 2012(04): 27-33.

[253] 魏敏, 李书昊. 新常态下中国经济增长质量的评价体系构建与测度[J]. 经济学家, 2018(04): 19-26.

[254] 魏巧琴, 杨大楷. 对外直接投资与经济增长的关系研究[J]. 数量经济技术经济研究, 2003(01): 93-97.

[255] 吴泓, 陈少晖. 供给侧改革视域下国有资本境外投资效率研究——基于中央企业PVAR模型的实证分析[J]. 河南师范大学学报(哲学

社会科学版），2017，44（05）：46-50.

[256] 吴建军，仇怡. 对外直接投资与母国技术进步：理论，模型与经验研究[M]. 中国经济出版社，2014.

[257] 吴敬琏. 以深化改革确立中国经济新常态[J]. 探索与争鸣，2015（01）：2，4-7.

[258] 吴延兵. R&D 存量、知识函数与生产效率[J]. 经济学（季刊），2006（03）：1129-1156.

[259] 吴延兵. 用 DEA 方法评测知识生产中的技术效率与技术进步[J]. 数量经济技术经济研究，2008（07）：67-79.

[260] 吴哲，范彦成，陈衍泰，等. 新兴经济体对外直接投资的逆向知识溢出效应——中国对"一带一路"国家 OFDI 的实证检验[J]. 中国管理科学，2015，23（S1）：690-695.

[261] 夏京文，李景清. 经济市场化对中国对外直接投资逆向技术溢出的影响——基于中国省际面板数据的门槛回归分析[J]. 技术经济，2014，33（09）：17-24，118.

[262] 肖欢明. 我国经济增长质量的测度及分析[J]. 金融经济，2014（6）：33-34.

[263] 肖慧敏，刘辉煌. 中国对外直接投资提升了企业效率吗[J]. 财贸经济，2014（05）：70-81.

[264] 肖黎明. 对外直接投资与母国经济增长：以中国为例[J]. 财经科学，2009（08）：111-117.

[265] 肖文，周君芝. 国家特定优势下的中国 OFDI 区位选择偏好——基于企业投资动机和能力的实证检验[J]. 浙江大学学报（人文社会科学版），2014，44（01）：184-196.

[266] 小岛清，宝廉. 对外贸易论[M]. 南开大学出版社，1988.

[267] 谢千里，罗斯基，张轶凡. 中国工业生产率的增长与收敛[J]. 经济学（季刊），2008（03）：809-826.

[268] 谢荣辉. 环境规制、引致创新与中国工业绿色生产率提升[J]. 产业经济研究，2017（02）：38-48.

[269] 许和连，成丽红. 制度环境、创新与异质性服务业企业 TFP——基于世界银行中国服务业企业调查的经验研究[J]. 财贸经济，2016（10）：132-146.

[270] 严全治，刘璐. 基于面板数据模型的地方高校 R&D 经费投入与经济增长关系研究[J]. 河南师范大学学报（自然科学版），2017，45

（03）：70-76.

[271] 阎志军，陈晨. 省际 OFDI、出口贸易对全要素生产率的影响——基于空间杜宾模型的实证分析[J]. 工业技术经济，2016，35（11）：59-67.

[272] 杨成玉. 中国对外直接投资对出口技术复杂度的影响——基于"一带一路"视角[J]. 南京财经大学学报，2017（6）：6-16.

[273] 杨连星，胡舜杰. 对外直接投资对母国行业产出的影响研究——来自中国的经验证据[J]. 南京财经大学学报，2018（04）：33-43.

[274] 杨连星，刘晓光. 中国 OFDI 逆向技术溢出与出口技术复杂度提升[J]. 财贸经济，2016（06）：97-112.

[275] 杨世迪，韩先锋，宋文飞. 对外直接投资影响了中国绿色全要素生产率吗[J]. 山西财经大学学报，2017，39（04）：14-26.

[276] 杨挺，魏克旭，喻竹. 中国对外直接投资新特征及新趋势——创新对外直接投资政策与实践的思考[J]. 国际经济合作，2018（1）：18-27.

[277] 杨挺，魏克旭，喻竹. 中国对外直接投资新特征及新趋势——创新对外直接投资政策与实践的思考[J]. 国际经济合作，2018（01）：18-27.

[278] 杨向阳，徐翔. 中国服务业全要素生产率增长的实证分析[J]. 经济学家，2006（03）：68-76.

[279] 杨珍增. 地理距离与跨国公司的直接投资动机——基于美国跨国公司数据的研究[J]. 经济经纬，2017，34（03）：62-67.

[280] 杨振兵. 对外直接投资、市场分割与产能过剩治理[J]. 国际贸易问题，2015（11）：121-131.

[281] 姚战琪. 中国对"一带一路"沿线国家 OFDI 逆向技术溢出的影响因素研究[J]. 北京工商大学学报（社会科学版），2017，32（5）：11-24.

[282] 叶初升，李慧. 以发展看经济增长质量：概念、测度方法与实证分析——一种发展经济学的微观视角[J]. 经济理论与经济管理，2014（12）：17-34.

[283] 叶建平，申俊喜，胡潇. 中国 OFDI 逆向技术溢出的区域异质性与动态门限效应[J]. 世界经济研究，2014（10）：66-72，89.

[284] 衣长军，李赛，张吉鹏. 制度环境、吸收能力与新兴经济体 OFDI 逆向技术溢出效应——基于中国省际面板数据的门槛检验[J]. 财

经研究, 2015, 41(11): 4-19.

[285] 殷朝华, 郑强, 谷继建. 对外直接投资促进了中国自主创新吗——基于金融发展视角的实证研究[J]. 宏观经济研究, 2017(08): 69-85.

[286] 尹东东, 张建清. 我国对外直接投资逆向技术溢出效应研究——基于吸收能力视角的实证分析[J]. 国际贸易问题, 2016(01): 109-120.

[287] 尹建华, 周鑫悦. 中国对外直接投资逆向技术溢出效应经验研究——基于技术差距门槛视角[J]. 科研管理, 2014, 35(03): 131-139.

[288] 余东华, 王青. 地方保护、区域市场分割与产业技术创新能力——基于2000—2005年中国制造业数据的实证分析[J]. 中国地质大学学报(社会科学版), 2009, 9(3): 73-78.

[289] 余官胜. 对外直接投资、地区吸收能力与国内技术创新[J]. 当代财经, 2013(09): 100-108.

[290] 余官胜, 范朋真, 都斌. 我国企业对外直接投资速度与经营效益——基于管理效率视角的实证研究[J]. 产业经济研究, 2018(02): 29-38.

[291] 余淼杰. 加工贸易、企业生产率和关税减免——来自中国产品面的证据[J]. 经济学(季刊), 2011, 10(04): 1251-1280.

[292] 袁晓玲, 吕文凯, 李政大. 中国区域发展非平衡格局的形成机制与实证检验——基于绿色发展视角[J]. 河南师范大学学报(哲学社会科学版), 2018, 45(05): 27-32.

[293] 詹新宇, 崔培培. 中国省际经济增长质量的测度与评价——基于"五大发展理念"的实证分析[J]. 财政研究, 2016(08): 40-53, 39.

[294] 张弛. 国际资本引入对商业银行效率影响的实证研究[J]. 技术经济, 2007(05): 67-72.

[295] 张春萍. 中国对外直接投资的贸易效应研究[J]. 数量经济技术经济研究, 2012, 29(06): 4-85.

[296] 张宏. 人力资本对我国对外直接投资逆向技术溢出效应的影响——基于省际面板数据的非线性门槛回归技术[J]. 亚太经济, 2012(04): 115-120.

[297] 张欢, 徐康宁. 外资(FDI)知识技术溢出与金融市场的中介作用——基于引入地理距离矩阵的空间GMM分析[J]. 南京财经大学

学报，2016(01)：8-16，90.

[298] 张建刚.中国对外直接投资的区域均衡与动因差异研究——基于省级面板数据的实证分析[J].商业经济与管理，2011(10)：75-81.

[299] 张杰，张培丽，黄泰岩.市场分割推动了中国企业出口吗？[J].经济研究，2010(8)：1-29.

[300] 张士斌，张安琪，宋金城.中国退休年龄政策调整的目标序列、方向路径和框架体系[J].经济社会体制比较，2017(06)：128-137.

[301] 张铜钢，肖君.外商直接投资与对外直接投资联合促进我国经济增长研究[J].中国物价，2017(08)：12-15.

[302] 张伟如，韩斌，胡冰.中国对外直接投资绩效与经济增长——基于省级面板数据的实证分析[J].经济问题，2012(11)：54-56.

[303] 张小溪，樊友丹.经济增长水平与中国对外直接投资——基于省级面板数据的检验[J].投资研究，2016，35(06)：149-160.

[304] 张莹.ODI 与我国技术进步的机理分析[J].宏观经济研究，2011(06)：50-54.

[305] 赵娜，张晓峒.外国直接投资与我国经济增长：基于 VAR 模型的动态效应分析[J].国际贸易问题，2008(03)：86-94.

[306] 郑京海，胡鞍钢.中国改革时期省际生产率增长变化的实证分析(1979—2001 年)[J].经济学(季刊)，2005(01)：263-296.

[307] 郑猛，杨先明.要素替代、技术进步与中国制造业比较优势动态化[J].贵州财经大学学报，2017(06)：1-18.

[308] 郑玉歆.全要素生产率的再认识——用 TFP 分析经济增长质量存在的若干局限[J].数量经济技术经济研究，2007(09)：3-11.

[309] 周康.政府补贴、贸易边际与出口企业的核心能力——基于倾向值匹配估计的经验研究[J].国际贸易问题，2015(10)：48-58.

[310] 朱陈松，张晓花，朱昌平，等.对外直接投资逆向技术溢出与企业研发强度：基于门槛效应的研究[J].科技进步与对策，2015(15)：75-80.

[311] 朱婕，任荣明.中国对非洲直接投资的决定因素研究——基于非洲对外贸易与中非发展基金的视角[J].科技管理研究，2014，34(22)：202-207，236.